Mao Zedong

Wolfram Adolphi

Mao

Eine Chronik

neues leben

Inhalt

Einleitung

Mao Zedong. Da dieses Buch geschrieben wird, hängt mitten im Zentrum der chinesischen Hauptstadt Beijing, am Eingang zum alten Kaiserpalast, am Platz vor dem Tiananmen, dem Tor des Himmlischen Friedens, noch immer sein riesiges Konterfei. Wie seit Jahrzehnten schon. Hunderttausende nehmen es täglich in Augenschein. Über Fernsehbilder wird es in die Welt ausgestrahlt. Dem Porträt gegenüber, am anderen Ende des Platzes, erhebt sich das mächtige Mao-Mausoleum.

Ja, sind sie denn verrückt geworden in China? Ehren noch immer einen Mann, unter dessen Herrschaft viele Millionen Menschen durch Gewalt und Hunger zu Tode kamen. Wie kann das sein, wie ist das zu erklären? Heißt es nicht im 1997 erschienenen *Schwarzbuch des Kommunismus* zu Mao Zedong, dass »inzwischen ... so viele Einzelheiten über seinen unberechenbaren und unerbittlich egozentrischen Charakter, seine rachsüchtige Mordlust und seine bis in die letzten Lebenstage verfolgten Laster und Ausschweifungen bekannt geworden« seien, dass es »ein Leichtes« sei, »ihn in eine Reihe mit jenen Despoten zu stellen, die einst das Reich der Mitte regierten«. Und mehr noch: dass die Grausamkeit der Mao-Despotie »in der gewiss alles andere als liberalen Tradition des Landes *einzig*« dastehe (Hervorhebung W. A.)?[1]

Und immer noch diese Ehrung? Obwohl die bekannte chinesische Autorin Jung Chang und ihr Ehemann, der britische Historiker Jon Halliday, im Jahre 2005 mit einer überaus materialreichen, fast tausend Seiten starken Darstellung unter dem Titel *Mao. Das Leben eines Mannes, das Schicksal eines Volkes* den im *Schwarzbuch* betroffenen Befund nachdrücklich untermauert haben?[2]

Der Verfasser der vorliegenden Chronik kann die genauen Beweggründe der Führer der Gongchandang, der Kommunistischen Partei Chinas (KPCh), zur fortgesetzten Mao-Ehrung nur vermuten. Und schon gar nichts lässt sich darüber sagen, wie lange diese fortgesetzte Ehrung noch anhalten wird. Zu wissen aber meint er, dass die Fragen zu Mao – unabhängig davon und trotz des vielen schon über ihn Geschriebenen – nicht aufhören werden. Wie konnte die von diesem Mann geführte Revolution 1949 siegreich sein? Was genau war es, das ihn für Millionen und Abermillionen zum Helden, zum Zhuxi, zum Großen Vorsitzenden, machte? Warum blieb ihm Stalin immer ein Feind? Und wieso mieden ihn die US-Präsidenten beharrlich, bis sich schließlich einer von ihnen nichts mehr daraus machte, seine Nähe zu suchen – und zwar ausgerechnet dann, als die mörderische, verheerende »Kulturrevolution« noch immer im Gange war?

Diese Chronik unternimmt es, zur immer wieder neuen Suche nach Antworten beizutragen. Dem Verfasser hat bei dieser Suche etliches bisher noch kaum diskutiertes, erst jüngst veröffentlichtes Quellenmaterial aus den 1920er und 1930er Jahren zur Verfügung gestanden. Und was die überaus umfangreiche bereits vorhandene Literatur zum Mao-Thema betrifft, so hat er sie, wie das üblich ist, auf seine eigene Art gesichtet, geordnet und verarbeitet.

Dabei ist es ihm immer wieder um die Verhältnisse zu tun – um die gesellschaftlichen Umstände, Zwänge, Herausforderungen, Möglichkeiten und Handlungsspielräume, und zwar die nationalen wie auch die internationalen –, in denen Mao so werden konnte, wie er war, und die er so prägte, wie er es tat. Hilfreich war dem Verfasser eine Anmerkung von John K. Fairbank, einem der namhaftesten amerikanischen Chinahistoriker, wonach es anachronistisch sei, vergangene Ereignisse nur als Vorspiel zu dem zu behandeln, was danach kommt, und »nicht als Ereignisse für sich«. Geschichte, meint Fairbank, sei eben keinesfalls eine irgendwie vorbestimmte oder simplen Logiken folgende »Reihe von Bewegungen«, denen man – zum Beispiel – einfach das Etikett »der Aufstieg Mao Zedongs« anheften könne. Zufälle, unvorhersehbare Wendungen, unerwartete Konstellationen – all das müsse in Betracht gezogen sein.[3]

Zu dieser Chronik hat den Verfasser noch etwas anderes bewogen: Mao Zedong steht in der Geschichte nicht nur als chinesischer Politiker, sondern auch als Kommunist, als einer der herausragenden Führer der kommunistischen Bewegung, die sich im

20. Jahrhundert als eine weltweite verstand. Und so ist es wohl eine Pflicht derjenigen, die von Mao schon lasen, als er vielen in der Welt als Hoffnung galt, auch dies in einer solchen Chronik sichtbar zu machen.

Der Verfasser wurde 1951 in eine Welt geboren – die Welt der -DDR –, in der er schon als Kind die aus dem Russischen übersetzten *Erzählungen über Mao Tse-tung* von Nikolai Bogdanow lesen konnte – kleine Geschichten, in denen Mao als Märchenheld erscheint.[4] Wer darüber spotten möchte, dem kann auch Ernsthafteres zum Nachlesen empfohlen werden. Ein Bändchen mit Mao-Reden an Schriftsteller und Künstler etwa, in deutscher Sprache erschienen 1953, zu dem die Dichterin Anna Seghers das Nachwort schrieb. Sie hatte einst selbst Sinologie studiert, war später als Kommunistin von den Nazis ins Exil getrieben worden, hatte sich bei ihrer Rückkehr nach Deutschland für die DDR entschieden und von hier aus 1952 die VR China besucht. Maos Reden, heißt es da, »enthalten nicht nur die wichtigsten Lehren für chinesische Künstler, sie helfen uns allen«.[5] Ebenso bemerkenswert ist eine Veröffentlichung aus dem anderen Deutschland dieser Zeit, aus der Bundesrepublik, die damals – anders als die DDR – die VR China diplomatisch nicht anerkannt, sondern sich auf die Seite Taiwans geschlagen hatte. In Frankfurt am Main war als Übersetzung das Buch *Chinas rote Herren* des Amerikaners Robert S. Elegant herausgegeben worden. Darin stellt der Autor fest: Auch wenn man wisse, dass »die Geschichte die Ziele der chinesischen Kommunisten geändert« habe, wäre es doch »töricht zu leugnen, dass ihre Aktion ein Protest gegen das trostlose Lebenselend ist, das in so vielen Teilen der Welt herrscht«.[6] Was Mao niederschrieb, um diesen Protest theoretisch vorzubereiten und praktisch zu führen, war in der DDR, nach zahlreichen Einzelveröffentlichungen, seit 1956 umfänglich nachzulesen in der vierbändigen Ausgabe seiner 1952/53 (in Beijing) in Chinesisch herausgegebenen und über das Russische (in Moskau) ins Deutsche (in Berlin) übertragenen *Ausgewählten Schriften*.[7] Mao war damit in die Reihe der »Klassiker des Marxismus-Leninismus« aufgenommen worden. Aber als die gleiche chinesische

Originalausgabe 1969 in Beijing noch einmal – und zwar diesmal direkt – ins Deutsche übersetzt und als *Ausgewählte Werke* an die Öffentlichkeit gegeben wurde, konnte der aufmerksame Leser erstaunliche Beobachtungen machen. Legt man beide Ausgaben nebeneinander, kann man viel darüber erfahren, wie mit Übersetzungen eher negative oder eher positive Assoziationen hervorgerufen werden können. So findet sich in Maos Klassenanalyse in der Moskauer/Berliner Übersetzung der Begriff der »deklassierten Elemente«, die »zu den heruntergekommensten Elementen der Gesellschaft« gehören. In der zweiten Übersetzung hingegen gibt es diesen herabwürdigenden Elemente-Begriff nicht. Dort ist stattdessen von »vagierenden (das soll heißen: herumziehenden – W. A.) Proletariern« die Rede, und weiter davon, dass deren »Existenz … unter allen menschlichen Lebensverhältnissen die unsicherste« sei.[8] So sind schon die *Schriften*, obwohl in Zeiten der offiziellen Freundschaft herausgegeben, durch die Art der Übersetzung von einer subtilen Distanz geprägt.

In der DDR aufzuwachsen hieß dann auch, in den 1960er und 1970er Jahren ein ausschließlich feindliches Mao-Bild zu erleben. Ganze Regalmeter füllten sich mit Büchern vornehmlich aus der Sowjetunion, aber auch aus heimischer Produktion, die das Ziel verfolgten, die »starren Dogmen des von den Maoisten vergöttlichten Mao Zedong«[9] zu bekämpfen und den »gefährlichen, abenteuerlichen Charakter der Politik der maoistischen Führung«[10] zu entlarven. Kein Wunder: Es war die Zeit genau jener »Kulturrevolution«, die heute als besonders dramatischer Ausbruch des Verbrecherischen in der Politik Maos gilt. Warum überkommt den Verfasser beim Durchblättern dieser Bücher dennoch keinerlei Genugtuung, sondern Widerwillen und Scham? Weil sie von einem für ihn aus heutiger Sicht unerträglich selbstgerechten Standpunkt aus verfasst sind. Es ist ein Standpunkt, der jede gemeinsame kommunistische Verantwortung für die Vorgänge völlig ausblendet, keinerlei Verbindung zum – stets gänzlich unerwähnt bleibenden – Terror Stalins in der Geschichte herstellt, über das Fortbestehen stalinistischer Strukturen und Unterdrückungsverhältnisse in der Sowjetunion, in der DDR und den anderen »realsozialistischen« Ländern schweigt und jeden eigenen Anteil an den schlimmen Zuständen in den Beziehungen zu China leugnet. Damals freilich waren auf den Verfasser auch Eindrücke ganz anderer Art eingestürmt: Zu eben jener Zeit wurde Mao bei Teilen der Linken in der Bundesrepublik Deutschland und anderswo in Westeuropa zur Ikone. »Der Kampf zwischen der revisionistischen Linie« – gemeint ist die sowjetische und mithin auch die der DDR – »und der proletarischen, revolutionären Linie«, so kann man da lesen, »führte schließlich zur Großen Proletarischen Kulturrevolution und wurde vom chinesischen Volk unter Führung des Vorsitzenden Mao siegreich mit der Festigung des Sozialismus beendet.«[11]

Als Mao stirbt – am 9. September 1976 –, beginnt der Verfasser gerade, sich intensiv mit der Entwicklung in der VR China zu befassen. Seine ersten Publikationen zum China-Thema fallen in den Beginn der Nach-Mao-Ära, die immer noch von konfrontativer Rhetorik zwischen der Sowjetunion und China – und also auch zwischen der DDR und China – bestimmt ist. Die Darstellung ist geprägt von Konzentration auf zweifellos gefährliche Entwicklungen – etwa die Unterstützung Beijings für das Regime in Kampuchea[12] –, aber auch durch eine Sichtweise, die unverkennbar vom oben beschriebenen »realsozialistischen« Zeitgeist geprägt ist. So macht der Verfasser damals in China zum Beispiel eine gegen die Sowjetunion gerichtete Einfrontenstrategie aus, mit der die Nachfolger Mao Zedongs ihr Land »an der Seite des Imperialismus zur dominierenden Weltmacht« entwickeln wollen.[13]

Dies alles verdeutlicht, wie stark das Mao-Bild im westlichen wie im »realsozialistischen« Ausland immer wieder schwankt, wie unstet es ist, wie sehr man es hier wie da eigenen Weltanschauungen und innen- wie außenpolitischen Zielsetzungen unterwirft. Die Schwankungen sind system- und epochenübergreifend, wie sich beispielhaft daran erkennen lässt, dass Jung Chang und Jon Halliday in ihrer Mao-Darstellung Büchern wie dem des von Moskau aufgebauten Mao-Gegenspielers Wang Ming, das 1979 unter dem Titel *50 Jahre KP Chinas und der Verrat Mao Zedongs* erschienen ist, eine Art Kronzeugenstatus verleihen.[14] Und auch die wichtigen, einmalig dastehenden Erinnerungen des deutschen Kommunisten und Mao-Beraters Otto Braun, die 1973 in der DDR als *Chinesische Aufzeichnungen (1932-1939)* erschienen sind, verarbeiten die beiden Autoren zu unkritisch, obwohl doch Braun selbst nachdrücklich darauf hingewiesen hat, dass sie »als Waffe gedacht« seien, dienend »der Entlarvung der maoistischen Geschichtsfälscher und dem politisch-ideologischen Kampf gegen den Maoismus«.[15]

Wie unterschiedlich und schwankend das Chinabild im Ausland auch immer sein mag, an einem sehr einfachen Umstand kommt niemand vorbei: Die Probleme Chinas, des bevölkerungsreichsten Landes der Erde mit einer mehr als 4000 Jahre zurück reichenden Geschichte, sind selbstverständlich die Probleme der ganzen Welt. Eine Lösung von Wirtschafts- und Umweltkrisen ist ohne enge Zusammenarbeit mit China nicht denkbar. Wo immer von weltweiten Verflechtungen, Globalisierung genannt, die Rede ist, steht China, das Reich der Mitte, tatsächlich mittendrin. Und so bleibt auch seine Geschichte im 20. Jahrhundert, die untrennbar mit Mao Zedong verbunden ist, von großem Interesse.

Geboren in den Niedergang

»Wie sollen sich rechtschaffene Männer da nicht quälen«

Als Mao Zedong am 26. Dezember 1893 im Dorf Shaoshan, gelegen in der mittelchinesischen Provinz Hunan, von seiner Mutter Wen Jimei zur Welt gebracht wird – sein Vater ist deren Ehemann, der zu bescheidenem Wohlstand gelangte Bauer Mao Rensheng –, befindet sich Zhongguo, das Reich der Mitte, im katastrophalen Niedergang. Die Qing-Dynastie – eine Herrschaftsfolge von Kaisern aus dem Volk der Manzhou, die 1644 begonnen hatte und von den eigentlichen Chinesen, den Han, immer als Fremdherrschaft empfunden wurde – liegt in den letzten Zügen. 1911 wird sie endgültig zusammenbrechen.

»Nicht erst seit heute währt Chinas Untergang!«, schreibt 1894 der 28-jährige, in Südchina geborene und im Ausland zu hoher Bildung gelangter Arzt und Reformer Sun Yatsen, der 1911 an der Spitze der Revolution stehen und für Mao Zedongs Lebensweg eine entscheidende Rolle spielen wird. »Die oben sind untätig und nachlässig, hinter ihrem oberflächlichen Glanz verbirgt sich nichts. Die unten leben in Dunkel und Unwissenheit, selten vermögen sie an die Zukunft zu denken. ... Unser erhabenes China wird von den Nachbarn nicht als gleichberechtigt, Kultur und Sitten werden gegenüber denen anderer Völker als geringer angesehen. Wie sollen sich rechtschaffene Männer da nicht quälen! Mit unserer riesenhaften Bevölkerung von vierhundert Millionen Menschen, unserem Reichtum von zehntausend Li Boden gäbe es niemanden auf der Welt, der sich uns entgegenstellen könnte, wenn wir uns anstrengen und Heroismus zeigten. Aber die verachtungswürdigen Sklaven stürzten unser Land ins Verderben und brachten Unheil über unser Volk, dass wir, einmal zu Fall gebracht, uns nun in einer solchen Lage befinden! Heute sind wir von starken Nachbarn umgeben, die wie Tiger blicken und wie Adler spähen. Schon lange sind sie gierig nach Chinas Reichtum an Bodenschätzen und nach seinen Landesprodukten.

Wie Seidenraupen fressen sie, und wie Wale schlingen sie Stück für Stück unseres Landes. Schon sind sie bereit, ganz China wie einen Kürbis zu zerteilen und wie eine Bohne zu zerschneiden. Wer ein Herz in der Brust hat, kann seine Schmerzensschreie nicht unterdrücken und eilt, unser Volk aus der Not zu retten und unser großes China vor dem Untergang zu bewahren.«[1]

Die Gründe für die entstandene Lage sind zahlreich. Einem ungeheuren Anwachsen der Bevölkerung stehen nahezu gleich bleibende Produktionsverhältnisse und eine kaum veränderte Technik gegenüber. Zählte China um 1650 rund 100 Millionen Einwohner, so sind es 100 Jahre später schon 180 Millionen, und wieder ein Jahrhundert darauf, im Jahre 1850, ist die Zahl bereits auf 410 Millionen gestiegen.[2] Die landwirtschaftliche Anbaufläche hat sich jedoch nur geringfügig erweitert, und eine Industrieentwicklung, wie sie im 19. Jahrhundert etwa für Europa und die USA typisch ist, hat nicht stattgefunden. Das liegt wesentlich an der Herrschaft der Gentry. Die Gentry – das ist die seit der Han-Dynastie (206 v. u. Z. – 220 u. Z.) existierende gesellschaftliche Schicht der größeren Grundbesitzer, die zugleich Beamte, oft auch Akademiker sind, ihre Einkünfte aus der Verpachtung ihres Bodens ziehen und zugleich als Steuereinnehmer fungieren. Das Aufkommen der Industrie behindern sie aus einer übersichtlichen Interessenlage heraus: Da sie ihren Reichtum in Land angelegt haben und der Wert des Landes um so mehr steigt, je größer die Bevölkerung und je knapper somit das vorhandene Land wird, ist ihnen an einer Änderung der Verhältnisse nicht gelegen.

Aber: Völliger Stillstand ist nirgends. Mit dem Bevölkerungswachstum einhergegangen war ein rasches Wachstum des Handels. Ende des 18., Anfang des 19. Jahrhunderts begannen, vor allem in den Küstenstädten und Handelszentren im Südosten, Großhändler und Bankiers Macht und Einfluss zu gewinnen. Auch die Gentry veränderte sich. Kaufleute stießen hinzu – erwarben oder kauften die notwendigen akademischen Titel. Zur Förderung ihrer Geschäfte bildeten sie Gilden, die erst nur von städtischer, bald aber auch von regionaler und überregionaler Bedeutung waren. Die Provinzen – groß wie europäische Staa-

ten – nahmen eine zunehmend unterschiedliche Entwicklung.
Im Süden und Südosten Chinas blühte der Handel, standen die
Zeichen auf Veränderung, im Norden und Nordwesten hingegen
ging alles seinen kaum veränderten Gang. Die kaiserliche Macht
erwies sich als unfähig, die Dinge weiterhin zentral zu steuern.
Die Zersplitterung des Landes wurde vorangetrieben durch die
imperialistischen Mächte des Westens. Als 1840 im Opiumkrieg
englische Kriegsschiffe vor der südostchinesischen Küste erschienen, 1841 gar den Yangzijiang stromauf bis Nanjing vordrangen,
um den europäischen Handels- und Wirtschaftsinteressen den
Weg zu bahnen, hatte der Kaiser ihnen weder eine eigene Flotte
noch moderne Waffen entgegenzusetzen. In rascher Folge zwan-
gen England, Frankreich, die USA und Russland, später auch
Deutschland dem heillos unterlegenen China ungleiche Verträge auf, mit denen das Land einer quasi kolonialen Ausplün-
derung unterworfen wurde. Gleichzeitig erschütterten Aufstände
das Kaiserreich. Von 1848 bis 1865 dauerte deren gewaltigster,
der Taiping-Aufstand. Anführer war der Bauer Hong Xiuquan,
aus der Provinz Hunan gebürtig, wie später auch Mao Zedong.
Hong erklärte sich zum Gegenkaiser und verkündete eine neue
Religion, die das Gottesreich auf Erden versprach: Taiping, den
höchsten Frieden. Das Heer der Aufständischen eroberte Südchina, machte Nanjing zur Hauptstadt des Taiping-Staates, stieß
im Norden fast bis Tianjin vor, versäumte es, Beijing, den Sitz des
wirklichen Kaisers, einzunehmen und wurde schließlich am Un-
terlauf des Yangzijiang durch die kaiserlichen Truppen vernichtend geschlagen. Von 1855 bis 1868 tobte zudem im Norden der
Bauernaufstand der Nianfei, und im Westen des Landes erhoben
sich chinesische Mohammedaner. All diese Kämpfe verliefen ungeheuer blutig, nichts, gar nichts zählte ein Menschenleben. Die
Zahl der Opfer geht in die Dutzenden Millionen. Die Einwohnerzahl sank von rund 410 Millionen im Jahre 1850 auf nur noch
etwa 350 Millionen im Jahre 1873.
In Mao Zedongs Geburtsjahr 1893 sind die Herrschaftsverhältnisse verworren. Auf dem Thron sitzt der 21-jährige Kaiser
Guangxu, alle Fäden laufen aber bei der fast 60-jährigen Kaise-

rinwitwe Cixi zusammen. Um ein Wiedererstarken der kaiserlichen Macht bemüht ist Li Hongzhang, Generalgouverneur von Tianjin. Als Mao zwei Jahre alt wird – im Jahre 1895 –, zeigt sich, dass die Anstrengungen Li Hongzhangs auf halber Strecke stecken geblieben sind. Im Krieg gegen Japan erleidet China eine schwere Niederlage. Das ist eine ungeheure Demütigung. »China«, schreibt Fairbank, »war soeben von einer ausländischen Macht besiegt worden, die bisher für minderwertig gegolten hatte und in den Augen des alten China eine Inkarnation allen Übels darstellte. ... Das Chaos war da.«[3]

Aus diesem von ihm selbst nach Kräften geschürten Chaos zieht der Westen riesigen Gewinn. China besitzt keine Zoll- und Finanzautonomie mehr. 1884 bestanden 451 ausländische Transport- und Handelsunternehmen, die schalten und walten konnten, wie sie wollten. 1897 ist die Zahl dieser Unternehmen bereits auf 595 gewachsen. Mit dem japanisch-chinesischen Vertrag von Shimonoseki aus dem Jahre 1895, der die chinesische Kriegsniederlage besiegelt, wird den kapitalistischen Mächten die Möglichkeit eingeräumt, unbegrenzt Kapital anzulegen und Industrie- und Bergbaubetriebe sowie Eisenbahnen zu bauen. Miteinander erbittert rivalisierend sichern sie sich Konzessionen für den Eisenbahnbau: England für 2800 Kilometer, Russland für 1530 Kilometer, Deutschland für 720 Kilometer, Belgien für 650 Kilometer, Frankreich für 420 Kilometer und die USA für 300 Kilometer. Der Bau und Besitz von Eisenbahnlinien garantiert nicht nur hohe Gewinne, sondern zugleich die Kontrolle großer Territorien und die Ausbeutung der im Einzugsbereich der Bahnen liegenden Bodenschätze. Dies alles in allem ist – wie es die DDR-Chinaforscher Roland Felber und Horst Rostek formulierten – »die Ausraubung eines Leichnams«.[4]

Im Jahre 1900 erfährt diese Ausraubung einen neuen Höhepunkt. Der Aufstand der Yihetuan – im Ausland nennt man sie »Boxer« – gegen die Fremdherrschaft wird von einer internationalen Interventionsarmee, zusammengesetzt aus Engländern, Franzosen, Deutschen, US-Amerikanern, Italienern, Japanern und Österreichern, niedergeschlagen. Unter dem Oberkommando des deutschen Feldmarschalls Graf Waldersee werden in einer zweiten Interventionswelle die Städte um Beijing herum terrorisiert, Dörfer dem Erdboden gleichgemacht, Paläste geplündert. Li Hongzhang handelt einen Frieden aus, aber dieser ist – weil er für China nur Strafbestimmungen enthält, einschließlich einer Entschädigungszahlung in der für diese Zeit unglaublichen Höhe von 333 Millionen Dollar, zahlbar im Laufe von 40 Jahren mit einer Verzinsung, die den Betrag verdoppelte – eine erneute Katastrophe.[5]

Indes: Das Eindringen der imperialistischen Mächte ist für Chinas Entwicklung nicht nur verheerend und demütigend. Es öffnet das Land auch für neue Ideen. Reformer treten auf den Plan. Die Gentry und die reichen Händler schicken ihre Söhne zum Studium ins Ausland. Berichte über den Westen erschüttern das chinesische Weltbild. Vorschläge zur Modernisierung des Landes unterbreiten besonders nachdrücklich die Reformer Kang Youwei und Liang Qichao. Mao Zedong wird später berichten, dass er ihre Bücher bereits in seiner Schulzeit »immer wieder, bis ich sie auswendig konnte«, gelesen habe.[6] Kang und Liang entwickeln Pläne zur Umgestaltung der Staatswirtschaft, zur Förderung des Wissens, zur Unterdrückung der allgegenwärtigen Korruption. Sie werden zu Wegbereitern der Revolution, obwohl sie glauben, diese Revolution gar nicht zu brauchen, sondern innerhalb der Monarchie erfolgreich sein zu können. Sun Yatsen geht weiter als Kang und Liang. Im Jahr 1904 beginnt er – Mao Zedong wird gerade elf – seine »Drei Volksprinzipien« zu propagieren. Sie sind ein gesamtnationales Programm der Revolution. Bis zu seinem Tode im Jahre 1925 werden sie Suns Politik bestimmen. Ihren konkreten Inhalt wird er im Laufe der Zeit mehrmals verändern, und wer die Dinge vom Ausland aus betrachtet, ist zudem mit unterschiedlichen Übersetzungen konfrontiert. Es ist nicht einfach, von außen Zugang zu chinesischen Denkweisen zu finden. Im Chinesischen lauten die Prinzipien in ihrer ursprünglichen Fassung Minzuzhuyi, Minquanzhuyi und Minshengzhuyi. K. A. Wittfogel, der Sun Yatsens Werk in den 1920er Jahren in Deutschland bekannt macht, übersetzt diese Begriffe mit Volks-

selbständigkeit, Volksherrschaft und Volkswohlstand.[7] Für die
DDR-Sinologin Helga Scherner heißen sie Nationalismus, Demokratie und Volksleben.[8] Fairbank sieht im ersten Prinzip Volk
und Rasse zur Nation zusammengefasst, im zweiten ein Plädoyer
für die Rechte und die Macht des Volkes, und das dritte Prinzip
steht für genügend Nahrung für das Volk.[9]
Sun Yatsen entwickelt Minzuzhuyi (Volksselbständigkeit, Nationalismus) von einem Prinzip, das sich zunächst gegen die Manz-
hou-Herrschaft richtet, bald zu einem des Kampfes gegen die
imperialistischen Mächte, und Minshengzhuyi (Volkswohlstand,
Volksleben) verbindet er nach 1912 immer öfter mit Shehuizhuyi. Shehuizhuyi aber heißt: Sozialismus. Suns Schüler, zu denen sich die später erbitterten Gegner Mao Zedong und Tschiang
Kaischek gleichermaßen zählen werden, werden die »Drei Volksprinzipien« auf jeweils eigene, oft gegensätzliche Weise auslegen.
1905 – Mao wird zwölf – beginnt in Russland eine Revolution,
die bis 1907 dauern wird und von großer Ausstrahlung auf die
chinesischen Reformer ist. Sun Yatsen gründet in Tokio die
Tongmenghui, die Liga der Verbündeten. Aus ihr wird 1912,
geführt von dem Hunaner Revolutionär Song Jiaoren die Guomindang hervorgehen. Guomindang: Das ist die Volkspartei oder auch Nationale Volkspartei, die in den 20er, 30er und
40er Jahren in stetem Wechselspiel von erbittertem Kampf und
widerspruchsvoller Zusammenarbeit mit der 1921 ins Leben
tretenden Gongchandang, der Kommunistischen Partei, die Geschicke der Republik China bestimmen wird.
1908 stirbt 73-jährig die Kaiserinwitwe Cixi. Da einen Tag vor
ihrem Ableben Guangxu, der eigentliche, noch junge Kaiser, auf
ungeklärte Weise zu Tode kommt – es geht der Verdacht, dass sie
dabei nachgeholfen hat –, bestimmt sie den zweijährigen Prinzen
Puyi zum Kaiser. Das Bild Chinas ist »denkbar traurig«, schreibt
der deutsche Sinologe Wolfram Eberhard.[10] Die ausländischen
Mächte betrachten das Land nur noch als Spielfeld ihrer eigenen
Pläne, 1911 gärt im Süden die Revolution. Davon ist Mao Zedong begeistert. Er ist 17 Jahre alt, besucht die Mittelschule in
Changsha, der Hauptstadt seiner Heimatprovinz Hunan, liest die

revolutionäre *Minli Bao* (Volksmacht-Zeitung). Daraus erfährt er im April, dass es in Kanton einen Aufstand gegen die Manzhou-Dynastie gegeben hat, der von Huang Xing – auch dieser stammt aus Hunan – angeführt wurde, aber erfolglos blieb. Von Sun Yatsen und dessen Liga der Verbündeten erfährt er ebenfalls in dieser Zeit. Ob er da schon weiß, dass Huang Xing mit Sun Yatsen gemeinsame Sache macht und der Aufstand in Kanton der bereits zehnte Putschversuch der Tongmenghui ist, lässt sich aus seinen Erinnerungen nicht erkennen. Unübersehbar aber ist sein Drang, nicht mehr nur Zuschauer zu sein. »Ich war so erregt«, wird er 1936 dem US-amerikanischen Journalisten Edgar Snow in einem einzigartig gebliebenen Bericht über sein Leben erzählen, »dass ich einen Artikel schrieb und an die Schulmauer hängte. Es war meine erste politische Meinungsäußerung; und sie war ziemlich verworren.« Kern des Textes ist die Forderung, »dass Sun Yatsen aus Japan zurückgerufen werde und Präsident der neuen Regierung werden müsste und dass Kang Youwei Premierminister und Liang Qichao Außenminister werden sollten«.[11]

Am 10. Oktober 1911 erheben sich in der Großstadt Wuhan am Yangzijiang unter der Führung des Revolutionärs Li Yuanhong 3000 Mann. Der Manzhou-Gouverneur flieht in Panik. Das ist der Beginn der Revolution. Binnen sechs Wochen erklären sich die von der reformbereiten Gentry beherrschten Provinzen in Süd- und Mittelchina sowie in Teilen des Nordwestens als unabhängig von der Qing-Dynastie. Eine soziale Revolution indes liegt nicht in ihrem Interesse. Kleine Bauernunruhen werden schnell unterdrückt. Die Revolution ist, so urteilt Fairbank, »ihrem Wesen nach ein Zusammenbruch, nicht eine neue Schöpfung«.[12]

Sun Yatsen kommt aus Japan zurück und wird am 1. Januar 1912 in Nanjing als provisorischer Präsident eingesetzt. Er weiß aber, dass sein Einfluss nicht groß genug sein wird, um das Land in eine neue Zeit zu führen. Es wird jemand gebraucht, der mit der Reform-Gentry verbunden ist, die Widersprüche zwischen dem im Aufbruch befindlichen Süden und dem unbeweglichen Norden auszugleichen vermag und den Einfluss der ausländischen Mächte in Schach halten kann. Dieser Mann, so hofft Sun, könnte

Der junge Mao, um 1920.

der von der untergehenden Dynastie zum Ministerpräsidenten und Oberbefehlshaber ernannte Yuan Shikai sein. Er bietet daher sofort seinen Rücktritt an, wenn Yuan garantiert, zur Republik zu halten. Am 12. Februar 1912 dankt Puyi, der sechsjährige Kind-Kaiser, ab; Sun Yatsen tritt zurück; Yuan Shikai wird am 10. März in Beijing provisorischer Präsident.

Yuan Shikai enttäuscht die Erwartungen der Revolutionäre. Als Song Jiaoren, der Guomindang-Führer, im Winter 1912/13 westlichen Ideen folgend für eine parlamentarische Mehrparteienregierung eintritt und die Guomindang aus den ersten (und einzig gebliebenen) Wahlen auch noch als Sieger hervorgeht, lässt er ihn kurzerhand ermorden. Die imperialistischen Mächte stützen Yuan weiter, denn er stellt ihre Vorrechte nicht in Frage. Er löst das Parlament, die Provinzversammlungen und die örtlichen Räte auf, verbietet die Guomindang und erklärt sich zum Präsidenten auf Lebenszeit. Als er auch noch seine Absicht kundtut, Kaiser zu werden, erhebt sich bewaffneter Widerstand.

Yuan Shikai stirbt im Juni 1916, niemand tritt seine Nachfolge an. So gibt es keine Zentralmacht mehr. In den Provinzen herrschen die Junfa, lokale Militärmachthaber, Warlords, mit oft brutaler Gewalt, führen Kriege gegeneinander und pressen die Bevölkerung aus. Die Gentry als ordnendes Element zerfällt. Liang

Qichao stellt resigniert fest: »Im heutigen China gedeihen nur listige, verbrecherische und skrupellose Leute.«[13]

Mao Zedong sucht in diesen Ereignissen seinen Platz. Kurz nach dem Wuhaner Aufstand vom 10. Oktober 1911 hört er in seiner Schule in der Stadt Changsha die Rede eines Kampfgenossen des Aufstandsführers Li Yuanhong, und er plant gemeinsam mit einigen Mitschülern, sich der Revolutionsarmee in Wuhan anzuschließen. Doch daraus wird nichts, denn Kämpfe am Stadtrand versperren ihm den Weg. »Zugleich«, berichtet Mao später, »ereignete sich ein Aufstand in der Stadt, die Tore wurden von chinesischen Arbeitern gestürmt und übernommen. Durch eines der Tore ging ich zurück in die Stadt. Dann stand ich auf einer Anhöhe und beobachtete den Kampf, bis ich schließlich die Han-Fahne über dem Yamen (dem zentralen Verwaltungsgebäude – W. A.) aufsteigen sah.«[14]

Am nächsten Tag wird eine neue Provinzregierung gebildet. Zwei prominente Mitglieder der Gelaohui, der traditionsreichen Gesellschaft der Älteren Brüder, stehen an ihrer Spitze, aber sie können sich nicht halten. Sie »waren arm und vertraten die Interessen der Unterdrückten«, erinnert sich Mao. »Die Grundbesitzer und Händler waren mit ihnen unzufrieden. Nur wenige Tage später, als ich einen Freund besuchen ging, sah ich ihre Leichen auf der Straße liegen.«[15]

Die Erlebnisse erschüttern den Bauernsohn tief. Er tritt nun doch – aber nicht in Wuhan, sondern gleich in Changsha – in die Armee ein, um – so seine Worte – »dazu beizutragen, die Revolution zu vollenden«.[16] Er verdient sieben Yuan monatlich, wovon er zwei für das Essen braucht. Den Rest könnte er eigentlich für Zeitungen, Zeitschriften und Bücher ausgeben, aber da ist ein Standesdünkel, der ihn veranlasst, noch einen Teil der Summe für Wasser abzuzwacken: »Die Soldaten mussten Wasser von außerhalb der Stadt holen; ich als Student konnte mich jedoch nicht herablassen, es zu tragen, und kaufte es von den Händlern.«[17] Trotzdem bleibt Geld für Bildung. »Sehr begierig« liest er Zeitungen, lernt in der *Xiangjiang Ribao*, den Nachrichten vom Xiang-Fluss, den Begriff Shehuizhuyi, Sozialismus, kennen und diskutiert darüber mit anderen Studenten und Soldaten.[18]

Ein halbes Jahr lang bleibt der Unruhegeist aus der Provinz Soldat. Von Kämpfen, an denen er teilgenommen hätte, ist in seinem Bericht keine Rede. »Im Glauben, dass die Revolution vorüber sei«[19], verlässt er die Armee. Über seinen künftigen Lebensweg ist er sich völlig unsicher. Er bewirbt sich für eine Polizeiausbildung, die er nicht antritt, dann für eine Lehre zum Seifenhersteller, die er ebenfalls wieder abbläst. Kurz darauf liebäugelt er mit einem Jurastudium, entscheidet sich aber für eine mittlere Handelsschule, wo er nach einem Monat scheitert, weil er kein Englisch kann. Ein halbes Jahr lang lernt er an der Ersten Mittelschule der Provinz, verlässt sie aber wieder, weil ihn der Lehrplan nicht befriedigt. Schließlich fasst er den Entschluss, sich nach eigenem Programm in der Provinzbücherei von Hunan weiterzubilden. »Ich ging«, berichtet er, »am Morgen in die Bibliothek, wenn sie öffnete. Mittags machte ich gerade lange genug Pause, zwei Reiskuchen zu kaufen und als Mittagessen zu verzehren. Ich hielt mich täglich in der Bibliothek auf und las dort, bis sie schloss.«[20] Aber auch dieser Abschnitt dauert nur ein halbes Jahr. Dann drängen ihn zwei Freunde zu einer Entscheidung. Das Erste Lehrerseminar der Provinz Hunan wirbt um Studenten. Da solle er sich melden, raten ihm die beiden. »Sie wollten, dass ich ihnen bei ihren Aufnahmeessays half. ... Ich schrieb zwei Essays für meine Freunde und einen für mich. Alle wurden angenommen – deshalb war ich in Wahrheit dreifach aufgenommen.«[21] Und nun bleibt der so lange Unentschlossene auch. Es ist das Jahr 1912, das erste Jahr der Republik. Mao Zedong ist 18 Jahre alt. Sein Examen macht er 1918. Da ist er 24.

Eine »neue Schöpfung« für das Land ist nach dem Zusammenbruch von 1911 noch nicht in Sicht.

Kindheit mit Hindernissen

Bei Persönlichkeiten, die später eine solch überragende Macht erlangen wie Mao Zedong, ist man versucht, bereits in den Kindheits- und Jugendtagen Außergewöhnliches zu vermuten. Gibt es da nicht frühe Prägungen und Handlungsweisen, in denen das später so dominant werdende Wesen bereits aufscheint oder sogar unverrückbar eingemeißelt ist? Eine Antwort auf solche Fragen zu suchen, hat viel Spekulatives. Wo soll man die Ansatzpunkte finden?

Mao Zedong hat 1936, im Alter von 42 Jahren, in langen Nächten Edgar Snow umfänglich aus seinem Leben erzählt. Sind da solche Ansatzpunkte erkennbar? Ja, das sind sie. Bedacht werden muss nur, dass Mao zu der Zeit bereits seit einigen Jahren Parteiführer ist. So darf man wohl annehmen, dass er in seiner Erzählung nichts dem Zufall überlässt. Er will Linien ziehen, die sein Leben wie aus einem Guss erscheinen lassen, will Prägungen sichtbar machen, mit denen er öffentliche Wirkung zu erzielen gedenkt. Und so schildert er also ein Begebnis aus der Zeit, da er »ungefähr dreizehn« war. Der Vater hatte im Heimatdorf Shaoshan Gäste nach Hause eingeladen. Während ihrer Anwesenheit war ein Streit zwischen ihm und dem Vater ausgebrochen. »Mein Vater denunzierte mich vor der ganzen Versammlung und nannte mich faul und unnütz.« Daraufhin habe er, der Sohn, wütend das Haus verlassen, der Vater sei ihm gefolgt, und als er an den Rand eines Teiches gekommen sei, habe er gedroht, hinein zu springen, wenn der Vater näher käme. Der Vater habe auf einer Entschuldigung bestanden und als Zeichen der Unterwerfung den Koutou verlangt, jene Geste, die in Europa als Kotau bekannt ist, und bei der es heißt, auf beide Knie zu sinken und den Kopf auf die Erde zu schlagen. Er, der Sohn, habe sich bereit erklärt, den Koutou auf nur einem Knie zu vollziehen, wenn im Gegenzug der Vater ihn nicht schlage. »So endete der Krieg, und ich lernte daraus, dass mein Vater, wenn ich meine Rechte durch offene Rebellion verteidigte, nachgab; wenn ich aber bescheiden und unterwürfig blieb, fluchte er nur und schlug mich um so mehr.«[1]

Im Verhalten Maos in dieser Szene kommt, so meint der sowjetische Sinologe Fedor Burlatsky Ende der 1970er Jahre, das Rebellische im Wesen Mao Zedongs zum Ausdruck. Denn es war höchst ungewöhnlich für einen Jungen von 13, sich so zu verhalten, wie Mao das tat. Mit dem allgemeinen Selbstverständnis der chinesischen Familie hatte das nichts zu tun. Der konfuzianische Kanon, der das Denken und Handeln seit vielen Generationen ohne Wenn und Aber bestimmt hatte, verlangte drei Formen der bedingungslosen Unterordnung: des Sohnes unter den Vater, des Individuums unter den Kaiser und allen Handelns unter die Rituale und Traditionen. Mao aber »stellte bereits in seiner frühen Jugend die erste – und vielleicht wichtigste – Form dieser Unterwerfung in Frage«.[2]

Und Burlatsky geht noch weiter. Auch in der Tatsache, dass Mao den Koutou auf nur einem Knie vollzogen habe, liege eine tiefe Symbolik. Der Junge sei in seinem späteren Leben noch viele derartige Kompromisse eingegangen – mit Menschen, die er als Mitstreiter gewinnen wollte, mit Rivalen im Kampf um die Macht und mit Ausländern –, und im Grunde seien das immer nur neue Variationen des Koutou auf einem Knie gewesen: »Er unterwarf sich nicht vollständig, und das erlaubte ihm, ›das Gesicht zu wahren‹, obwohl doch das Knien den Eindruck der Unterwerfung und des Einverständnisses erzeugt hatte.«[3]

Kämpfe mit dem Vater, Geborgenheit bei der Mutter. Von ihr, der Mutter Wen Jimei, spricht Mao in seinen Erinnerungen mit wenigen, aber warmen Worten. Sie »war eine freundliche Frau, großzügig und mitfühlend und immer bereit, alles, was sie hatte, mit einem zu teilen«. Auch als »fromme Buddhistin« beschreibt der Sohn die Mutter, eine Frau, die ihren Kindern »religiöse Unterweisungen« gab und ihn, als er »immer skeptischer« wurde, wegen seiner »Gleichgültigkeit gegenüber den Erfordernissen des Glaubens« zur Rede stellte.[4]

Die Familie, um deren tägliches Wohl sie sich kümmert, ist

sechsköpfig. Neben Mao Zedong gibt es noch zwei weitere, jüngere Söhne, Mao Zetan und Mao Zemin, und es gibt die Tochter Mao Zehong.

Zedong, Zetan, Zemin und Zehong. Schon immer haben die chinesischen Eltern versucht, ihren Kindern möglichst klangvolle, beziehungsreiche, positiv aufgeladene Namen zu geben. So ist es auch hier, aber der Versuch einer unmissverständlichen Auslegung scheitert an der mehrfachen Bedeutung der einzelnen Zeichen. Das Zeichen *ze*, das den Beginn aller vier Vornamen bildet, hat die positiven Bedeutungen von Glanz, Gunst, Gnade, Wohlwollen. *Hong* im Namen der Schwester heißt rot in einem schönen Sinne, es heißt auch beliebt und sogar revolutionär. *Tan* im Namen des ersten Bruders bedeutet tief im Sinne von Gedankentiefe, *min* im Namen des zweiten heißt Volk. Und *dong* bedeutet Osten als der Ort des Sonnenaufgangs, aber das Wörterbuch nennt auch Herr, Eigentümer und Gastgeber als mögliche Lesarten. Zedong – der glanzvolle Osten oder der wohlwollende Herr?

Wie auch immer: Es spiegeln sich die Wünsche und Hoffnungen der Eltern, und was auch immer andere aus den Namen herausgelesen haben mögen – ganz erstaunlich ist, dass die Geschwister Zedong, Zetan, Zemin und Zehong sich alle mit höchster Opferbereitschaft in der kommunistischen Bewegung engagieren werden. Dies zeugt von einem bemerkenswerten Verhältnis der Geschwister untereinander, und es zeugt zugleich von der Wucht, mit der die gesellschaftlichen Verhältnisse nach politischem Engagement geradezu schreien. Es ist ein Engagement, das in höchstem Maße tödliches Risiko in sich birgt. Nur Mao Zedong wird es beschieden sein, eines natürlichen Todes zu sterben. Die anderen bezahlen ihren revolutionären Einsatz mit dem Leben. Mao Zetan fällt 1935 als Teilnehmer des von Mao Zedong und anderen geführten Langen Marsches; Mao Zemin, der ebenfalls am Langen Marsch teilnimmt, wird 1942 Opfer einer antikommunistischen Säuberungswelle in der Provinz Xinjiang; Mao Zehong, die Schwester, wird bereits 1930 in Changsha von Konterrevolutionären getötet.

Mao Zedong stellt das in seinem Bericht von 1936 nicht weiter heraus, erwähnt seine Geschwister nur knapp. Er hat nicht die Absicht, ein Familiengemälde zu entwerfen. Das ist, wenn man mehr wissen will über die Bindungen zwischen den Geschwistern, über die Gefühle, von denen sie bestimmt waren, natürlich schade. Hat Zedong die Geschwister beeinflusst, angespornt, mitgerissen? Das ist von der Altersstruktur her das Nächstliegende. Oder war es ganz anders? Er erzählt davon nichts. Auch über Yang Kaihui, seine erste Ehefrau, die ebenfalls von Konterrevolutionären ermordet wird, spricht Mao 1936 nur in knappsten Mitteilungen.

Zurück ins Dorf Shaoshan. So positiv Mao Zedong die Mutter schildert, so kritisch, abweisend, ja feindselig beschreibt er den Vater, Mao Rensheng. Dieser war, so schildert es Mao, zunächst ein armer Bauer gewesen, den man wegen hoher Schulden in den Armeedienst gezwungen hatte. In Maos Kindheit aber war er bereits zum mittleren Bauern aufgestiegen. Er hatte es nicht nur geschafft, sein ursprüngliches Land zurückzukaufen, sondern auch beim Reisanbau Überschüsse zu erzielen und mit diesen weitere Bodenflächen zu erwerben. Bald gilt er, obwohl er gerade mal einen einzigen Knecht beschäftigen kann, als reich, und tatsächlich entfernt er sich von der bitteren Not seiner Umgebung. Als er dann noch beginnt, mit Hypotheken auf das Land anderer Leute zu handeln, wird diese Entfernung immer größer.

Seinen Sohn Zedong erzürnt an diesem Weg Etliches. Er ist wütend darüber, dass der Vater aus dem Besitz keinen Antrieb oder gar eine Pflicht zum Teilen ableitet. Die Mutter, erinnert er sich, »hatte Mitleid mit den Armen und gab ihnen häufig Reis, wenn sie in Hungerzeiten darum baten. Aber sie konnte dies nicht machen, wenn mein Vater anwesend war. Er missbilligte Mildtätigkeit. Wir hatten deswegen viel Streit zu Hause.«[5] Wütend macht ihn auch, wie der Vater auf dem Hof Frau und Kinder ausbeutet. Zedong muss bereits mit sechs Jahren mitarbeiten und leidet unter den häufigen Prügeln, mit denen der Vater die Söhne bedenkt, wenn sie nach der Schule nicht so schuften, wie er sich das vorstellt. Die Anlässe zum Aufbegehren häufen sich. Als Zedong die ersten Schriftzeichen beherrscht und ein wenig rechnen kann, zwingt ihn der Vater, in Nachtarbeit die Bücher zu führen. Dass auch der Lehrer reichlich Prügel austeilt und sich mit dem Vater darin einig ist, dass die Kinder die Lehren des Konfuzius und anderer Klassiker zu pauken haben und sonst nichts, verschärft die Situation weiter.

Mao entwickelt einen ausgeprägten Lesehunger. Xiao San, ein Mitschüler Maos in Changsha, erzählt, dass Mao die berühmten alten chinesischen Romane wie *Xiyuji* (Die Reise in den Westen), *San Guo* (Von den drei Königreichen) und *Shuihuquan* (Die Räuber vom Liang-Shan-Moor) las, ohne dass sein Vater und die Lehrer davon wissen durften, und ihn, Xiao San, dafür begeistert habe, es ihm gleich zu tun. Vor allem vom Rebellischen habe Mao geschwärmt. Als nun er, Xiao San, seinerseits von einem Buch berichtet habe, das er mit Begeisterung gelesen hatte – es ging um die Biografien berühmter Persönlichkeiten –, habe Mao es sich sofort ausgeliehen und mit allerlei Unterstreichungen und Hervorhebungen versehen zurück gegeben. Insbesondere die Kapitel über Napoleon, Peter den Großen, Wellington und Washington hätten es ihm angetan. »China«, so habe der junge Mao erklärt, »braucht ebenfalls solche Leute. Es muss reich werden und eine starke Armee besitzen. Nur dann wird es dem Schicksal Indochinas, Koreas und Formosas (diese Länder sind kolonialisiert worden – W. A.) entgehen können.«[6]

Ein anderes Buch, das Mao für wichtig erachtet, ist *Shengshi Weiyen* (Worte der Warnung) des Reformers Zhong Guangying. »Der Autor«, erläutert Mao, »glaubte, dass die Schwäche Chinas in seinem Mangel an technischen Hilfsmitteln aus dem Westen – Eisenbahnen, Telefone, Telegrafen und Dampfboote – liege, und wollte, dass sie im Land eingeführt würden.«[7] Zu Maos Lektüre gehörten nicht nur die von Xiao San erwähnten Berichte über europäische Herrscher, sondern auch solche über die berühmtesten chinesischen Kaiser Yao, Shun, Qinshihuangdi und Hanwudi.[8]

Burlatsky zieht aus solchen literarischen Vorlieben für die alten Romane und die Lebensgeschichten großer Männer den Schluss, dass der künftige Parteiführer geradezu »exzessiv vom Geist des Martialischen fasziniert« gewesen sein müsse, »egal, ob dieser Geist bei Kaisern, brutalen Eroberern oder aufständischen Bauern zu finden war.«[9] Das ist eine sehr gewollte Deutung, und sie ist voller Widersprüche. Erstens passt dann die Aufmerksamkeit Maos für die anspruchsvollen Arbeiten der Reformer Kang Youwei und Liang Qichao nicht ins Bild, und zweitens relativiert Burlatsky seine Aussage selbst, indem er eine Passage aus den Mao-Erinnerungen zitiert, in der es um eine Konfrontation des Vaters mit den Dorfbewohnern geht. Diese findet statt, als im Bezirk Xiangtan Hungersnot herrscht. Die Armen fordern Hilfe von den reichen Bauern, aber der Vater verweigert sich. »Mein Vater war Reishändler und exportierte trotz der Knappheit viel Getreide aus unserem Distrikt in die Stadt. Eine seiner Sendungen wurde von den armen Dörflern beschlagnahmt – seine Wut war unermesslich. Ich hatte kein Mitgefühl mit ihm. Gleichzeitig dachte ich jedoch, dass die Methoden der Dorfbewohner ebenso falsch waren.«[10] Da ist von einer Vorliebe fürs Martialische keine Spur.

Treffend hingegen sind Burlatskys Bemerkungen zur komplizierten und widersprüchlichen Position Mao Zedongs im sozialen Gefüge des Dorfes und der Schule. Im Dorf sitzt er praktisch zwischen allen Stühlen: Er gehört nicht zu den Kindern der Dorfarmut, aber er hat auch keinen Zugang zum Kreis der Söhne der Großgrundbesitzer. Als er 1910 in die Mittelschule in Tongshan aufgenommen wird, ist er in doppelter Weise Einzelgänger. Zum einen kommen seine Mitschüler aus jenem Kreis der Großgrundbesitzer, der ihm im Heimatdorf verschlossen geblieben war, zum anderen ist er älter als sie. Er ist schon 17 Jahre alt, überragt die Jungen um sich herum um Haupteslänge und ist doch viel ärmlicher gekleidet. Weil er mit 13 Jahren die Elementarschule verließ und seither auf dem Hof des Vaters gearbeitet hat, muss er sich erst wieder ans Lernen gewöhnen und hat gröbere Umgangsformen als seine Klassenkameraden. Kurz gesagt: Er muss sich ganz und gar auf sich allein gestellt behaupten. Burlatsky wählt für diese Situation das Bild des Gullivers, der Mao in seiner Schulklasse gewesen sei.[11]

Das begierige Lesen, die ungeduldige, zwangsläufig unsystematische Anhäufung von Wissen, das ist die Methode, mit der sich Mao den vielfachen äußeren Gefährdungen seines Lebens entgegen stellt und mit der er seinen eigenen Pfad zu finden hofft. Im Lesen gewinnt er Stärkung gegen den übermächtigen Vater und die ihm abgezwungene Arbeit in Haus und Hof. Selbst aus den ungeliebten chinesischen Klassikern, die er langweilig findet, schlägt er mit seiner raschen Auffassungsgabe Kapital. Wenn der Vater ihn des unehrerbietigen Verhaltens und der Faulheit bezichtigt, hält er mit Klassikerzitaten dagegen, in denen von der Pflicht der Älteren zu freundlichem und liebevollem Verhalten die Rede ist. Er ist in der Familie – der Vater hatte ganze zwei Jahre eine Schule besucht und kann gerade genug lesen, um die Bücher zu führen, die Mutter ist Analphabetin – der »Gelehrte«,[12] und ein solcher wird er mit seiner rasch wachsenden Bildung bald auch für Freunde und Mitschüler. Xiao San erinnert sich, dass die Aufsätze, die Mao an der Mittelschule von Changsha verfasste, regelmäßig als vorbildhaft an den Wandzeitungen der Schule ausgehängt wurden. Mao habe es ausgezeichnet verstanden, seine Gedanken im Geist und in der Tradition der chinesischen Philosophen zum Ausdruck zu bringen.[13]

Das Rebellische hat freilich noch keine klare Richtung. »Ich war noch nicht Antimonarchist; tatsächlich hielt ich den Kaiser ebenso wie die meisten Beamten für ehrliche, gute und kluge Menschen«, gesteht er 1936 Edgar Snow.[14] Aber die Ungerechtigkeit, mit der die Armen in ihrem Schicksal gehalten werden, brandmarkt er nicht nur im Streit mit dem Vater. Als in der Schule die Hungerunruhen in Changsha diskutiert werden – viele der Anführer, so berichtet Mao, »wurden geköpft und ihre Köpfe auf Pfählen als Warnung für zukünftige ›Rebellen‹ zur Schau gestellt« –, kritisiert er jene Mitschüler, die zwar mit den Aufständischen sympathisierten, dies aber »nur vom Standpunkt des Beobachters her« taten. Sie hätten nicht verstanden, »dass es irgendeine Beziehung zu ihrem eigenen Leben hatte«, seien »daran nur wie an einem aufregenden Zwischenfall interessiert gewesen«. Er selbst hingegen habe es nie vergessen. »Ich fühlte, dass unter den Rebellen gewöhnliche Leute wie meine eigene Familie waren, und ich verabscheute die Ungerechtigkeit tief, mit der sie behandelt wurden.«[15]

Dass sich das Rebellische bei Mao mit der Bewunderung für

große Männer der Geschichte verbindet, bestätigt sein Kommilitone Xiao Yu, ein Bruder von Xiao San, der mit ihm 1917 – da ist Mao 23 – durch Hunan reist. Über Kaiser Liu Bang, erzählt Xiao Yu, hätten sie diskutiert: über den Begründer der Han-Dynastie also, der von 202 bis 196 vor unserer Zeitrechnung regierte und als der erste chinesische Kaiser gilt, der aus dem Volke kam. Mao habe Liu Bang für einen Helden gehalten. Er, Xiao Yu, hingegen habe darauf hingewiesen, dass ein solches Urteil wohl kaum für einen Mann gelten könne, der einen Tyrannen nur deshalb gestürzt habe, damit er dann selbst ein solcher werden könne – gewalttätig, perfide und bar jeden menschlichen Gefühls. Selbst die Generäle, die ihm unter Einsatz ihres Lebens zur Macht verhalfen, habe er nach dem Sieg getötet. Mao sei von diesem Einspruch unbeeindruckt geblieben: Nur so habe sich Liu Bang auf dem Thron halten können. »Ich wusste genau«, endet Xiao Yu, »dass Mao Zedong den Disput nicht länger fortsetzen wollte, denn dann hätte ich ihn direkt kritisieren müssen. Wir beide wussten, dass er sich mit Liu Bang und dessen Ambitionen identifizierte.«[16]

Bereitschaft zur Rebellion und Bewunderung für erfolgreiche Machtmenschen in Maos Kindheit und Jugend als bedeutsame Prägungen zu erkennen, ist wohl stimmig. Fleiß und die Fähigkeit zu eigenständiger, zielstrebiger Arbeit sind eine weitere bedeutsame Prägung. Als Mao vor Eintritt in das Lehrerseminar ein halbes Jahr in Changsha ganz auf sich allein gestellt in der Bibliothek studiert, liest er von Adam Smith *Vom Reichtum der Nationen*, von Charles Darwin *Ursprung der Arten*, vom Baron de Montesqieu *Vom Geist der Gesetze*. Er vertieft sich in die Werke von Jean Jacques Rousseau und Herbert Spencer und bezeichnet diese Lebensphase als »Zeit der Selbsterziehung«. »Ich mischte Lyrik, Romane und die Geschichten der alten Römer mit dem ernsthaften Studium der Geschichte und Geografie Russlands, Amerikas, Englands, Frankreichs und anderer Länder.«

In der Bibliothek sieht und studiert er auch »mit großem Interesse eine Weltkarte«.[17] Wer dies für wenig erwähnenswert hält, versetze sich in das Dorf Shaoshan, in dem Maos Lebensweg seinen Anfang nimmt.

Student in Aufruhr

»Suche junge, an patriotischer Arbeit interessierte Männer«

Am Lehrerseminar in Changsha – es sind die Jahre von 1912 bis 1918, für Mao Zedong die Lebensjahre 18 bis 24 – geschieht mit dem jungen Mann, was gemeinhin mit Studenten geschieht: Er wird reifer, seine politischen Ideen gewinnen Gestalt, und er erwirbt, wie er 1936 berichtet, »die ersten Erfahrungen in gesellschaftlicher Praxis.«[1] Das heißt bei ihm: Wieder kehrt er den Rebellen heraus. Die Kurse in den Naturwissenschaften gefallen ihm nicht, den Zeichenkurs hält er für dumm, er wehrt sich mit schlechten Leistungen. Aber in den Sozialwissenschaften, auf die er sich spezialisieren will, ist er sehr gut und macht damit die ungenügenden Ergebnisse in anderen Fächern wieder wett. Wo er es für nützlich erachtet, kann er sehr anpassungsfähig sein und dabei die Gabe der raschen Auffassung wirkungsvoll zur Geltung bringen. Als ein Lehrer, den die Studenten Yuan der Große Bart nennen, den Schreibstil Maos als »Journalistenprodukt« lächerlich macht, ärgert sich der Kritisierte sehr, denn mit genau dieser Ausdrucksweise hat er dem großen Vorbild Liang Qichao nachzueifern versucht. Aber dann, die Chancen des Streits abwägend, lenkt er ein, wirft sich wieder auf die klassische Phraseologie. Und wieder – wie schon im Konflikt mit dem Vater – gelingt es ihm, aus der Not eine Tugend zu machen. »Dank Yuan dem Großen Bart kann ich deshalb heute noch, wenn nötig, einen passablen klassischen Essay hervorbringen.«[2]

Andere Lehrer erzielen ihre Wirkung bei Mao nicht wie Yuan der Große Bart durch Herablassung und Anpassungszwang, sondern mit der Kunst, wirkliche Vorbilder zu sein. Einer von ihnen heißt Yang Changji. Er ist Lehrer für Ethik »und suchte, seine Studenten mit dem Verlangen zu erfüllen, gerecht, moralisch, tugendhaft und nützlich für die Gesellschaft zu werden«, erzählt Mao[3]. In der Tat ist dieser Yang Changji eine bemerkenswerte Persönlichkeit. Aus einer wohlhabenden Grundbesitzerfamilie stammend, hat er nach einem langen Klassikerstudium in China sechs Jahre in Japan und dann noch einmal vier Jahre in England und Deutschland studiert. Dass dieser hoch gebildete, weltläufige Mann, ein versierter Kenner Immanuel Kants, Jean Jacques Rousseaus und Herbert Spencers, am Lehrerseminar in Changsha arbeitet, ist Ausweis des Niveaus dieser Lehranstalt. Yang macht Mao unter anderem mit Friedrich Paulsens *System der Ethik* bekannt. Dieses Werk ist von dem Bildungsreformer Cai Yuanpei – auch er hat in Deutschland studiert – ins Chinesische übersetzt worden. Von dieser Übersetzung gibt es ein Exemplar mit zwölftausend Worte umfassenden handschriftlichen Randbemerkungen von Mao, woraus Bewunderung für Paulsens System, in dem Disziplin, Selbstbeherrschung und Willenskraft eine große Rolle spielen, herauszulesen ist.[4]

Mao, der ernsthafte Student, der schon früh etwas von einem Gelehrten hat: Es ist dies für einen jungen Mann vom Dorf ein besonderer Weg, aber er ist nicht einzigartig. Viele andere gehen ihn auch. Sie werden hineingerissen in die ungeheure Bewegung, die Chinas Gesellschaft durch die vom Ausland erzwungene Konfrontation und wegen der Unfähigkeit des Kaiserhauses, in dieser Konfrontation zu bestehen, erfasst hat. China nimmt, schreibt Fairbank, »am weltweiten Aufstieg der Presse teil, an der internationalen Berichterstattung und der Massenproduktion von Büchern und Zeitschriften«. Den »gebildeten Städtern« stehen »schon Hunderte von Unterhaltungsromanen zur Verfügung«; die Verbreitung von westlichen Werken in chinesischer Übersetzung, von Nachrichten und politischen Kommentaren beginnt, auch »die oberen bäuerlichen Schichten zu erreichen, die lesen und schreiben konnten«. Es gibt nun »neue Berufe und alternative Aufstiegsmöglichkeiten«, Akademiker nicht nur der klassischen Art, sondern auch mit westlicher Ausbildung, modern ausgebildete Offiziere, mehr Angehörige freier Berufe. Sie alle bilden eine »aktivistische Gentry«, die sich weniger in der Zentrale in Beijing als vielmehr in den von ihrer Größe her europäischen Staaten gleichkommenden Provinzen organisiert.[5]

Mao entdeckt in diesen Jahren neben seinem Talent für Sozialwissenschaften noch ein anderes: die Fähigkeit, Menschen um sich zu scharen, zu organisieren und zu führen. Um sich auszuprobieren, schaltet er in einer Changshaer Zeitung eine Anzeige, mit der er »junge, an patriotischer Arbeit interessierte Männer« auffordert, sich mit ihm in Verbindung zu setzen. Es sollten, sagt er 1936, Leute sein, »die abgehärtet und entschlossen und fähig waren, Opfer für ihr Land zu bringen«.[6] Aber außer, dass er auf diese Weise Li Lisan kennen lernt – einen Mann, mit dem er später in der Gongchandang heftige Auseinandersetzungen haben wird –, bringt das Unternehmen Anzeige keinen Erfolg.

Dann aber platzt der Knoten. Er gibt den Anstoß zur Bildung einer Gruppe von Studenten, die sich zur Xinmin Xuehui, zur Studiengesellschaft des Neuen Volkes, formieren. »Es war eine ernsthafte kleine Gruppe von Männern, die keine Zeit hatten, Nebensächlichkeiten zu diskutieren. Alles, was sie taten oder sagten, musste ein Ziel haben.«[7] Sie sind einem Aufruf gefolgt, den er in allen höheren Schulen in Changsha ausgehängt hat. »Es war ein Appell zur Einheit, geschrieben in einem neuen, eleganten Stil«, erinnert sich Xiao San. »Unterzeichnet war er mit ›Der Name der 28 Striche‹.«[8] Aus 28 Strichen bestehen die drei Schriftzeichen des Namens Mao Zedong.

Der Begriff Xinmin, neues Volk, aber auch: Erneuerung des Volkes, den Mao als Namen für seine Studiengesellschaft gewählt hat, kommt von Konfuzius, dem großen Philosophen des sechsten Jahrhunderts vor unserer Zeitrechnung. Liang Qichao hat ihn aufgegriffen und weiterentwickelt, er versteht unter Xinmin die Integration von Einzelnen in ihre Gruppe und dann der Gruppen in größere Gemeinschaften. Endziel von allem sei die »organische Nation«. »Zehntausend Augen«, sagt er, »die dasselbe sehen, zehntausend Hände und Füße, aber nur ein Geist«.[9] Und er erweitert Xinmin noch um die Bedeutung »neuer Bürger«, womit er die hohe private Sittlichkeit des alten China von ihrem familienzentrierten Egoismus befreien und um öffentliche Moral und Bürgertugend ergänzen will.

Von Liang Qichao zu Mao Zedong und bis zu Deng Xiaoping – dem Mann, der Mao einmal als mächtigster Mann der

VR China nachfolgen wird –, zieht sich, meint Fairbank, eine Anschauungslinie, die »vom optimistischen Konfuzianismus (der Mensch ist erziehbar) ererbt« ist und »die Grundlage guter Regierung in der natürlichen Harmonie der Interessen zwischen den Regierenden und dem Volk« sieht. Von hier stamme Maos »staatszentrierte Auffassung«, in der jeder einzelne aufgefordert ist, durch die Entwicklung seiner Fähigkeiten zum Gemeinwohl beizutragen.[10]

Radikal lösen wird sich Mao von Liang Qichao in der Revolutionsfrage. Liang will die Revolution nicht, hält, indem er auf die Instabilität der französischen Regierung nach der Revolution von 1789 verweist, die konstitutionelle Monarchie in China für den besten Weg zur Modernität. Mao hingegen wird sich dem Revolutionär Sun Yatsen anschließen, und im Sieg der Revolution in Russland 1917 wird er eine Bestätigung seiner Auffassung sehen.

Zunächst aber ist er in seiner Xinmin Xuehui, der Studiengesellschaft des Neuen Volkes, aktiv. Dort studiert man nicht nur. »Wir entwickelten uns außerdem zu eifrigen Verfechtern der Körperkultur. In den Winterferien wanderten wir durch die Felder, stiegen auf Berge, gingen Stadtmauern entlang und überquerten Ströme und Flüsse. Wenn es regnete, zogen wir unsere Hemden aus und nannten das ein Regenbad. Wenn es heiß war, legten wir die Hemden ebenfalls ab und nannten das ein Sonnenbad. Im Frühlingswind sagten wir, dass dies ein neuer Sport namens ›Windbaden‹ sei. Wir schliefen im Freien, wenn es schon fror, und schwammen sogar im November in kalten Flüssen. All dies hatte den Titel ›Körperabhärtung‹« – und es half ihm dabei, jene physische Verfassung zu bekommen, »die ich später so nötig auf meinen vielen Märschen quer durch Südchina und auf dem Langen Marsch von Jiangxi in den Nordwesen brauchen sollte«.[11] Worauf sie in ihrer Studiengesellschaft verzichten, ist »Zeit für Liebe oder ›Romanzen‹«. »Wir hielten die Zeiten für zu kritisch und das Bedürfnis nach Wissen für zu dringend, um Frauen oder persönliche Angelegenheiten zu diskutieren.«[12] Mao hat in dieser Zeit wohl auch noch keine Erfahrungen gemacht, die ihn zu einem positiven Urteil über die Liebe bewegen könnten. Formal befindet er sich im Ehestand, aber das hat mit Liebe nichts zu tun. Die Eltern haben ihn, als er 14 ist, mit einem 20-jährigen Mädchen verheiratet, indes: »Ich hatte nie mit ihr gelebt und tat das auch später nie. Ich hielt sie nicht für meine Frau und dachte wenig an sie.«[13] Das ist auch der Grund dafür, dass Maos Biografen im Allgemeinen von drei Ehen im Leben Maos sprechen und dabei diese Zwangsheirat nicht zählen.

Viele seiner Freunde aus der Xinmin Xuehui wird Mao durch die Konterrevolution verlieren – ein Schicksal, das er mit den Revolutionären überall in der Welt teilt. Wo Revolutionäre sind, also Umstürzler, da gibt es den Widerstand derer, die gestürzt, deren Herrschaftsverhältnisse umgestürzt werden sollen. Auf die Revolution antwortet die Konterrevolution. Das sind wiederkehrende Wogen von Gewalt und Gegengewalt. Das Grunderlebnis des Verlustes prägt die Revolutionäre. Es ist das Bewusstsein des Kampfes um Leben und Tod immer gegenwärtig, es bestimmt alle Strategie und Taktik, alles Handeln im Großen und Kleinen, gegenüber Freund und Feind.

1936, in der Erinnerung, nennt Mao von den Ermordeten namentlich He Shuheng, der als Oberrichter am Obersten Gerichtshof des Zentralen Sowjetgebiets tätig sein und 1935 umgebracht wird; Guo Liang, einen Arbeiterorganisator, der 1930 getötet wird; und Cai Hesen, Mitglied des Gongchandang-ZK,[14] Ehemann der ebenfalls ermordeten Frauenführerin Xiang Jingwu. Cai Hesen – in seinem Haus hat man sich zur Gründungsversammlung der Xinmin Xuehui getroffen[15] – wird 1927 hingerichtet. Inwieweit die Erfahrung des Verlustes auch die Familie einschließt, schildert Mao in der nüchternen Sprache seines Lebensberichtes von 1936: »Mein Name war« – es geht um das Jahr 1930 – »unter den Bauern Hunans bekannt, da große Belohnungen auf meine Gefangennahme, tot oder lebendig, ausgesetzt waren, ebenso wie für Zhu De und andere Rote ... Meine Frau und meine Schwester wurden verhaftet, ebenso wie die Frauen meiner beiden Brüder, Mao Zemin und Mao Zetan, und meine eigenen Söhne von He Jian (Militärmachthaber und Gouverneur). Meine

Frau (Kaihui) und meine Schwester (Zehong) wurden hingerichtet. Die anderen wurden später wieder freigelassen.«[16] Die Söhne von Mao und Yang Kaihui heißen Mao Anying, geboren 1920, Mao Anqing, geboren 1923, und Mao Anlong. Nach der Ermordung ihrer Mutter werden sie von anderen Mitgliedern der Familie und Freunden versteckt gehalten. Anlong stirbt früh, die beiden anderen gelangen in die Sowjetunion und studieren dort. Nach dem Zweiten Weltkrieg kehren sie nach China zurück. Mao Anying fällt 1950 im Koreakrieg, Mao Anqing arbeitet in der Volksrepublik, aber ohne engere Beziehung mit dem Vater. Auch mit He Zichen, seiner zweiten Ehefrau, hat Mao Kinder. Zwei von ihnen werden in Jiangxi geboren und dort bei Beginn des Langen Marsches 1934 wegen der erwarteten lebensbedrohlichen Strapazen von den Eltern zurückgelassen. Mao wird beide nach dem Krieg nicht wiederfinden. He Zichen, von der er sich in Yan'an 1939 scheiden lassen wird, bekommt ein drittes Kind von ihm, mit dem sie in die Sowjetunion geht. Mit Jiang Qing, seiner dritten Ehefrau – sie werden 1939 in Yan'an heiraten – hat Mao schließlich ebenfalls noch einmal zwei Kinder. Es sind zwei Töchter, und Mao bezeichnet diese beiden und Mao Anqing später als die einzigen überlebenden Nachkommen.[17]

Eine andere prägende Erfahrung, die Mao mit der Studiengesellschaft des Neuen Volkes macht, ist die, dass viele der dort geknüpften Verbindungen sehr lange halten werden, bis weit in die Zeit der Volksrepublik. So finden sich unter den Mitgliedern Liu Shaoqi, der später das Amt des Ministerpräsidenten der VR China innehaben, in der Kulturrevolution aber von Mao aus seinen Ämtern gedrängt und der Verfolgung preisgegeben werden wird; weiter Li Fuchun, in der Volksrepublik Vorsitzender der Staatlichen Planungskommission; und auch Cai Chang, die Schwester des später ermordeten Cai Hesen.[18]

Die Xinmin Xuehui ist eine interessante Lebensschule. Mit Liu Shaoqi ist da jemand, der wie Mao aus einer Bauernfamilie kommt. Die Geschwister Cai Hesen und Cai Chang hingegen stammen aus einer Intellektuellenfamilie, Cai Chang erhält eine für ein Mädchen dieser Zeit ungewöhnliche klassische Ausbildung. 1920 werden Bruder und Schwester gemeinsam im Studentenprogramm »Arbeite und Studiere«, das von der Chinesisch-Französischen Gesellschaft in Beijing gefördert wird, nach Frankreich gehen. Dort werden sie zu den Begründern des Pariser Ablegers der Kommunistischen Jugendliga gehören. Weil Cai Hesen von dort einen lebhaften Briefwechsel mit Mao führt, meint Edgar Snow, dass er »wahrscheinlich einen größeren Einfluss als jeder andere auf Maos Denken als revolutionärer ›Internationalist‹« ausgeübt habe. Li Fuchun, aus Changsha stammend, wird ebenfalls zur Frankreich-Gruppe der chinesischen Kommunisten gehören.[19] Es sind sehr gebildete, der Welt gegenüber aufgeschlossene, höchst wissbegierige und politisch radikalisierte junge Leute, die sich da zusammengefunden haben und die Möglichkeiten, die sich ihnen aus den Reformanstrengungen im Land bieten, resolut zu nutzen verstehen. Und sie haben Förderer. Yang Changji, der von Mao besonders verehrte Professor am Lehrerseminar, ist einer von ihnen.

Mit Professor Yang Changji ist Mao bald auch auf ganz private Weise verbunden. Yang Kaihui, die 1920 Maos Ehefrau werden wird, ist Yang Changjis Tochter. Das Desinteresse am Weiblichen ist Vergangenheit. Die Liebe zu Kaihui entwickelt sich, als Mao im Sommer 1918, da er in Changsha sein Examenszeugnis als Lehrer in der Hand hält, beschließt, Yang Changji nach Beijing zu folgen. Während des letzten Studienjahres ist ihm die Mutter gestorben, es hält ihn nichts mehr in Hunan. Die Freunde aus der Xinmin Xuehui, die am Frankreich-Programm teilnehmen wollen, gehen nach Beijing, um dort Französisch zu lernen. Er begleitet sie, will aber nicht mit nach Paris. »Ich fühlte, dass ich nicht genug über mein eigenes Land wusste und meine Zeit ergiebiger in China verbringen konnte«, begründet er 1936 diese Entscheidung.[20] Von Xiao Yu, dem Freund aus der Zeit der gemeinsamen Hunan-Wanderung, wissen wir, dass Mao nun des Öfteren zu Gast im Hause von Yang Changji ist. Kaihui, die Begehrte, sitzt beim Essen mit am Tisch – und was hier so selbstverständlich klingt, ist es nicht. Denn auch 1919 noch werden in China Hochzeiten durch die Eltern vorbereitet, die Ehegatten bekommen sich vor der Hochzeit nicht zu Gesicht – ganz so, wie es in Maos erster Verheiratung, die nie zur Ehe geführt hat, gewesen ist. Professor Yang Changji aber ist nicht nur Reformer im Allgemeinen, sondern auch im Besonderen. Darum ermöglicht er der Tochter eine höhere Bildung und Erziehung, und: Er wirft die scheinbar ewigen Tischsitten über Bord.[21]

Als Mao Zedong und Yang Kaihui 1920 in Changsha heiraten – Mao hat dort eine Stelle als Lehrer an einer Elementarschule gefunden –, ist Professor Yang Changji bereits gestorben.[22] Aber zuvor hat er Mao in Beijing eine weitere bedeutsame Bekanntschaft vermittelt. »Er stellte mich«, berichtet Mao 1936, »dem Universitätsbibliothekar vor. Es war Li Dazhao. … Li Dazhao gab mir eine Stelle als Hilfsbibliothekar, wofür ich die großzügige Summe von acht Dollar monatlich bekam.«[23]

Li Dazhao, 1888 geboren, 1927 von dem nordostchinesischen Militärmachthaber Zhang Zuolin hingerichtet, gilt als der erste Marxist unter den chinesischen Reformern. In Japan ausgebildet wie Sun Yatsen, erkennt er sehr früh die Bedeutung der beiden russischen Revolutionen von 1917 – der Februar- und der Oktoberrevolution – für China. »Nun sollten wir die Wirkung des Sieges der russischen Revolution«, meint er im Sommer 1917, »ausnützen, um die Kräfte der republikanischen Ordnung in unserem Lande zu stärken.«[24] Unter diesem Li Dazhao also, berichtet Mao 1936, »hatte ich mich sehr schnell zum Marxismus hin entwickelt«.[25] Mao nennt drei Bücher, die dies in ihm bewogen hätten: erstens das *Manifest der Kommunistischen Partei* in der Übersetzung von Chen Wangdao, das er als »das erste marxistische Buch, das jemals auf Chinesisch veröffentlicht worden war« herausstellt; zweitens »den Klassenkampf von Kautsky« – hier ist schwer nachzuvollziehen, welches Buch gemeint ist, denn einen solchen Titel gibt es im Deutschen bei Karl Kautsky nicht, vielleicht handelt es sich um *Der Weg zur Macht* von 1909 – und drittens um *Eine Geschichte des Sozialismus* von Thomas Kirkup.[26] Kann man nach diesen drei Büchern schon Marxist sein? Streng genommen wohl nicht. Aber was besagt das in der Politik? Mao empfindet sich als Marxist, er bekennt sich als Marxist, und er

will damit ebenso wie mit Bemerkungen der Art, dass er »viel
über die Ereignisse in Russland gelesen und eifrig das Wenige
aufgespürt« habe, »was es damals an kommunistischer Literatur
in Chinesisch gab«,[27] zeigen, dass er sich zugehörig fühlt zur internationalen Bewegung der Kommunisten; will auch nachträg-
lich noch einmal beweisen, dass er »die weltrevolutionäre Welle
schon auf China zukommen sah«.

Fairbank sagt dies über Li Dazhao,[28] aber es könnte auch auf Mao
gemünzt sein. Denn Mao lernt eine Menge von Li Dazhao. Biblio-
thekare sind, zumal in China, gemeinhin hoch gebildete Leute.
Li Dazhao hat eine Professur für politische Wissenschaften inne.
Als Mao 1919 bei ihm zu arbeiten beginnt, sitzt er gerade an
einer Abhandlung *Meine marxistischen Anschauungen*, in der er
seine Ansichten zu drei in Übersetzung vorliegenden Arbeiten
von Karl Marx – dem *Manifest der Kommunistischen Partei*, dem
Elend der Philosophie und dem *Vorwort zur Kritik der Politischen
Ökonomie* – darstellt, und er verfasst darauf aufbauend eine Studie
über den Klassenkampf. Klassenkampf – das ist im chinesischen
Denken etwas völlig Neues. Zwar gibt es den Begriff der Klasse,
Jieji, schon seit rund 1500 Jahren, aber er bezieht sich auf die
Rangordnung innerhalb der Beamtenschaft, beschreibt ein Un-
terordnungsverhältnis. Er ist eng mit der Sozialethik des Konfuzianismus verbunden, in der die strikte Unterordnungspflicht
des Untertanen unter den Herrn, der Frau unter den Mann und
des jüngeren Bruders unter den älteren festgeschrieben sind. Die
Gesellschaft wird in dieser Sichtweise geteilt in die Aristokra-
tie hier und das Volk da. Im Volk wird unterschieden zwischen
verschiedenen Berufsständen: Gebildeten, Bauern, Handwerkern
und Händlern.[29] Es ist in dieser Ordnung alles für die Ewigkeit
gerichtet, Bewegung zwischen den verschiedenen Gruppen nicht
erkennbar. Und nun kommt aus Europa ein ganz anderer Klas-
senbegriff. Einer, der aufrüttelt. Die »Geschichte aller bisherigen
Gesellschaft«, heißt es im *Kommunistischen Manifest*, sei »die Geschichte von Klassenkämpfen«.[30] Von Kämpfen – und nicht von
starren Verhältnissen, ewiger Unterordnung gar. Und die Klassen,
deren Beziehungen zueinander durch Kampf geprägt sind, un-

terscheiden sich voneinander nicht im Sinne von Berufsständen, sondern – Lenin hat es in Moskau 1919 in seiner Schrift *Die große Initiative* gerade noch einmal dargestellt – »nach ihrem Platz in einem geschichtlich bestimmten System der gesellschaftlichen Produktion, nach ihrem ... Verhältnis zu den Produktionsmitteln, nach ihrer Rolle in der gesellschaftlichen Organisation der Arbeit und folglich nach der Art der Erlangung und der Größe des Anteils am gesellschaftlichen Reichtum, über den sie verfügen«. Und dann folgt noch etwas ganz Entscheidendes. »Klassen«, sagt Lenin weiter, »sind Gruppen von Menschen, von denen die eine sich die Arbeit einer andern aneignen kann infolge der Verschiedenheit ihres Platzes in einem bestimmten System der gesellschaftlichen Wirtschaft.«[31]

Aneignung der Arbeit von anderen, Ausbeutung also, Unterdrückung – das ist eine Beschreibung der Zustände, die bei Mao und seinen revolutionären Gefährtinnen und Gefährten rasch auf Widerhall stößt. Erleben sie es nicht täglich genau so am eigenen Leibe, überall dort, wo sie tätig sind? Öffnet die neue Lehre nicht die Augen für Zusammenhänge, die ihnen bisher verborgen geblieben sind? Aber so einfach ist es auch wieder nicht. Ganz schnell erhebt sich die Frage, welche Klassen es denn tatsächlich gibt in China, wo vieles so ganz anders ist als in Europa. Wo zum Beispiel ist das von Marx gemeinte Proletariat zu finden? Wer ist welcher Klasse zuzurechnen? Und schließlich: Welcher Klasse kommt in der Revolution die entscheidende, gar die führende Rolle zu? Was Mao in dieser Frage in Beijing von Li Dazhao erfahren haben wird, könnten Sätze sein wie diese: »So können wir positiv sagen, dass sich die soziale Ordnung mit der Änderung der Produktivkräfte ändert, dass die Umgestaltung der sozialen Ordnung aber die Tat der Mehrheit der Gesellschaft erheischt, ... dass die Umgestaltung von den Klassen ausgehen muss, die unter der gegenwärtigen sozialen Ordnung eine unvorteilhafte Stellung einnehmen. Die in vorteilhafter Stellung befindlichen Klassen sind, mit Ausnahme einer kleinen Zahl von Menschen guten Willens, notwendig sämtlich gegen die Umgestaltung. ... Infolgedessen entsteht eine Lage, die den Klassenkampf hervorbringt.« Und welches sind die in »vorteilhafter« und in »unvorteilhafter« Stellung befindlichen Klassen? »Konkret ausgedrückt stellen Grundbesitzer und Kapitalisten die Klassen dar, die Produktionsmittel besitzen, während Arbeiter und Bauern die Klassen sind, die keine Produktionsmittel besitzen.«[32]

Arbeiter und Bauern als in eins gesetzte Klassen, die Bauernschaft gar, wie Fairbank es aus Li Dazhaos Werken herausliest, als »der Ort der chinesischen Revolution«[33]: Das sind Positionen, die sich später sehr nachdrücklich bei Mao wiederfinden und über die jahrzehntelanger heftiger Streit entbrennen wird. Denn ist es nicht eigentlich das Proletariat, das »der Ort der Revolution« zu sein hat?

An sein 1936 bekräftigtes Bekenntnis, unter Li Dazhao Marxist geworden zu sein, schließt Mao noch ein anderes an. Die Bücher, sagt er, hätten in ihm »einen Glauben an den Marxismus aufgebaut«, und in diesem sei er, nachdem er ihn »einmal als richtige Interpretation der Geschichte akzeptiert hatte«, später »nicht mehr schwankend« geworden.[34] Einen Glauben, in dem man nicht schwankend wird: Der russische Philosoph Michail Ryklin entwickelt in seinem Buch *Der Kommunismus als Religion* im Jahre 2008 den Gedanken, dass die Kommunisten in jener Zeit angesichts der tiefen Kluft zwischen dem erklärten Ziel der Revolution und dem in ihren Kämpfen erst Erreichten einen »blinden Glauben« haben mussten, um wenigstens »irgendwelche Anzeichen« wahrnehmen zu können, dass sie sich diesem Ziel näherten »oder sich wenigstens auf dem richtigen Wege befanden«. Die von Marx herausgearbeitete Prophezeiung, wonach die kapitalistische Gesellschaftsordnung gesetzmäßig durch eine modernere, kommunistische abgelöst werde, habe, weil die Oktoberrevolution von 1917 nicht wie erwartet in die Weltrevolution mit einem raschen Umsturz der Verhältnisse, sondern in einen langwierigen Kampf ohne das ersehnte Ergebnis mündete, »die Züge einer religiösen Heilserwartung« angenommen.[35] Das ist leicht verständlich, und verständlich ist auch, dass den Kommunisten immer als eine besonders wichtige Tugend galt, in diesem Glauben »nicht mehr schwankend zu werden«. Sie hatten vielfache

Erfahrung damit gemacht in den revolutionären Kämpfen gegen einen oft übermächtigen, jedes Aufbegehren mit blutiger Gewalt beantwortenden Feind. Auch Mao fühlt sich durch den Glauben an die Sache gestärkt. Denn »die Sache« ist, wie der französische Revolutionär Georges Sorel 1906 einmal herausgearbeitet hat, durchaus »auf das Feld der Mythen« gestellt und damit »gegen jede Widerlegung gedeckt«, und macht die Revolutionäre »über jede Entmutigung erhaben«, weil ein »Misserfolg … nichts gegen den Sozialismus zu beweisen« vermöge.[36]

Vertrackt wird es – und damit sind wir an einer der Wurzeln der Tragik des Kommunismus im 20. Jahrhundert –, wenn das Lob der Tugend, nicht schwankend zu werden, nicht auf das Verhalten in konkreten Kampf- und Lebenssituationen beschränkt bleibt, sondern zum Dogma wird. Zum Dogma auch in den Auseinandersetzungen innerhalb der Partei, und zum Dogma schließlich sogar dann, wenn die Kommunisten die Macht in den Händen halten und nun ihrerseits das Aufbegehren anderer mit blutiger Gewalt beantworten. Der britische Philosoph Bertrand Russell hat, als Ausdruck des Religiösen in der Weltsicht der Kommunisten, 1920 auch »die Unversöhnlichkeit gegenüber jeglichen (sogar auf den ersten Blick redlichsten) Gegnern« genannt.[37] Darauf wird man im weiteren Verfolg des Lebensweges Mao Zedongs bei ihm selbst und vielen anderen ebenso stoßen wie auf den »dogmatischen Glauben an eine Vielzahl von nicht beweisbaren und nicht widerlegbaren Postulaten sowie die Intoleranz gegenüber Häretikern«,[38] gegenüber jenen also, die vom »rechten Glauben« abgefallen sind. Was aber ist das: der rechte Glaube? Er wechselt, wie zu sehen sein wird, immer wieder, denn die vielen Unvorhersehbarkeiten, von denen die gesellschaftlichen Umbrüche bestimmt sind, ziehen – so noch einmal Ryklin – die Revolutionäre in einen »Strudel von Improvisationen«.[39]

Kommunist sein – was sonst?

»Ein zweifellos guter Funktionär«

»Im Mai 1921«, berichtet Mao Zedong 1936, »ging ich nach Shanghai, um an der Gründungsversammlung der Kommunistischen Partei teilzunehmen.«[1]

Dass er das kann, dass er dort akzeptiert wird – in einem Kreis von lediglich zwölf oder 13 Personen, die Angaben hierzu gehen auseinander – lässt ahnen, welche Reputation der mittlerweile 27-Jährige gewonnen hat. Gemeinsam mit seinem alten Freund He Shuheng repräsentiert er den gerade gebildeten kommunistischen Zirkel von Changsha. Andere solche Zirkel gibt es in Shanghai, Beijing, Wuhan, Kanton und Jinan. Das Recht zur Teilnahme hat er sich mit zahlreichen öffentlichen Aktivitäten erarbeitet. In Changsha ist er Herausgeber einer oppositionellen Zeitschrift, der *Xiangjiang Pinlun*, der Rundschau vom Xiangjiang. Dort begründet er auch eine weitere Gesellschaft: die Wenhuashu Hui, die Gesellschaft des Kulturellen Buches.

In der 4.-Mai-Bewegung des Jahres 1919 spielt er noch keine herausragende Rolle, aber wie viele andere auch erfährt er durch sie entscheidende Ermutigung. »Chinas Gebiet kann erobert, aber es kann nicht weggegeben werden«, rufen einige tausend demonstrierende Studenten an diesem 4. Mai am Tiananmen, am Tor des Himmlischen Friedens in Beijing, und: »Das chinesische Volk kann hingemordet werden, aber es ergibt sich nicht. Unser Land wird vernichtet! Erhebt euch, Brüder!«[2] Das Signal wird landesweit vernommen. Überall in den Städten kommt es zu Studentenprotesten, denen sich auch Teile des Kleinbürgertums und Arbeiter anschließen. Es wird eine nationale Studentenvereinigung gebildet; in Shanghai und Nanjing gibt es Arbeiterstreiks; erste Gewerkschaften treten hervor. China steht an einem Wendepunkt. Während in den Provinzen die Junfa, die Militärmachthaber, ihre Herrschaft ausbauen, beginnt zugleich eine neue Etappe im revolutionären Prozess: die Nationale Revolution.

Auch Mao Zedong hört die Signale, und er ist darauf vorbereitet. Er wehrt sich mit den Studenten in Changsha gegen den Provinzmachthaber Zhang Jingyao. »Wir führten einen allgemeinen Studentenstreik gegen Zhang, in dem wir seine Absetzung forderten, und sandten Delegationen nach Beijing und in den Südwesten (wo Sun Yatsen damals politisch tätig war), um gegen den Tuchun (den Gouverneur – W. A.) zu agitieren.«[3]

Dass Mao seinen Einfluss auf die Studenten vergrößern kann, hängt auch mit seinem Erfahrungsvorsprung zusammen. Er ist von Beijing aus nicht direkt nach Changsha zurückgekehrt, sondern erst nach Shanghai gefahren, um die Frankreich-Fahrer zu verabschieden. Auf dem Weg dorthin hat er das Grab des Konfuzius in Qufu besucht. »Ich sah«, erzählt er 1936, »den kleinen Fluss, in dem die Jünger des Konfuzius ihre Füße badeten, und die kleine Stadt, wo der Weise seine Kindheit verbrachte. Er soll einen berühmten Baum in der Nähe des ihm geweihten historischen Tempels gepflanzt haben; ich sah ihn mir an.«[4] Auch im Geburtsort des Mengzius, eines anderen großen chinesischen Klassikers, ist er gewesen, und er hat den heiligen Berg Taishan in der Provinz Shandong bestiegen.

Aber nicht nur in der Tradition hat er sich Kraft geholt, sondern auch in der Gegenwart. In Shanghai ist er mit Chen Duxiu zusammengetroffen. Chen ist neben Li Dazhao der zweite wichtige Verbreiter marxistischen Gedankenguts in China, und er wird in den kommenden Jahren der Führer der chinesischen Kommunisten sein. Mao hat mit ihm seine Pläne für die Bildung einer Liga zur Erneuerung Hunans erörtert, und es ist um Theorie gegangen. »Chens Erklärung seiner eigenen Überzeugungen«, sagt er 1936, habe ihn »in einer wahrscheinlich kritischen Zeit« seines Lebens »tief beeindruckt.«[5]

Chen setzt sich in der Zeit dieser ersten Begegnung mit Mao mit der Frage Kapitalismus oder Sozialismus in China auseinander und erklärt, dass nur eine sozialistische Entwicklung zur Rettung Chinas führen könne. Kritikern, die meinen, dass man erst die Entwicklung des Kapitalismus abwarten müsse, ehe man überhaupt vom Sozialismus sprechen dürfe, hält er entgegen, dass

Mao in den 40er Jahren.

es eine chinesische Bourgeoisie kaum gebe. Die kapitalistischen Unternehmer im halbkolonialen China seien vielmehr fast überall die Ausländer, der hauptsächliche Unterdrücker der Chinesen daher auch der ausländische Kapitalismus, und damit dieser im Klassenkampf besiegt werden könne, bedürfe es der Weltrevolution.[6]

Angefeuert von solchen Überlegungen wird Mao in seinen politischen Aktivitäten intensiver und führungsstärker. Mit seiner Xinmin Xuehui fordert er in Hunan, wo ein Militärherrscher den anderen ablöst, »gleiche Rechte für Männer und Frauen, eine repräsentative Regierung und ganz allgemein die Billigung eines Programms für eine bürgerliche Demokratie«.[7] Im Herbst 1920 organisiert die Xinmin Xuehui eine Demonstration zur Feier des dritten Jahrestages der russischen Oktoberrevolution. Beim Versuch, die rote Fahne zu hissen, schreitet die Polizei ein. Mao meint 1936, dass er in diesen Wochen begriffen habe, »dass nur die politische Macht der Massen, durch Massenaktionen gesichert, die Verwirklichung dynamischer Reformen garantieren konnte«. Im Winter 1920 unternimmt er es »zum ersten Male, Arbeiter politisch zu organisieren«.[8]

Diesen Arbeitern ist er in seinen Lebensumständen nahe; karge Verhältnisse ist er gewöhnt. In Beijing, erzählt er 1936, habe er mit sieben Leuten in einem kleinen Zimmer gewohnt. »Wenn wir alle dicht zusammengedrängt auf dem Kang (dem gemauerten, zugleich als Ofen dienenden Bett – W. A.) lagen, gab es kaum genug Platz zum Atmen.« Aber er findet einen seelischen Ausgleich, der ihm auch später noch oft wichtig sein wird: Er kann sich an der Natur erfreuen und darüber in poetischen Bildern Auskunft geben. So schwärmt er in seinen Erinnerungen vom »frühen nördlichen Frühling« und den »weißen Pflaumenblüten«, die schon erschienen, während das Eis auf dem Beihai, dem nördlichen See, noch fest war. Beim Anblick der mit Eiskristallen bedeckten Weiden sieht er, der Lesehungrige, der in der chinesischen Klassik bewandert ist, sich in eine Szene des Dichters Zhen Zhang aus der Tang-Zeit versetzt. Von den »wintergeschmückten Bäumen« am Beihai ist da die Rede und davon, dass sie aussähen »wie zehntausend blühende Pfirsichbäume«.[9]
Jung verheiratet ist er, als ihm diese lyrischen Gedanken durch den Kopf gehen, und er ist Vater. Yang Kaihui hat ihm den ersten Sohn, Mao Anying, geboren. Seine Hochzeit war ein Ereignis. Von »radikalen Jugendlichen in Hunan« ist sie als »ideale Liebesheirat« gefeiert worden.[10]
Nun also wieder Shanghai, im Frühsommer 1921; nun also eine neue Etappe des politischen Engagements.
Die Gründungsversammlung der Gongchandang, der Kommunistischen Partei Chinas (KPCh), findet im Juli 1921 unter Umständen statt, die mit »abenteuerlich« nur schwach umschrieben sind. Shanghai, die Stadt, in der sich die winzige Gruppe chinesischer Revolutionäre trifft, ist – wie Tschiang Kaischek, der hier seine Machtbasis hat, einmal einschätzen wird – ein Sumpf.[11]
Sie ist ein Treibhaus der Modernisierung und ein Zentrum des Außenhandels, aber zugleich eine halbe Kolonie. Es gibt die riesige, bettelarme Chinesenstadt, und es gibt zwei Sonderzonen. Die eine ist Mitte des 19. Jahrunderts von den Engländern eingerichtet worden und heißt Internationales Viertel, die andere, unmittelbar angrenzend, nennt sich französische Konzession.

Beide Sonderzonen, in denen sich die wohlhabenden Ausländer, zugleich aber auch die reichsten chinesischen Familien und Unternehmen angesiedelt haben, sind der chinesischen Gerichtsbarkeit entzogen. Die einfache chinesische Bevölkerung – Hafen- und Fabrikarbeiter, kleine Händler, Kulis, Rikschafahrer – lebt rechtlich in einem Vakuum, das von einer Unterwelt ausgefüllt wird, in der die Grüne Bande das Sagen hat. Sie hält ihre Mitglieder mit Geld und Gewalt zusammen, hat Rauschgifthandel und Prostitution fest im Griff und arbeitet mit der ausländischen Polizei zusammen. Die Ausländer – ihre Zahl beträgt nur wenige Tausende, aber ihr wirtschaftlicher und politischer Einfluss ist gewaltig – einigen sich, um ihre Einkünfte und Privilegien zu sichern, mit der Grünen Bande auf eine Art Vernunftehe.[12]

Kommunistische Versammlungen stoßen bei beiden Partnern dieser Vernunftehe auf alles andere als Gegenliebe. In Sowjetrussland haben die westlichen und japanischen Interventionstruppen mit ihren russischen konterrevolutionären Verbündeten gerade eine vernichtende Niederlage erlitten; alle Anstrengungen, die dortige Revolution mit militärischer Gewalt zu ersticken, sind gescheitert. Und Kommunisten wie diejenigen, die in Russland an die Macht gekommen sind, sollen jetzt auch in China ihr Unwesen treiben? Das muss bereits im Ansatz unterbunden werden.

Es ist Ferienzeit. Eine Mädchenschule in der französischen Konzession erscheint der kleinen Schar der chinesischen Kommunisten als ein Ort, an dem man sich wenigstens halbwegs in Sicherheit wiegen kann. Aber die Polizei riecht Lunte. Sie bemerkt, dass Ausländer die Schule betreten. Es handelt sich um den Vertreter der in Moskau ansässigen Kommunistischen Internationale (Komintern), einen Holländer namens Sneevliet, der unter dem Decknamen Maring auftritt, sowie einen russischen Vertreter der ebenfalls in Moskau beheimateten Gewerkschaftsinternationale (Profintern). Vorsichtshalber beschließen die Kommunisten, den zweiten Teil ihrer Tagung auf ein Boot auf einem See am Stadtrand von Shanghai zu verlegen.

Li Dazhao und Chen Duxiu, die Theoretiker, denen Mao so viel zu verdanken hat, leisten für die Gründungsversammlung die entscheidenden Vorarbeiten, bleiben ihr aber fern. Chen Duxiu wird dennoch zum Generalsekretär gewählt. Chen, Zhang Guotao und Li Da bilden das Büro des Zentralkomitees. Aber wie klein ist die Partei zu diesem Zeitpunkt! Ihre Mitgliederzahl liegt bei gerade einmal 60.

Mao Zedong spielt auf diesem Gründungsparteitag keine besondere Rolle. Zhang Guotao, der später zu einem seiner heftigsten Rivalen werden wird, erinnert sich, dass Mao nicht mit eigenen Vorschlägen hervorgetreten sei.[13] Und was ist inhaltlich auf dem Parteitag geschehen? Es gibt den Entwurf eines Parteiprogramms, der aus Chen Duxius Feder stammt. Die Diskussionen darüber sind heftig. Will man für eine Diktatur des Proletariats kämpfen? Soll die Partei sich auf das Studium und die Verbreitung des Marxismus beschränken? Steht eine soziale Revolution auf der Tagesordnung? Soll man den bewaffneten Aufstand vorbereiten? Will man das Bündnis mit anderen revolutionären Kräften und Parteien suchen?[14]

Die Antworten auf diese Fragen bleiben unklar und verworren. Zwölf oder 13 Menschen in einem Land von 400 Millionen, noch jung sie alle, hineingeworfen in einen nie dagewesenen, hitzigen Umbruch, in ein Leben voller Risiko, revolutionär im Gefühl, mit meist autodidaktisch und unsystematisch erworbenem Wissen, angetrieben durch die Ideen von Kang Youwei, Liang Qichao und Sun Yatsen, begeistert von Lenin und der russischen Revolution, aber auch vom Anarchismus des Pjotr Kropotkin und vom amerikanischen Liberalismus, mit Marx in kurzer Zeit und nur ansatzweise bekannt geworden durch Li Dazhao und Chen Duxiu – wie sollten die in wenigen Tagen das finden, was man sich unter einem »klaren Kurs« vorstellen darf?

Auch im Ausland ist für einen klaren Kurs kein Vorbild zu finden. Die Revolution in Sowjetrussland, so sehr sie Signal gewesen ist auch und gerade für die Völker des Ostens, steckt 1921 in einer tiefen Krise. Der Bürgerkrieg hat den Revolutionären zwar den Sieg gebracht, aber dieser Sieg hat Zehntausende Opfer gefordert. Armut und Hunger grassieren. Lenin bemüht sich verzweifelt, einen Ausweg aus dem »Kriegskommunismus« zu finden, mit dem das Chaos bis dahin einigermaßen gebändigt worden ist, das Elend aber nicht beseitigt werden kann. Von der Neuen Ökonomischen Politik ist gerade die Rede, mit der in einem von der KP gesetzten Rahmen dem Unternehmergeist und dem kleinen Privateigentum wieder Spielräume geschaffen werden sollen. In Europa ist die Welle der revolutionären Erhebungen, die – wie auch die Oktoberrevolution – durch die Schrecken des Ersten Weltkrieges hervorgerufen worden ist, zum Stehen gekommen. Die imperialistischen Mächte sind stabilisiert. Besonders folgenschwer wiegt die Niederlage der Novemberrevolution 1918 in Deutschland. Zwar ist die kaiserliche Herrschaft gebrochen, aber die Bourgeoisie, die Großgrundbesitzer und die Führung des Militärs haben die Aufstände unter ihre Kontrolle gebracht. Die deutsche Arbeiterklasse hat die Revolution nicht zu der ihrigen gemacht. Damit hat sich Lenins Hoffnung, dass die Oktoberrevolution in die Weltrevolution münden würde, zerschlagen. Jedenfalls in Westeuropa. Dort, wo der Marxismus zu Hause ist, wo es die großen sozialdemokratischen und kommunistischen Parteien gibt mit ihren jahrzehntelangen Erfahrungen, wo diese Parteien verankert sind in der Arbeiterklasse und die Produktionsverhältnisse so modern, dass sie, wie man von Marx und Engels her meint, doch eigentlich reif, ja überreif sein müssten für die Vergesellschaftung, für eine neue Ordnung.

Anders hingegen im Osten, in China, wo es diese Parteien noch nicht gibt und erst recht nicht diese Produktionsverhältnisse, wo unter diesem Gesichtspunkt noch gar nichts reif oder gar überreif ist – da ist diese Hoffnung auf die Weltrevolution noch lebendig. Und welch ungeahnten Enthusiasmus, welche ungeheure Kampf- und Opferbereitschaft bringt diese Hoffnung hervor!

Was Mao Zedong betrifft, so ist er nun organisierter Kommunist, wird Mitglied der Parteiorganisation der Provinz Hunan. Männer, die gleich ihm einmal hohe Parteifunktionen innehaben werden, bauen Parteiorganisationen anderswo auf: Dong Biwu in der Provinz Hubei; Zhou Enlai gemeinsam mit Li Lisan und Cai Hesen unter den Chinesen in Paris; Zhu De unter den Chinesen in Berlin; Qu Qiubai unter den Chinesen in Moskau. In Japan ist es Zhou Fohai, der die erste Parteizelle der Gongchandang anführt.[15]

Maos Leben wird das eines Berufsrevolutionärs. In seinen Erinnerungen von 1936 schildert er für das Jahr 1922 intensive Anstrengungen als Sekretär der Gongchandang in Hunan zur Gründung von Gewerkschaften bei den Bergarbeitern, Bahnarbeitern, städtischen Angestellten, Druckern und Arbeitern in der Staatlichen Münze, Proteste gegen die Hinrichtung von Arbeitern, Streiks für höhere Löhne, bessere Behandlung und Anerkennung der Gewerkschaften. Für den 1. Mai 1923 hatte die Gongchandang in Hunan zum Generalstreik aufgerufen. Dieser Streik, meint Mao 1936, zeigte an, dass die chinesische Arbeiterbewegung »eine beispiellose Stärke« erreicht hatte.[16]

Wie soll man sich diese »beispiellose Stärke« vorstellen? Von den 400 Millionen Einwohnern Chinas sind um diese Zeit etwa zwei Millionen Fabrikarbeiter. Das ist eine kleine, ja fast verschwindend geringe Zahl. Und doch ist Maos Bewertung der Ereignisse nicht ungerechtfertigt, denn verglichen mit der Zeit nur fünf Jahre zuvor handelte es sich um eine stürmische Entwicklung. Das Proletariat, so klein es von den Zahlen her auch ist, wuchs in den großen Städten zu einer beachtenswerten Kraft.

Die Schwierigkeiten der Gongchandang, sich zu einer handlungsfähigen Partei zu entwickeln, spiegeln sich in der etwas seltsam anmutenden Erinnerung Maos an den 2. Parteitag im Winter 1922 wider. Er sei von seinen Hunaner Genossen nach Shanghai geschickt worden, um dort Unterstützung für den revolutionären Kampf zu gewinnen, und da in eben dieser Zeit der Parteitag stattfand, habe er beabsichtigt, daran teilzunehmen. »Ich vergaß jedoch den Versammlungsort, konnte keine Genossen finden und verpasste ihn.«[17] Das klingt – wenn es denn zutrifft – nicht nach ernsthafter Vorbereitung und Abstimmung.

Ohnehin ist dieser 2. Parteitag auch noch kein wirklich entscheidender. Anders der dritte, der im Mai 1923 in Kanton stattfindet. Mao wird ins Zentralkomitee der Partei gewählt, ist nun, da er im 30. Lebensjahr steht, nicht mehr Provinzfunktionär, sondern in der Zentrale tätig. Deren Sitz ist das brodelnde Shanghai.

Mit ihrem 3. Parteitag wird die Gongchandang zu einer aus dem politischen Leben des Landes nicht mehr wegzudenkenden Kraft. Das ist eine sich ungeheuer rasch vollziehende Entwicklung, begreifbar nur, wenn man sich die Dramatik der gesellschaftlichen Verhältnisse insgesamt vor Augen hält. In antikommunistischen Betrachtungen der Welt wird gern und häufig die Vorstellung genährt, die Kommunisten hätten sich der Gesellschaft irgendwie von außen aufgepfropft, seien ihr fremd, seien nicht aus ihr hervorgegangen – die chinesische Entwicklung zeugt von etwas ganz anderem. So unerträglich waren die Zustände, so krass die Ausbeutungsverhältnisse, so mörderisch die Herrschaftsmethoden der Junfa, so unerträglich die Demütigungen durch die ausländischen Mächte, dass viele Menschen begierig danach waren, sich im Widerstand organisieren zu können. Die Kommunisten boten ihnen, was gebraucht wurde: eine Organisation und eine Ideologie, in der sie ihre Interessen, Hoffnungen und Träume widergespiegelt fanden.

Allerdings stehen die Kommunisten in dieser Rolle als Hoffnungsträger nicht allein. Größer und einflussreicher ist die von Sun Yatsen geführte Guomindang. Das Verhältnis zwischen Guomindang und Gongchandang wird die Politik in China von 1923 an bis zum Ende des 20. Jahrhunderts bestimmen. Tschiang Kaischek, der nach Sun Yatsens Tod 1925 an der Spitze der Guomindang stehen wird, auf der einen und Mao Zedong auf der anderen Seite werden die großen Gegenspieler sein.

In Maos Erinnerungen von 1936 an den Parteitag von 1923 heißt es knapp: »Man fällte die historische Entscheidung, in die Guomindang einzutreten, mit ihr zusammenzuarbeiten und eine Einheitsfront gegen die nördlichen Militärmachthaber zu errichten.«[18]

Was so einfach klingt, ist überaus kompliziert. Gerade haben sie sich in der Gongchandang einigermaßen gefunden, da sollen die Kommunisten gleich noch die Mitgliedschaft einer anderen Partei annehmen. Und die Bedingungen dafür werden – wie Mao nun noch viel deutlicher als beim Gründungsparteitag der Gongchandang 1921 zu spüren bekommt – nicht in China bestimmt, sondern in der Sowjetunion. Moskau, so erfährt er immer nach-drücklicher, hat bei allem, was wichtig ist, seine Hand im Spiel. Und verfolgt dabei Interessen, die mit dem von Lenin einst ver-kündeten Ideal der Weltrevolution nicht mehr viel zu tun haben. Lenin selbst hatte nach dem Scheitern der deutschen Arbeiter-klasse in der Novemberrevolution von 1918 den Abschied schon vollzogen, hatte darauf orientiert, zunächst die Sowjetunion selbst zu stabilisieren. Nun, 1923, ist Lenin, der im Januar 1924 sterben wird, nach einem Schlaganfall kaum noch handlungsfähig. Stalin, seit 1922 Generalsekretär der russischen KP, nimmt die Fäden in die Hand und macht aus den Orientierungen Lenins das Dogma von der Errichtung des Sozialismus in einem Land.

Das heißt für die chinesischen Revolutionäre: Moskau ist nicht in erster Linie daran gelegen, ihre Revolution zu unterstützen, sondern daran, in China die für die Sowjetunion günstigste Lage zu schaffen. Und das ist ein gewaltiger Unterschied.

Auf dem 1. Parteitag im Juli 1921 war Moskau durch einen Ver-treter der Komintern mit Namen Sneerliet vertreten gewesen. Das hatte noch viel von Sondierung und gegenseitigem Kennen-lernen gehabt. Nun, 1923, ist Sneerliet erneut dabei, und diesmal bringt er konkrete Instruktionen mit. Diese bestehen vor allem darin, den chinesischen Kommunisten klar zu machen, dass nicht sie es sind, die den Mittelpunkt der Chinapolitik der sowjet-ischen Parteizentrale und damit auch der Sowjetunion und der Komintern bilden, sondern Sun Yatsen und dessen Guomindang, und dass die Gongchandang sich entsprechend zu verhalten habe. Wie das zu verstehen ist, weist das Moskauer Politbüro im Au-gust 1923 auf Vorschlag Stalins unmissverständlich an: Michail Borodin, der als Berater zu Sun Yatsen entsandt wird, »wird be-auftragt, sich in seiner Arbeit mit Sun Yatsen von den Interessen der nationalen Befreiungsbewegung Chinas leiten und sich dabei keinesfalls von den Zielen einer Einführung des Kommunismus in China hinreißen zu lassen«.[19]

Das ist für die Gongchandang starker Tobak. Die sowjetrus-sischen Kommunisten, die sechs Jahre zuvor den Umsturz ge-wagt und seither trotz riesiger Schwierigkeiten eine Revolution zum Sieg geführt haben, wollen nicht, dass ihre chinesischen Nachbarn ihrem Beispiel folgen! Sie halten die von ihrer eigenen Revolution angefeuerten Träume der chinesischen Kommunisten von einer neuen Gesellschaft für etwas, von dem man sich »nicht hinreißen« lassen darf.

Nun ist es sehr unwahrscheinlich, dass das Gongchandang-ZK-Mitglied Mao Zedong von dem Moskauer Sitzungsprotokoll, in dem Stalins Vorschlag enthalten ist, Kenntnis erhalten hat. Der Gestus der demütigenden Geringschätzung dürfte ihm in den folgenden Monaten jedoch nicht entgangen sein. Die Mitglieder der Gongchandang, so wird Borodin 1927 in Moskau bei einem Vortrag vor der »Allunionsgesellschaft der alten Bolschewiki« im Rückblick auf seine Chinajahre mitteilen, seien 1923 »die rückständigsten der rückständigsten Kommunisten« gewesen, »denen ich je begegnet bin. … Selbst diejenigen unter ihnen, die irgend etwas über den Marxismus-Leninismus gelesen hatten, waren nicht in der Lage zu erklären, was vom Standpunkt des Marxismus und Leninismus in China vor sich ging.«[20]

Die »Rückständigsten der Rückständigsten« wissen 1923 natürlich selbst, dass sie sich, wenn sie erfolgreich sein wollen, mit Sun Yatsen und der Guomindang verbünden müssen. Sun Yatsen ist Revolutionär, und er spricht eine Sprache, wie sie von Kommunisten leicht verstanden werden kann. »Genossen«, hat er im Juni 1921 in der Versammlung des Zentralbüros in Kanton erklärt, »Sie müssen sich ... darüber klar sein, dass unsere Guomindang keine gewöhnliche politische Partei ist, sondern eine grundsätzlich revolutionäre Partei.« Zum dritten seiner Drei Volksprinzipien, dem Prinzip des Minshengzhuyi, des Volkswohlstandes, sagt er jetzt: »Der Volkswohlstand ist der moderne Sozialismus.«[21]

Da scheint es verständlich, dass in Moskau mancher annimmt, es brauche die Gongchandang eigentlich gar nicht. Nur: Sun Yatsen steht nicht für die gesamte Partei. Es gibt in der Guomindang auch ganz andere, antikommunistische Strömungen, mit denen die Gongchandang ihre eigenen, bitteren Erfahrungen macht. Zwischen den Vorgaben aus Moskau und den tatsächlichen Kampfbedingungen in China klaffen zuweilen Welten.

Was die Gongchandang aber nicht daran hindert, die Zusammenarbeit mit Moskau zu wollen.

Man begreift sich ja als Bestandteil der Weltrevolution, braucht die sowjetische Unterstützung. Und auch Sun Yatsen will den Moskauer Einfluss und die Guomindang als »Diktaturpartei russischen Stils«[22] organisieren, als man in der Gongchandang solche Pläne noch gar nicht hat. Die Crux für die Gongchandang besteht darin, dass sie in diesem Prozess Gefahr läuft, zerrieben zu werden. Denn in den Debatten darüber, was richtig ist, besteht Moskau darauf, das letzte Wort zu haben.

Was Mao persönlich betrifft, so beginnt die Komintern, von ihm Notiz zu nehmen. Er sei ein »zweifellos guter Funktionär«, berichten die sowjetischen Kominternvertreter aus Shanghai.[23]

Der »gute Funktionär« nimmt im Frühjahr 1924 am Ersten Nationalkongress der Guomindang in Kanton teil und arbeitet, nach Shanghai zurückgekehrt, in den Exekutivbüros von Guomindang und Gongchandang gleichzeitig. Seine Partner sind die Guomindang-Funktionäre Wang Jingwei und Hu Hanmin.[24] Das ist die Zusammenarbeit mit der Guomindang, wie sie von der Komintern verlangt und 1923 in einem Einheitsfrontabkommen vereinbart wird. Es finden sich Männer zu gemeinsamen Aktionen zusammen, die sich einig sind in einer allgemeinen revolutionären Begeisterung und noch nicht ahnen können, dass sie schon wenig später erbitterte Feinde sein werden. 1926 wird ihr offener Kampf gegeneinander beginnen, und ihre Wege trennen sich. Hu Hanmin wird bis zu seinem Tode 1936 zur Guomindang-Spitze unter Tschiang Kaischek gehören. Mao wird 1937 zum Führer im antijapanischen Widerstandskrieg aufsteigen. Und Wang Jingwei wird 1940 in Nanjing an die Spitze einer von den Japanern im besetzten Teil Chinas installierten Marionettenregierung treten.

Als sie 1924 zusammenarbeiten, ist Tschiang Kaischek gerade aus Moskau zurückgekehrt, wo er 1923 im Auftrage Sun Yatsens in der Komintern über die Weltrevolution und die Bedingungen des revolutionären Kampfes in China diskutiert hat. Mit Pathos und in geschickter Anknüpfung an die sowjetischen Interessen hat er »hier in Moskau, im Zentrum der Weltrevolution«, um die Zusammenarbeit mit Moskau geworben. »Die chinesische revolutionäre Partei, das heißt, die Guomindang«, hat er gesagt, »ist einer der revolutionären Faktoren in der Welt. ... Das dritte Prinzip (der Drei Volksprinzipien Sun Yatsens – W. A.), den Staatssozialismus, betrachten wir als den ersten Schritt zum Kommunismus.« Und geschickt hat er die sowjetischen mit seinen Interessen verbunden: »Wenn die chinesische Revolution nicht erfolgreich ist und die kapitalistischen und imperialistischen Mächte in China weiter die Oberhand behalten, können sie den russischen Fernen Osten, d.h. Sibirien, angreifen.«[25] Die Stärke der Guomindang gibt er mit 600.000 an, von denen »ungefähr ein Drittel Arbeiter und Bauern« seien, und um letzte Zweifel auszuräumen, betont er: »Wir betreiben keine revolutionäre Arbeit im Interesse der bürgerlichen Klasse.«[26] Der Vorsitzende des Exekutivkomitees der Kommunistischen Internationale (EKKI) G. E. Sinowjew, zugleich ein Mitglied des Politbüros der Russischen Kommunistischen Partei (RKP), der späteren Kommunistischen Partei der Sowjetunion (KPdSU), bestätigt ihm: »Natürlich betrachtet die Komintern die Guomindang nicht als eine bürgerliche oder kapitalistische Partei. ... Wir sehen, dass die Guomindang eine Partei des Volkes ist. Sie repräsentiert die Anstrengungen einer Nation, die für die Gewährleistung ihrer Unabhängigkeit kämpft.«[27]

Wo bleibt da die noch immer schwache Gongchandang? Chen Duxiu, der Parteivorsitzende, macht im Juli 1924 in einem Brief nach Moskau, an dessen Abfassung ZK-Mitglied Mao mit hoher Wahrscheinlichkeit beteiligt ist, seinen Sorgen Luft. Viele Gongchandang-Mitglieder seien wie vereinbart Mitglieder der Guomindang geworden, aber Sun Yatsen zeige »nicht die geringste Tendenz ..., die Angriffe der Reaktionäre auf uns zu stoppen«. Sun und einige andere Führer seien »keine Linken, sondern Zentristen«, und da sie alle Organe ihrer Partei »in der Hand haben«, sei deren Unterstützung durch die Kommunisten »Unterstützung für die Rechten«. Berater Borodin müsse aufgefordert werden, über die »wirkliche Lage in der Guomindang« zu berichten, und die Gongchandang dürfe künftig die Guomindang nicht bedingungslos, sondern nur in jenen Angelegenheiten unterstützen, »die in den Händen der Linken sind«.[28]

Besonders unzufrieden ist man mit den Entwicklungen an der Militärakademie in Huangpu (Whampoa). Deren Chef ist Tschiang Kaischek; an der Spitze der sowjetischen Beraterschaft, die auf Tschiangs Bitte hin zur Guomindang gekommen ist, steht der ehemalige sowjetrussische Kriegsminister und Oberbefehlshaber der sowjetischen Fernostarmee Wassilij Blücher. Zwar gibt es gemäß Einheitsfrontabkommen neben den Funktionären und Kommandeuren der Guomindang auch solche der Gongchandang, aber deren Arbeit werde, meint die Gongchandang, sabotiert. »Rechte Offiziere«, heißt es in einem Brief an Borodin im Oktober 1924, behinderten »auf jede erdenkliche Art« die Arbeit der Kommunisten, Tschiang Kaischek habe das alleinige Sagen. »Den Schweiß und das Blut des russischen und vielleicht des Weltproletariats ... für eine solche Schule auszugeben, die sich durch nichts von jeder Militärschule eines beliebigen Militaristen unterscheidet«, lohne sich – so schließen die chinesischen Kommunisten – »nicht allzusehr.«[29]

Veteranen vom Jinggangshan 1936 im Sowjetgebiet. Stehend 3.v.r. Mao Zedong.

Revolution! Revolution!

»Das Maß überschreiten«

Am 30. Mai 1925 schießt ein von englischen Offizieren befehligter Polizeitrupp in Shanghai eine Demonstration chinesischer Arbeiter und Studenten nieder. 13 Kundgebungsteilnehmer sterben. Am 23. Juni geschieht Ähnliches in Kanton. Diesmal ist es eine anglo-französische Marineeinheit, die das Feuer eröffnet; 52 Menschen fallen der Attacke zum Opfer. In der Folge geht eine Welle des Patriotismus durch das Land. Die revolutionäre Stimmung gewinnt an Kraft, die Gongchandang rasch an Mitgliedern. Waren es zu Beginn des Jahres 1925 gerade mal 1000, so sind es im Sommer schon 20.000 Männer und Frauen. Das Bündnis zwischen Guomindang und Gongchandang, erinnert sich Mao 1936, »begann die Proportionen einer revolutionären Bewegung der ganzen Nation anzunehmen«.[1]

Aber die ungeheure innere Spannung zwischen den national-revolutionären Zielen der Guomindang auf der einen und den sozial-revolutionären der Gongchandang auf der anderen Seite bleibt bestehen.

Am 12. März 1925 stirbt Sun Yatsen, der Führer der Guomindang, und die Lücke, die er hinterlässt, ist groß. Noch immer ist die Macht der Guomindang nur auf einen schmalen Streifen an der Südküste Chinas mit Kanton als Zentrum beschränkt, das Ziel der nationalen Einigung des Landes, das sich die Partei auf ihre Fahnen geschrieben hat, noch längst nicht erreicht. Zentralchina und der Norden, Nordwesten und Nordosten des Landes stehen unter der Herrschaft der miteinander rivalisierenden, sich der Unterstützung der imperialistischen Mächte erfreuenden Junfa.

Die revolutionäre Welle nimmt als Bewegung des 30. Mai enorme Kraft an. Es gibt so viele Streiks und Massendemonstrationen in den großen Städten des Südens bis Shanghai und Wuhan, dass mit Wang Jingwei ein Mann des linken Flügels der Guomindang an die Spitze der Kantoner Regierung treten und diese am 1. Juli

1925 zur Nationalregierung ausrufen kann. Das beflügelt die Gongchandang in ihrem Bestreben, ihren Einfluss innerhalb der Guomindang zu verstärken.

Zudem kommen aus Moskau ermutigende Signale. Angesichts der bewaffneten Kämpfe überall im Land gelangt die Komintern zu der Auffassung, dass sich auch die Gongchandang militärische Einheiten schaffen müsse. Es gehe darum, heißt es in einer Weisung nach Shanghai, »die bewaffneten Kräfte der chinesischen Revolution zu organisieren und die Volksmassen auf diese Kämpfe vorzubereiten. Das ZK und »die größten örtlichen Komitees« werden aufgefordert, »spezielle militärische Abteilungen« zu organisieren.[2]

Noch ist die Gongchandang nicht stark genug, um dieser Weisung tatsächlich Folge leisten zu können. Aber es scheint in dem Komintern-Papier jene Strategie auf, mit der man später tatsächlich zum Erfolg kommen wird: die Verbindung von politischem Kampf mit militärischem und umgekehrt.

Mao Zedong wird ein Meister in dieser Strategie werden. Aber das ist 1925 noch Zukunftsmusik. Im Winter 1924/25 kehrt er nach innerparteilichen Konflikten in Shanghai – man bezichtigt ihn wegen zu enger Zusammenarbeit mit der Guomindang der »Rechtsabweichung«[3] – in seine Heimatprovinz Hunan zurück.

Die erzwungene Ruhepause wird für Mao zur Weichenstellung. Er erlebt, dass der Aufruhr nicht nur die Arbeiter und Studenten in Shanghai, sondern auch die Bauern in den Hunaner Dörfern erfasst hat. »Sehr militant«, erzählt er 1936, habe sich die Bauernschaft gezeigt, und da habe er nicht zu Hause bleiben können, sondern »eine Organisationskampagne auf dem Land« begonnen. »In ein paar Monaten hatten wir über zwanzig Bauernverbände aufgebaut« – und damit auch »den Zorn der Grundbesitzer erregt, die meine Verhaftung forderten«.[4]

Dem Zugriff des Provinzgouverneurs entzieht sich Mao durch Flucht nach Kanton, dem Sitz der Nationalregierung. Dort wird er – man hat sein Wirken in den Zentralkomitees der Gongchandang und der Guomindang nicht vergessen – zum Direktor des Schulungszentrums der Bauernbewegung in der Guomindang ernannt. Der Mann, den er auf diesem Posten ablöst, ist ein Vorkämpfer der kommunistischen Bauernbewegung namens Peng Bai. Dieser wird im November 1927 in einem Teil der Provinz Guangdong das erste revolutionäre Sowjetgebiet errichten. Diese Machtstruktur mit dem Namen Hailufeng, die sich dem Zugriff der Kantonregierung entzogen hatte, wird im Februar 1928 von der Guomindang zerschlagen werden, aber es ist ein Zeichen gesetzt. Ab 1929 wird die Bildung von Sowjetgebieten ins Zentrum der Gongchandang-Politik rücken – und Mao Zedong der herausragende Kopf dieser Politik werden.[5]

Im Schulungszentrum – wir sind wieder im Jahre 1925 – steht Mao vor einigen hundert Hörern, die er für den revolutionären Kampf gewinnen soll und will. Worüber er doziert, was er diskutieren will, lässt sich aus einem Artikel ablesen, den er im März 1926 zur »Analyse der Klassen in der chinesischen Gesellschaft« verfasst. Dieser Aufsatz wird 1952, in der Volksrepublik, den ersten Text seiner *Ausgewählten Werke* bilden.

Am Anfang steht die rhetorische Frage »Wer sind unsere Feinde? Wer sind unsere Freunde?«[6] Der Stil, in dem Mao die Antwort gibt, lässt etwas von der didaktisch geübten Vortragsart und dem Charisma ahnen, mit dem er immer wieder Menschen auf seine Seite zu ziehen versteht. Es klingt zunächst alles ein wenig geheimnisvoll: »Das ist eine Frage, die für die Revolution erstrangige Bedeutung hat. Wenn alle bisherigen revolutionären Kämpfe in China nur sehr geringe Erfolge brachten, so lag die Grundursache darin, dass man es nicht vermochte, sich mit den wahren Freunden zusammenzuschließen, um die wahren Feinde zu bekämpfen. Eine revolutionäre Partei ist der Führer der Massen, und keine Revolution ist jemals erfolgreich gewesen, wenn die revolutionäre Partei die Massen auf einen falschen Weg geführt hat. Um sicher zu sein, dass wir die Revolution nicht auf einen falschen Weg führen, sondern unbedingt Erfolg haben werden, müssen wir dafür sorgen, dass wir uns mit unseren wahren Freunden zusammenschließen, um unsere wahren Feinde zu bekämpfen.«

Wer tatsächlich die Feinde, wer die Freunde sind, ist noch nicht geklärt. Aber entschlossen und ein für allemal feststehend kommt der Satz daher, dass eine revolutionäre Partei der Führer der Massen zu sein hat.

Dann folgt die Aufklärung, und sie liegt – in unübersehbarer Nähe zu den Überlegungen von Li Dazhao und Chen Duxiu – in der Klassenfrage: »Um die wahren Freunde von den wahren Feinden zu unterscheiden, müssen wir die ökonomische Lage der verschiedenen Klassen in der chinesischen Gesellschaft und deren jeweilige Einstellung zur Revolution in großen Zügen analysieren.« Als diese Klassen macht Mao aus: Grundherren und Kompradorenklasse; mittlere Bourgeoisie; Kleinbürgertum; Halbproletariat; Proletariat.

Es fehlen die Bauern. Sie sind in anderen Klassen versteckt. Es ist dies das Eigenwillige, das Mao in die Klassen-Debatte einbringt. Er setzt sich damit in Widerspruch zur KPdSU und zur Komintern, und es wird dies einer der Hauptpunkte der sowjetischen Anklagen gegen ihn in den 1960er und 1970er Jahren werden.

Wie beschreibt Mao die Klassen im Einzelnen? In der Klasse der Grundherren und Kompradoren sieht Mao »im wahrsten Sinne des Wortes Vasallen der internationalen Bourgeoisie«, eine »extrem konterrevolutionäre Gruppe«. Dass es sich um Feinde handelt, steht für ihn außer aller Frage.

Für die mittlere Bourgeoisie ist sein Bild schon differenzierter. Sie vertrete »die kapitalistischen Produktionsverhältnisse in Stadt und Land«, sei »national« und habe eine »widerspruchsvolle Einstellung« zur Revolution: für die Revolution sei sie wegen ihrer Unterdrückung durch die Imperialisten, gegen sie, »wenn das einheimische Proletariat kühn an der Revolution teilnimmt« und »das internationale Proletariat der Revolution von außen aktive Hilfe leistet«. Ihren Versuch, einen Staat zu schaffen, in dem sie selbst die Herrschaft ausübt – also: einen kapitalistischen Staat – hält Mao für »gänzlich unrealisierbar«, denn »die Weltlage« sei »durch den Endkampf zwischen den zwei großen Kräften, der Revolution und der Konterrevolution, gekennzeichnet«, und unter diesen Bedingungen werde sie sich zwangsläufig spalten: »Die einen werden nach links – zur Revolution –, die anderen nach rechts – zur Konterrevolution« – wo-

Mao in Ju Yan'an, 40er Jahre.

mit gemeint ist: zum Bündnis mit den ausländischen Imperialisten – »abschwenken«.

Die dritte Klasse, das Kleinbürgertum, umfasst in Maos Definition »die Bauern auf Eigenland, die Besitzer von Handwerksbetrieben, die unteren Schichten der Intelligenz – Schüler und Studenten, Lehrer der Mittel- und Grundschulen, kleine Beamte, kleine Büroangestellte, kleine Advokaten – und die kleinen Händler«. Ihre Einstellung zur Revolution sei schwankend, »in Kriegszeiten aber, ... wenn die Wogen der Revolution hochschlagen und das Morgenrot des Sieges sichtbar wird, ... bleibt ihnen nichts weiter übrig, als mit der Revolution mitzugehen.«

Als vierte Klasse beschreibt Mao das Halbproletariat. Er unterscheidet fünf Gruppen: »1. die überwiegende Mehrheit der Halbbesitzer« – gemeint sind Bauern, die teils Eigenland, teils Pachtland bearbeiten –; »2. die armen Bauern; 3. die kleinen Handwerker; 4. die Handlungsgehilfen; 5. die Straßenhändler.« Die Halbbesitzer seien »revolutionärer gesinnt als die Bauern auf Eigenland, aber weniger revolutionär als die armen Bauern.« Die Gruppe der armen Bauern stelle »den elendsten Teil der Bauernschaft dar« und sei »für revolutionäre Propaganda überaus empfänglich«. Die kleinen Handwerker befänden sich in einer ökonomischen Lage, die »etwa der der armen Bauern im Dorf entspricht«. Auch »die ständige Furcht vor Arbeitslosigkeit« bringe sie den armen Bauern nahe. Die Straßenhändler verdienten »nicht genug, um sich zu ernähren und zu kleiden«, befänden sich damit »fast in der gleichen Lage wie die armen Bauern und brauchen wie diese eine Revolution, die die bestehenden Zustände ändert«.

Als fünfte Klasse schließlich beschreibt er das Proletariat. Auch dies sieht er in verschiedene Gruppen gegliedert. Die erste ist »das moderne Industrieproletariat«. Seine »zahlenmäßig geringe Stärke« – Mao spricht von zwei Millionen Menschen, die ihm zugehören – erkläre sich »aus der wirtschaftlichen Rückständigkeit Chinas«. Trotz seines sehr geringen Anteils an der Gesamtbevölkerung bilde das Industrieproletariat die »führende Kraft der revolutionären Bewegung«.

Zum Proletariat zählt Mao auch das Dorfproletariat, Landarbeiter, die in der allmählich sich herausbildenden kapitalistischen Landwirtschaft »nur durch den Verkauf ihrer Arbeitskraft den Lebensunterhalt verdienen« können. Dazu zählt er »die ziemlich zahlreichen vagierenden Proletarier«. Denen widmet er besondere Aufmerksamkeit. »Überall«, schreibt er, »haben sie ihre Geheimorganisationen, die einst Organisationen der gegenseitigen Hilfe im politischen und wirtschaftlichen Kampf waren«, und im Umgang mit ihnen sieht er »eins der schweren Probleme, vor denen China steht. Zum mutigsten Kampfe fähig, aber zu Zerstörungsaktionen neigend, können sie, wenn man sie richtig leitet, zu einer revolutionären Kraft werden.«

Am Ende wendet sich Mao noch einmal der Freund-Feind-Frage zu. »Unsere Feinde«, schreibt er, sind »alle mit den Imperialisten im Bund Stehenden – die Militärmachthaber, die Bürokraten, die Kompradorenklasse und die Klasse der großen Grundherren sowie der zu ihnen gehörige reaktionäre Teil der Intelligenz. ... Das Industrieproletariat ist die führende Kraft unserer Revolution. Das ganze Halbproletariat und Kleinbürgertum sind unsere engsten Freunde. Was die schwankende mittlere Bourgeoisie betrifft – deren rechter Flügel unser Feind und deren linker Flügel unser Freund sein kann –, so müssen wir stets auf der Hut vor ihr sein und dürfen ihr nicht erlauben, an unserer Front Verwirrung zu stiften.«

Mit diesem Aufsatz gibt sich Mao ein Programm. Es nimmt die aus Europa kommende Klassentheorie auf und stellt die chinesischen Verhältnisse in den Mittelpunkt. Die Klassen nicht nur zu beschreiben, sondern sie nach ihrem Platz in der Revolution zu bestimmen und überdies noch in ihrer Nützlichkeit für das eigene Handeln: Das sei, meint Fairbank, Maos Verständnis der »Einheit von Theorie und Praxis«, die »schon ein Hauptmotiv der konfuzianischen Philosophie« gebildet habe; sei seine Auffassung von der »Harmonie von Gedanken und Verhalten«, der »Verknüpfung von Wissen und Handeln«, wie sie im »großen Prinzip von Yin und Yang, das die Welt beherrschte«, ihren Ausdruck gefunden haben. Hier zeige sich Maos »schöpferisches Genie«.[7]

Im Programmatischen dieses Aufsatzes steckt freilich auch das Gefährliche. Denn was so klar erscheint in den Feind- und Freund-Strukturen, ist es in Wirklichkeit nicht. Die Gesellschaft ist vielfältiger, differenzierter, ihre Gliederung vielschichtiger, das Handeln der Klassen, Gruppen, Schichten und Individuen wechselvoller, als das von einer Theorie je endgültig erfasst werden könnte. Wo diese unumstößliche Tatsache in der Praxis um der Einfachheit willen beiseite geschoben wird, ist der Willkür des Handelns Tür und Tor geöffnet.

Allerdings ist die Willkür Alltag des Klassenkampfes. Am 20. März 1926 führt Tschiang Kaischek in Kanton den ersten entschlossenen Schlag gegen die mit ihm verbündeten Kommunisten. Er drängt sie aus den führenden Positionen in der Guomindang heraus. Auch Mao Zedong verliert seinen Abteilungsleiterposten.

Borodin schlägt in Tschiang Kaischeks Kerbe, indem er nach Moskau berichtet, dass die Attacke Tschiang Kaischeks der Stimmung »selbst der ehrlichsten« Guomindang-Leute entsprochen habe, die »wirklich fürchteten«, dass ihre Partei »letzten Endes von den Kommunisten zerschlagen« wird.[8] Und die Gongchandang muss erfahren, dass die sowjetischen Parteiführer ihre Chinapolitik nicht nur nach den Sicherheitsinteressen ihres Landes ausrichten, sondern auch zum Instrument der zwischen ihnen tobenden Linien- und Machtkämpfe machen.

So vertraut auf der einen Seite Stalin seinem Gewährsmann Borodin und setzt am 29. April 1926 einen Politbürobeschluss der KPdSU durch, in dem ein Bruch zwischen der Gongchandang und der Guomindang für »absolut unzulässig« erklärt wird. Die Gongchandang müsse den linken Guomindang-Leuten »innerorganisatorische Zugeständnisse« machen.[9] Sinowjew und Trotzki hingegen plädieren für einen Austritt der Kommunisten aus der Guomindang. Sie sehen sich in dieser Auffassung durch Komintern-Berichte aus Shanghai bestärkt, in denen die Zusammensetzung und die politischen Ziele der Guomindang beschrieben werden. Die Führung der Guomindang, heißt es da, rekrutiere sich aus den reichen Kompradorenschichten der Bourgeoisie, sie habe sich die Masse der Kaufleute und Handwerker untergeordnet. Die Gongchandang könne unter diesen Bedingungen nur den Kürzeren ziehen.[10]

Tschiang Kaischek – in einer, wie Fairbank meint, »Kombination von List und Gewalt«, die »schon den künftigen Machthaber erkennen lässt«[11] – drängt zwar die Gongchandang in Kanton zurück, sichert sich aber mit revolutionärer Rhetorik weiterhin sowjetische Unterstützung und startet mit seinen Truppen, in denen ihm die Mitwirkung der Kommunisten weiter willkommen ist, einen Feldzug nach Norden. Er weiß, dass die Junfa untereinander zerstritten sind, und er ist sich für diesen Feldzug der Sympathie der Studenten, Arbeiter und Kaufleute, die eine ganze Flut von antiimperialistischen Demonstrationen, Streiks und Boykottmaßnahmen organisieren, gewiss. So kommt er rasch voran. Nicht bis nach Beijing, ins Herrschaftsgebiet von Zhang Zuolin im Norden und Nordosten des Landes – so weit ist es 1926 noch nicht. Aber bis zum Yangzijiang, dem zentralen Strom Chinas, dringt er vor. Das sind von Kanton aus schon 1000 Kilometer, und so beherrscht er, nachdem er die Streitkräfte von nicht weniger als 34 Junfa entweder vernichtet oder in seine Armeen aufgesogen hat,[12] im Frühjahr 1927 den ganzen Süden und die südliche Hälfte von Zentralchina.

Tschiang Kaischek hat, obwohl es zunächst Anzeichen dafür gibt, dass sich die Gongchandang von den Schlägen des März 1926 erholt haben könnte, das Heft des Handelns fest in der Hand. Die Nationalregierung unter Wang Jingwei verlegt ihren Sitz von Kanton nach Wuhan am Yangzijiang, womit die Kommunisten wieder bessere Wirkungsmöglichkeiten finden. Aber die Gongchandang ist zu schwach, um den Teilerfolg auszubauen, und die wieder nur unentschiedenen Signale aus Moskau tun ein Übriges. Als der Guomindang-General Bai Chongxi nach der Einnahme Shanghais die Streiks, durch die der dortige Junfa gestürzt worden ist, abbrechen lässt und die Kommunisten und Gewerkschafter beschließen, ihren Erfolg mit der Waffe in der Hand zu verteidigen, wird ihnen das von Moskau untersagt.[13] Tschiang Kaischek aber würdigt die dadurch erzwungene Zurückhaltung der Gongchandang ebensowenig wie die Versuche

Moskaus, ihn selbst zur Mäßigung zu bewegen. Am 12. April 1927 lässt er die kommunistische Arbeiterbewegung in Shanghai von seinen Freunden aus der Unterwelt fast vollständig vernichten. Tausende fallen dem Terror, der auch andere große Städte erfasst, zum Opfer. Bei ihrem Vorgehen erhält die Guomindang die Unterstützung imperialistischer Mächte. In Nanjing nehmen britische und amerikanische Kriegsschiffe die Stadt unter Feuer. Dem Terror des Junfa Zhang Zuolin in Beijing fällt unter vielen anderen Gongchandang-Mitbegründer Li Dazhao zum Opfer. Auch die sowjetische Vertretung wird Ziel offener Attacken.[14]

So ist im Frühjahr 1927 die Einheitsfront von Guomindang und Gongchandang vollständig zerschlagen. Die sowjetische Strategie der gleichzeitigen Unterstützung beider Parteien ist um den Preis ungezählter Opfer komplett gescheitert. Tschiang Kaischek beendet die Zusammenarbeit mit der Sowjetunion. Sein engster Berater Borodin kehrt nach Moskau zurück.

Mao Zedong befindet sich, als der Terror in den Städten tobt, in der Provinz Hunan auf dem Land. Beauftragt, dorthin zu gehen, haben ihn noch Guomindang und Gongchandang gemeinsam. Er ist beider Parteien Inspektor für die Bauernbewegung. Über seine Arbeit schreibt er im März 1927 einen Untersuchungsbericht zur Bauernbewegung in Hunan, der in seinen *Ausgewählten Werken* an zweiter Stelle abgedruckt ist. Darin vertieft er seine schon in der *Analyse der Klassen* entwickelte Überzeugung von der entscheidenden Rolle der Bauernschaft in der chinesischen Revolution.

Es lohnt sich, auch diesem Bericht über die Bauernbewegung etwas längere Aufmerksamkeit zu widmen, denn auch hier ist vieles, was die Denk- und Argumentationsweise Maos über sein Leben hinweg ausmacht, beispielhaft ausgeprägt. Einen großen Teil des 40 Seiten umfassenden Textes verwendet Mao für eine in drastischen Bildern gehaltene Darstellung der Ereignisse, wie er sie vorgefunden hat. Er bezieht den Posten eines Beobachters und ergreift doch unmissverständlich Partei. »Die rechten Guomindang-Leute«, schreibt er, »sagen: ›Die Bauernbewegung ist eine Bewegung des Pöbels, der faulen Bauern‹. ... In den Dörfern bekam ich von den Shenshi (das sind die Angehörigen der Gentry – W. A.) zu hören: ›Bauernvereinigungen darf man wohl gründen, aber die Leute, die jetzt dort tätig sind, taugen nichts. Man muss die Leute auswechseln!‹«[15] An die Bauernvereinigungen selbst also, konstatiert er befriedigt, kommen die Herrschenden schon gar nicht mehr heran. Sie sind eine gesellschaftliche Kraft geworden, umfassen in Hunan bereits mehr als die Hälfte der Bauernschaft, organisieren unter ihrem Dach bereits 10 Millionen Menschen. Und weil das so ist, konzentrieren die Herrschenden ihren Hass auf die »Funktionäre der unteren Organisationen«, die sie verachtungsvoll Pöbel nennen.

Wer aber ist, fragt Mao, dieser Pöbel? Das seien »jene, die von den Shenshi verachtet und in den Schmutz getreten wurden, für die es keinen Platz in der Gesellschaft gab, die den Mund nicht aufmachen durften«, und diese »haben jetzt – siehe da! – das Haupt erhoben.« Und nicht nur das hätten sie getan, fährt Mao fort, »sondern auch die Macht in ihre Hände genommen. Sie leiten jetzt die Gemeinde-Bauernvereinigungen …, und diese Organisationen sind in ihren Händen zu einer höchst ungemütlichen Angelegenheit geworden. Sie haben ihre rauen und rissigen Arbeiterhände erhoben und den Shenshi auf die Schultern gelegt. Sie fesseln die Lieshen (das sind als »üble Vornehme« charakterisierte Angehörige der Herrschaftsschicht – W. A.) mit Stricken, setzen ihnen hohe Papierhüte auf und führen sie durch die Gemeinde (in Xiangtan und Xiangxiang nennt man das ›Parade durchs Dorf‹, in Liling – ›Parade durch die Felder‹). Ihre harten und erbarmungslosen Anklagen gellen den Shenshi tagtäglich in den Ohren. Sie erteilen Befehle, führen überall das Kommando. Die früher die Niedrigsten waren, sind jetzt die Höchsten, und das nennt man eben ›das unterste zuoberst kehren‹.«[16]

Mao Zedong wird sich in der Kulturrevolution von 1966 bis 1976 solcher Paraden mit hohen Papierhüten im innerparteilichen Machtkampf bedienen. Aber das ist ein anderes Kapitel. Jetzt, im Jahre 1927, sind diese Aufzüge die in seinen Augen folgerichtige Antwort der armen Bauern auf eine seit Jahrtausenden andauernde Ausbeutung und Unterdrückung. »Der gegenwärtige

Aufschwung der Bauernbewegung«, schreibt er, »ist ein gewaltiges Ereignis. Es dauert nur noch eine sehr kurze Zeit, und in allen Provinzen Mittel-, Süd- und Nordchinas werden sich Hunderte Millionen Bauern erheben; sie werden ungestüm und unbändig wie ein Orkan sein, und keine noch so große Macht wird sie aufhalten können. Sie werden alle ihnen angelegten Fesseln sprengen und auf dem Weg zur Befreiung vorwärts stürmen. Sie werden allen Imperialisten, Militärmachthabern, korrupten Beamten, allen Tuhao (örtlichen Despoten – W. A.) und Lieshen das Grab schaufeln.«

An diese Voraussage knüpft er im Weiteren mit provozierender Wucht eine an die eigenen Genossen gerichtete Herausforderung. Die Bauern nämlich »werden alle revolutionären Parteien, alle revolutionären Genossen überprüfen, um sie entweder zu akzeptieren oder abzulehnen«, und da stellten sich eine Menge Fragen: »Soll man sich an ihre Spitze stellen, um sie zu führen? Soll man hinter ihnen her trotten, um sie wild gestikulierend zu kritisieren? Oder soll man ihnen in den Weg treten, um sie zu bekämpfen? Es steht jedem Chinesen frei, einen dieser drei Wege zu wählen, aber der Lauf der Ereignisse wird dich zwingen, rasch deine Wahl zu treffen.«[17]

Seine eigene Wahl hat Mao längst getroffen: Er will sich an die Spitze stellen. Er will an die Spitze einer Bewegung, von der er überzeugt ist, dass sie eine gewalttätige Bewegung sein wird und sein muss. Scharf wendet er sich gegen Leute, die im gewalttätigen Vorgehen der Bauernvereinigungen Überspitzungen sehen. »Gewiss«, schreibt er, »benehmen sich die Bauern auf dem Lande ziemlich ›ungebärdig‹«, aber: »Erstens haben die Tuhao und Lieshen sowie die gewalttätigen Grundherren selbst die Bauern zu diesen Dingen getrieben. Seit jeher haben sie ihre Macht missbraucht, um die Bauern zu tyrannisieren und auf ihnen herumzutrampeln, und eben dadurch kam es zu derart heftigen Widerstandsaktionen der Bauern«. Und zweitens »ist eine Revolution kein Gastmahl, kein Aufsatzschreiben, kein Bildermalen oder Deckchensticken; sie kann nicht so fein, so gemächlich und zartfühlend, so maßvoll, gesittet, höflich, zurückhaltend und großherzig durchgeführt werden. Die Revolution ist ein Aufstand, ein Gewaltakt, durch den eine Klasse eine andere stürzt. Die Revolution im Dorfe ist eine Revolution, in der die Bauernschaft die Macht der feudalen Grundherrenklasse stürzt. Ohne die maximale Kraftanstrengung ist es der Bauernschaft unmöglich, die seit Jahrtausenden tiefeingewurzelte Macht der Grundherrenklasse zu brechen.«

Wieder folgt auf die theoretische Erörterung die praktische Aufgabenstellung: »Auf dem Lande muss es zu einer gewaltigen revolutionären Aufwallung kommen; erst dann kann man Millionenmassen in Bewegung setzen, damit sie zu einer gigantischen Kraft werden.«[18] Das heißt mit anderen Worten: Am Anfang steht das selbständige Agieren der Bauern, wie es sich aus ihrer Lage und ihrem Veränderungswillen speist. Aber dann, nach einer gewissen Zeit der Verstetigung des Aufruhrs, kann man Millionenmassen in Bewegung setzen.

»Man« – das heißt eigentlich: Wir! Oder gar: Ich!

Und damit ist Mao Zedongs Credo auf den Punkt gebracht. Ein Credo, das auch die Überzeugung enthält, dass, »geradeheraus gesagt, in jedem Dorf eine kurze Periode des Terrors notwendig ist«. Andernfalls sei es »völlig unmöglich, die Tätigkeiten der Konterrevolutionäre auf dem Lande zu unterdrücken und die Macht der Shenshi zu brechen«. Dem Vorwurf, damit zu weit zu gehen, kommt er mit einem weiteren Credo zuvor: »Um einen Fehler zu korrigieren, muss man das Maß überschreiten, andernfalls kann der Fehler nicht korrigiert werden.«[19]

»Das Maß überschreiten«: Diesem Grundsatz folgt Mao auch im innerparteilichen Leben. Er wird ein entschlossener Akteur in den innerkommunistischen Linienkämpfen und hat es dabei gleich auf die Spitze selbst abgesehen. Keinen Geringeren als Chen Duxiu, seinen einstigen Lehrer, den Mitbegründer der Gongchandang, der seit 1921 der Partei als Generalsekretär vorsteht, nimmt er aufs Korn. Er hat ein Gespür dafür, woher der Wind weht. Chen ist ohnehin in die Schusslinie geraten. Im Frühjahr 1927 hat er gemeinsam mit dem zuvor von ihm häufig kritisierten Borodin verschiedene Anstrengungen unternommen, um den Bruch zwischen Guomindang und Gongchandang doch noch abzuwenden. Das wird ihm jetzt zum Verhängnis. Chen Duxiu, meint man jetzt in Moskau, müsse abgelöst werden, denn er habe sich zu einem »Guomindang-Mann in der Gongchandang« entwickelt.[20]

Mao nutzt die Situation, erkennt, dass er mit seiner Auffassung, dass die Agrarrevolution, die soziale Revolution, in den Mittelpunkt gerückt werden muss, auf Linie liegt. Chen Duxiu wird im August 1927 auf einer Sitzung des Gongchandang-ZK seiner Funktion als Generalsekretär enthoben. Mao ist an dieser Entscheidung beteiligt. Nachfolger von Chen wird Qu Qiubai.

Aber mit der Absetzung Chens ist es für Mao nicht getan. In den kommenden Jahren tritt er immer wieder und heftig nach. Dieses Nachtreten, dieses verhängnisvolle Bestreben, aus zunächst ganz normalen Auseinandersetzungen um den bestmöglichen politischen Kurs scharfe Linienkämpfe zu machen und den eigenen Weg dadurch als den einzig richtigen herauszustellen, dass man die Auffassungen seiner Kontrahenten in Grund und Boden verurteilt und sie zur Ursache der schlimmsten Niederlagen erklärt, wird sich zu einem Grundübel der kommunistischen Bewegung des 20. Jahrhunderts entwickeln. Viele üben sich in dieser so zerstörerischen wie selbstzerstörerischen Methode, und noch mehr fallen ihr zum Opfer. In die Hunderte geht die Zahl der Letzteren allein in den Führungszirkeln der kommunistischen Parteien, und nimmt man die Mitgliedschaften in ihrer Gesamtheit, gar in die Hunderttausende.

Chen Duxiu erleidet das Schicksal, als Abweichler abgestempelt und verfemt zu werden, in einem für die kommunistische Bewegung insgesamt entscheidenden Moment. Stalin setzt sich in Moskau in der zweiten Hälfte des Jahres 1927 gegen Trotzki und Sinowjew, 1928/29 gegen Bucharin durch. Alle drei lässt er später – wie viele andere zunächst engste Mitstreiter – umbringen. Und Chen hat das Pech, mit Trotzki einer Meinung zu sein. Wie dieser vertritt er die Ansicht, dass es im Ergebnis der Zerschlagung der Gongchandang in den Städten zu einem »lang andauernden Rückgang der revolutionären Welle« kommen wird.[21] Wie grotesk die Verfemung abläuft, zeigt sich im Trotzki-Chen-Fall darin, dass Trotzki als Linker entfernt wird, Chen Duxiu aber als Trotzkist und zugleich Rechtsopportunist. Trotzki wird 1929 aus der Sowjetunion ausgewiesen und 1940 im Exil in Mexiko im Auftrage Stalins ermordet. Chen wird 1929 aus der Gong-chandang ausgeschlossen.

Mao Zedong bringt es in derartigen Linienkämpfen im Laufe seines Lebens zu einer Meisterschaft, wie sie sonst wohl nur bei Stalin anzutreffen ist. Im Falle des Nachtretens gegen Chen Duxiu geht das so: In seinen Erinnerungen 1936 beschwert er sich darüber, dass Chen die von ihm, Mao, in der *Analyse der Klassen* vertretenen »Meinungen, die einer radikalen Landpolitik und kräftigen Organisation der Bauern« das Wort redeten, nicht akzeptiert und daher eine Veröffentlichung des Textes in den wichtigsten kommunistischen Organen abgelehnt habe. Dann etikettiert er Chens Politik als rechtsopportunistisch und legt, um sich selbst ins rechte Licht zu setzen, Wert auf die Feststellung, dass er diese Politik »missbilligte«.[22] Und schließlich stellt er auch die Beschreibung der Persönlichkeit Chens ganz auf Herablassung und Verachtung. »Chen«, meint er, »hatte richtig Angst vor den Arbeitern und besonders vor den bewaffneten Bauern. Als er schließlich mit der Wirklichkeit einer bewaffneten Erhebung konfrontiert wurde, verlor er völlig den Verstand. Er konnte nicht länger klar sehen, was geschah, und seine kleinbürgerlichen Instinkte verrieten ihn so weit, dass er sich an Panik und Defätismus verlor.«[23]

Als Mao im Mai 1937 in Yan'an – da steht er fast unumstritten an der Spitze der Partei – über die Aufgaben der Gongchandang im Widerstandskampf gegen die japanische Aggression referiert, mahnt er, das »Wiederaufleben der Nachtrabpolitik Chen Duxius« nicht zuzulassen, denn diese sei »eine Widerspiegelung des bürgerlichen Reformismus in den Reihen des Proletariats« gewesen, und dieser bürgerliche Reformismus führe die Revolution »unweigerlich zur Niederlage«.[24] In dem Aufsatz *Über den Widerspruch*, den er im August 1937 schreibt, entwickelt Mao eine aus den vermeintlichen Fehlern Chen Duxius abzuleitende Regel, die als Drohung verstanden werden kann und soll. »Derzeit«, erklärt Mao, hätten »die Widersprüche zwischen richtigen und falschen Ansichten« in der Gongchandang »keine antagonistische Form«, und das könne auch so bleiben, wenn »die Genossen, die Fehler begangen haben, diese zu korrigieren verstehen«. Geschähe dies jedoch nicht, würden also »jene, die Fehler begangen haben, auf diesen beharren und sie vertiefen«, nähmen die Dinge einen anderen Verlauf: »Dann besteht die Möglichkeit, dass sich diese Widersprüche zu antagonistischen entwickeln«[25] – also solchen, deren Lösung nur, wie eben im Falle von Chen Duxiu, in der Beseitigung einer ihrer beiden Seiten bestehen kann.

1952, als der Bauern-Bericht von 1927 als Teil der *Ausgewählten Werke* die Öffentlichkeit erreicht, nutzt Mao diese Gelegenheit, um dem Streit mit Chen Duxiu endgültig die Form eines schicksalhaften, von ihm, Mao, am Ende jedoch siegreich gestalteten Linienkampfes zu verleihen. »Die von Chen Duxiu geführten Rechtsopportunisten in der Partei«, lässt er die Herausgeberkommission in einer Fußnote anmerken, »waren damals nicht bereit, die Ansichten von Genossen Mao Zedong zu akzeptieren, und beharrten auf ihrer eigenen falschen Auffassung.« Sie hätten, weil sie die Bauernschaft gering schätzten, die Gongchandang in eine »Position der Isolierung und Hilflosigkeit« versetzt, und nur deshalb habe es die Guomindang im Sommer 1927 wagen können, »Verrat zu üben, ihre ›Kampagne der Parteisäuberung‹ zu entfesseln und den Krieg gegen das Volk zu beginnen«.[26] Mit anderen Worten: Der Verantwortliche für die Niederlagen des Jahres 1927 ist gefunden. Es war niemand anderes als Chen Duxiu.

Wieder ein paar Jahre später, 1958, geht Mao noch einen Schritt weiter. Nun trennt er die Parteientwicklung von 1921 bis 1927 komplett von deren Vorsitzendem Chen Duxiu ab. Die Partei habe sich damals »verhältnismäßig lebendig und lebhaft« entwickelt, und zwar »trotz des bürgerlichen Denkens von Chen Duxiu, der sich den Mantel des Marxismus umhängte«.[27]

Rebell im Jinggang-Gebirge

Mitte Juli 1927 ist die Revolution, die 1925 als national-revolutionäre Erhebung begonnen hatte, an ihr Ende gekommen. Die Hoffnung der chinesischen Kommunisten, sie in eine soziale Revolution umwandeln zu können, hat sich nicht erfüllt. Die antikommunistischen Massaker haben die Gongchandang nahezu ihres gesamten städtischen Flügels beraubt.

Mao Zedong jedoch geht gestärkt aus diesen Entwicklungen hervor. Die Niederlagen in den Städten bestätigen ihn in seiner Orientierung auf die Bauernschaft. Und zu Hilfe kommt ihm, dass Stalin überraschend seinen Kurs ändert. Nicht mehr bremsen will Stalin jetzt die revolutionären Kämpfe außerhalb der Sowjetunion, sondern im Gegenteil befördern. Die Ursachen für diesen Schwenk liegen in der sowjetischen Innenpolitik. Dort meint Stalin jetzt besser voranzukommen, wenn er den Eindruck erweckt, die Sowjetunion sei eine »belagerte Festung«, die sich einer unablässig wachsenden äußeren Bedrohung zu erwehren habe. Damit, so kalkuliert er, lässt sich die Bevölkerung besser für die beschleunigte Industrialisierung und die Kollektivierung der Landwirtschaft mobilisieren, und: Er hat seine Begründung parat für die als Liquidierung des Kulakentums bezeichnete Vertreibung und Verfolgung der Mittel- und Großbauern, für die Errichtung des Straflagersystems, für den Terror gegen die sogenannten Volksfeinde. Die Außenpolitik konzentriert sich folgerichtig nicht mehr wie bisher auf Abmilderung der tatsächlich bestehenden Bedrohungen, sondern darauf, die angeblich belagernden Länder durch revolutionäre Aktionen zu schwächen. Die Idee der Weltrevolution erlebt eine eigenartige Renaissance.

In zwei Ländern hat der Schwenk, den die Komintern mitvollzieht, besonders gravierende Folgen: in Deutschland, wo die KPD durch die These vom Sozialfaschismus in den Kampf gegen die SPD getrieben wird; und in China, wo Moskau den Kampf der Gongchandang gegen die Guomindang nun nicht mehr für falsch, sondern für richtig hält und entsprechende Unterstützung leistet. Der sowjetische Außenminister G. W. Tschitscherin hält Stalins Schwenk für einen »kolossalen Fehler«,[1] aber Stalin interessiert das nicht mehr. Der Pro-Gongchandang-Kurs wird für ihn zu einem wichtigen Instrument bei der Festigung seiner unumschränkten Macht.[2]

In dieser Situation schiebt sich Mao in den Vordergrund. Beim Nanchanger Aufstand, bei dem sich am 1. August 1927 die von den kommunistischen Kommandeuren He Long, Ye Ting und Zhu De geführten Einheiten aus der Armee des Guomindang-Generals Zhang Fakui gegen die Guomindang-Politik erheben, ist er zunächst nur bei den Planungen dabei. Der Aufstand wird niedergeschlagen. Die überlebenden Soldaten ziehen sich in kleinen Trupps in die Berge zurück.

An anderer Stelle aber geht Mao selbst in den Kampf. Er wird, wie er 1936 Edgar Snow berichtet, »nach Changsha geschickt, um eine Bewegung zu organisieren, die später als der Herbsternte-Aufstand bekannt wurde«. Sein Programm habe aus fünf Punkten bestanden: Erstens: vollständige Trennung der Gongchandang von der Guomindang; zweitens: Organisation einer Revolutionsarmee von Bauern und Arbeitern; drittens: Beschlagnahme des Eigentums kleiner, mittlerer und großer Gutsbesitzer; viertens: Errichtung der Macht der Gongchandang in Hunan; fünftens: Organisierung von Sowjets.[3] In den Punkten drei, vier und fünf überschätzt Mao vorerst seine Kräfte. Was er vorhat, ist unter den gegebenen Kräfteverhältnissen nicht zu verwirklichen. Aber er gibt allen zu verstehen, wohin er langfristig will. Und schon jetzt gelingt ihm gemeinsam mit seinen beiden alten Freunden Chen Yun und Liu Shaoqi, was er sich in Punkt zwei seines Programms zum Ziel gesetzt hat: die Formierung dreier bewaffneter Regimenter. »Rekruten«, erinnert er sich, »kamen aus drei Hauptquellen: der Bauernbevölkerung selbst, der Bergarbeiterschaft in Hanyang und den aufständischen Truppen der Guomindang.« Seinen Führungsanspruch gegenüber den Nanchang-Aufständischen untermauert er rückblickend mit der

Darstellung, dass seine Truppen die »erste militärische Kraft der Revolution« gewesen seien.[4]

Trotzdem gilt bis heute der 1. August, der Tag des Nanchang-Aufstandes, als Gründungstag der Roten Armee. Maos Deutungshoheit hat ihre Grenzen. Und auch seine Kraft.

Bauernaufstände wie der von ihm angeführte branden in Hunan, den südlich angrenzenden Provinzen und in der Provinz Hubei auf. Aber sie alle erleiden das Schicksal wie der Nanchanger Aufstand. Bis zum Frühjahr 1928 werden sie vom Militär der Guomindang und der lokalen Junfa in blutigen, Tausende Todesopfer fordernden Kämpfen niedergeschlagen. Auf Straffeldzügen nehmen die Sieger blutige Rache an den Bauern und ihren Familien. Die Organisationsformen der Bauern reichen nicht aus und die von der Gongchandang geführten Truppen sind nicht stark genug, um dauerhaft ganze Kreise oder Bezirke unter die Herrschaft der Aufständischen zu bringen.

Ein dramatisches, blutiges Scheitern erlebt im Dezember 1927 auch das letzte Aufbäumen der Gongchandang in einer großen Stadt: der Kantoner Aufstand. Mao ist – wie schon in Nanchang – nicht beteiligt, und woran er nicht beteiligt ist, das würdigt er in seinen Erinnerungen nicht. Später, in seinen *Ausgewählten Werken*, wird er den Aufstand von den Herausgebern gar als »putschistischen Fehler« charakterisieren lassen.[5] Das ist wohlfeil, denn es passt in einen neuerlichen Linienkampf. Das Politbüro-Mitglied Li Lisan ist dessen Zielscheibe. War Chen Duxiu 1927 als Rechtsopportunist in Ungnade gefallen, so geschieht dies Li Lisan 1931 unter dem Etikett, ein Ultralinker gewesen zu sein. In die Linie dieses Ultralinken, so wird es ab 1931 heißen, gehöre auch der Kantoner Aufstand. Das Scheitern sei daher vorprogrammiert gewesen.

Mao Zedong entwickelt in der Geschichtsschreibung zu diesen Rechts-Links-Stürmen die Fähigkeit, den Eindruck zu erwecken, immer in der Mitte gestanden zu haben. Das wird zu einer zentralen Achse seines Selbstverständnisses. Immer sorgt er dafür, dass er im Rückblick wie ein Turm in der Schlacht erscheint, wie ein allwissender Feldherr, der unbeirrt den einzig richtigen Weg

geht. Aber so einfach, wie es das Rechts-Links-Schema sugge-
riert, liegen die Dinge nie, auch in Kanton nicht. Der Aufstand
ist keineswegs nur die Angelegenheit einiger Ultralinker. Er hat
die Unterstützung der Komintern, hat den ausdrücklichen Segen
von Stalin selbst. Und eigentlich passt er auch sehr gut in Maos
Strategie des offenen Anti-Guomindang-Kampfes.

Die Komintern entsendet den deutschen Kommunisten Heinz
Neumann nach Kanton, um die Aufstandsvorbereitung in die
Hand zu nehmen. Neumann kabelt am 9. Dezember 1927 nach
Moskau: »Die Arbeiter sind in Kampfstimmung: Die Streikenden
haben spontan Dutzende von Bürgerhäusern in Brand gesetzt, ein
Streik der Post und der Seeleute wird vorbereitet. ... Die Rote
Garde aus Arbeitern und ehemaligen Streikposten, insgesamt
2.000 Leute, ist ziemlich straff organisiert. ... Der Aufstands-
plan: ... Besetzung der zentralen Polizei durch das Sonderregi-
ment und die Rote Garde ..., gleichzeitig Generalstreik, Wahl
des Deputiertensowjets, Bewaffnung aus den eroberten Lagern
..., Vormarsch der Bauern aus der Umgebung auf die Stadt. Die
Chancen, Kanton zu erobern, sind groß, es zu halten ist außer-
gewöhnlich schwer. Wir hoffen aber, zurechtzukommen, indem
wir den Kampf der Militaristen (der Guomindang-Truppen außerhalb der Stadt untereinander – W. A.), das Ausmaß der Aktionen der Arbeiter, die Demoralisierung der Soldaten und den
Bauernaufstand nutzen. Der Aufstand von Haifeng (im Gebiet
Hailufeng – W. A.) nimmt enorme Ausmaße an. Die Bewegung
hat 100.000 Bauern erfasst, vier Kreise sind ganz in ihren Händen,
die Sowjetregierung mit Peng Bai an der Spitze erfüllt komplett
unsere Direktiven. Vollständige Beschlagnahme der Ländereien,
Abschaffung der Feldraine und der Landverträge, Ausrottung
hunderter Grundbesitzer. ... Das Gouvernementskomitee (der
Gongchandang – W. A.) hat sich einstimmig für den Aufstand
ausgesprochen. ... Halte den Aufstand für voll herangereift, ein
Hinauszögern würde das Kräfteverhältnis zum Schlechteren verändern.«[6] Stalin telegrafiert zurück: »Angesichts der entschlossenen Stimmung unter den Massen und der mehr oder weniger
günstigen Lage vor Ort haben wir nichts gegen Ihren Vorschlag

und raten, zuversichtlich und entschlossen zu handeln.«[7] Der sowjetische Generalkonsul in Kanton, B. A. Pochwalinski, findet kein Gehör mit seiner Warnung, dass der Aufstand nur »zu unnötigem Blutvergießen« führen werde, weil die Partei »keine Kräfte für Eroberung und Organisierung der Macht« besitzt.[8]

Kanton befindet sich vom 11. bis zum 13. Dezember in der Hand der Aufständischen, erlebt in diesen drei Tagen die Kantoner Kommune. Dann schlagen die Guomindang-Truppen zurück. »Nach dem Kantoner Aufstand«, berichtet die Vertreterin der Roten Gewerkschaftsinternationale, O. A. Mitkewitsch, im Januar 1928 nach Moskau, »kennt die Reaktion nicht nur in Kanton, sondern in ganz China keine Grenzen mehr. In Kanton forderte der Weiße Terror (an Gefallenen und Hingerichteten) über 4.000 (nach manchen Berechnungen 6.000) Opfer. ... In Hankou werden täglich dreißig bis vierzig Personen hingerichtet; ... die Zahl der Verhaftungen in den Betrieben, der Entlassungen usw. nimmt immer mehr zu; das gleiche geschieht in Changsha, wo alle führenden Funktionäre, mit dem Sekretär des Gouvernementskomitees an der Spitze, erschossen worden sind.«[9]

Tschiang Kaischek hat seine Schwächephase vom Sommer 1927 überwunden. Er wird im Januar 1928 Regierungschef. Linke Flügel in der Guomindang werden nicht mehr geduldet. Nanjing wird zum unangefochtenen Sitz der Guomindang-Regierung, die nun als Nationalregierung auch internationale Anerkennung erwirbt. Im April 1928 wird der Nordfeldzug wieder aufgenommen. Die Generäle Feng Yuxiang und Yan Xishan schließen sich mit den Guomindang-Truppen zusammen. Im Juni 1928 wird Beijing erobert, und als im Dezember 1928 auch die Behörden der Mandschurei die Nanjing-Regierung anerkennen, hat Tschiang Kaischek das Ziel erreicht, das sich 1925 die Einheitsfront auf die Fahnen geschrieben hatte: die Schaffung eines einheitlichen chinesischen Staates. Im Kräftespiel mit der Gongchandang und der Komintern hat er sich als der Stärkste erwiesen.

Mao Zedong sitzt im Dezember 1927 schwer angeschlagen in den Bergen im Süden der Provinz Hunan, im Jinggangshan. In dieses unzugängliche Gebirge hat er sich mit den Resten der von ihm organisierten Truppen vor der Übermacht der Guomindang-Armeen zurückgezogen. Zuvor stand er wie alle seine Kampfgenossen schwierigste Kampf- und Verfolgungssituationen durch. In seinen Erinnerungen von 1936 schildert er einen dieser Zwischenfälle: »Während ich die Armee organisierte und zwischen den Arbeitern aus Hanyang und den Bauernmilizen hin- und herfuhr, wurde ich von einigen Mintuan, die mit der Guomindang arbeiteten, gefangengenommen. Der Terror der Guomindang war damals auf seinem Höhepunkt, und Hunderte vermeintlicher Roter wurden erschossen. Man wollte mich in das Hauptquartier des Mintuan verlegen, wo ich erschossen werden sollte.«[10] Aber ihm gelang die Flucht, und es gelingt ihm der Aufbau der bewaffneten Einheiten. Das jedoch gestaltet sich kompliziert. »Die kleine Armee«, berichtet er, »die den Bauernaufstand anführte, … musste sich ihren Weg durch Tausende von Guomindang-Truppen kämpfen, schlug viele Schlachten und erlitt viele Niederlagen. Die Disziplin war armselig, die politische Schulung auf niedrigem Niveau, und es gab viele schwankende Gestalten unter den Mannschaften und Offizieren. Es kamen viele Desertionen vor.«[11]

Mao kann sich im Jinggangshan festsetzen. Es stoßen neue Freiwillige zu ihm. Als sich im Mai 1928 Zhu De, einer der Anführer des Nanchang-Aufstandes, mit einigen hundert Mann zu ihm durchzuschlagen vermag, weiß er, dass er die Basis zum Ausgangspunkt neuer bewaffneter Aktionen entwickeln kann. »Wir entwarfen einen Plan«, berichtet er 1936, »in sechs Bezirken ein Sowjetgebiet zu errichten«.[12] Dieses Sowjetgebiet soll dort entstehen, wo die Provinzen Hunan, Jiangxi und Guangdong aufeinanderstoßen. In einer solchen Grenzregion, rechnen sich Mao und Zhu aus, dürfte die Gegenwehr der Provinzherrscher am geringsten sein, und sie werden Recht behalten. In der Tat nimmt dort die chinesische Sowjetbewegung großen Stils ihren Anfang, und Mao wird sich zu ihrem wichtigsten Führer entwickeln.

In seinen Erinnerungen erweckt Mao Zedong den Eindruck, diesen Weg als Rebell gegangen zu sein. Im Jinggangshan, diktiert er Edgar Snow in den Notizblock, habe ich mit Zhu De, Lin Biao, Chen Yi, Xiao Ke, Tan Zhenlin und anderen eine »Allianz gegen das von der Komintern abhängige Politbüro unter der Führung von Li Lisan« gebildet.[13] An diesem Bild ist einiges schief. Es blendet die Unterstützung durch den neuen Stalin-Kurs ebenso aus wie die Tatsache, dass die Idee der Sowjetgebiete und des Partisanenkampfes auch von anderen getragen wird. Peng Bai mit dem Sowjetgebiet von Hailufeng ist ein Beispiel dafür. Von Qu Qiubai, dem Generalsekretär der Partei, stammt Ende 1927 die Überlegung, dass gerade der Partisanenkampf die geeignete Strategie sei, um unter den Bedingungen der Zersplitterung Chinas, der Kriege der Junfa untereinander und der Schwäche der zentralen und der örtlichen Macht zum Erfolg zu gelangen. Der Begriff der Geju – das sind mit Waffengewalt eroberte kleine Gebiete – wird zum Allgemeingut der politischen Orientierung in der Partei.[14]

Als Mao Zedong im November 1928 dem Gongchandang-ZK über seine Arbeit im Jinggangshan berichtet, lässt er erkennen, dass der Kantoner Aufstand seiner Strategie gar nicht so fremd ist, wie das im Lichte seiner späteren Urteile erscheint. Zwar nennt er den Aufstand nicht beim Namen, aber er bezeichnet die Situation, in der er stattfand, als für revolutionäre Aktionen bestens geeignet. »In Perioden«, schreibt er, »da die Reihen der herrschenden Klassen gespalten sind, wie während des Krieges zwischen Li Zongren und Tang Shengzhi in den Provinzen Hubei und Hunan oder während des Krieges zwischen Zhang Fakui und Li Jishen in der Provinz Guangdong, können wir uns in unserer Strategie auf ein stürmischeres Vorstoßen einstellen.«[15] Die Kämpfe zwischen den Guomindang-Truppen von Li Zongren und Tang Shengzhi in Hubei und Hunan – das sind die vom Oktober 1927, die Mao für den »Herbsternteaufstand« nutzen wollte. Und die Kämpfe zwischen den Guomindang-Truppen von Zhang Fakui und Li Jishen in Guangdong – das sind jene vom November/Dezember 1927, aus denen die Kantoner Aufständischen Gewinn zu schlagen gehofft hatten. Mao ist im Jinggangshan Teil eines übergreifenden, von Vielen getragenen und gewollten Kurses – auch wenn er in seinen Erinnerungen von einem zeitweiligen Rauswurf aus dem Politbüro berichtet.[16]

Und weil das so ist, zieht er nun auch ganz direkt die Aufmerksamkeit Moskaus auf sich. »In Hunan erstarkt die Armee von Mao Zedong immer mehr«, teilt O. A. Mitkewitsch im Januar 1928 nach Moskau mit.[17] »Die Lage in Hunan und Jiangxi ist recht gut«, berichtet ZK-Mitglied Li Weihan im Mai 1928 an die Komintern, »Zhu De und Mao Zedong sind im Südwesten Jiangxis eingetroffen.« Zwei Ortschaften hätten sie genommen und würden ihre Truppen nun »in Richtung südlicher Teil der Provinz bis nach Ji'an entfalten«. Eine Guomindang-Division sei »vollständig zerschlagen«, ein Teil von ihr »auf die Seite Zhus und Maos übergelaufen«. Schon vor der Ankunft der Gongchandang-Truppen habe es »spontane Bauernaufstände« gegeben. »Obwohl die Bauernschaft in Wanan eine außerordentlich schwere Niederlage erlitten hatte, erhob sie sich nach der Ankunft Zhus und Maos in Jiangxi erneut, und jetzt besteht die Hoffnung, dass unsere Eroberung des südlichen Teils der Provinz Jiangxi erfolgreich abgeschlossen werden kann.«[18]

Nicht alle Berichte sind gleichermaßen positiv. Die »Abteilungen Mao Zedongs« sind dem Komintern-Gesandten A. E. Abramowitsch in einem Bericht nach Moskau vom Februar 1928 ein Beispiel für die widerspruchsvolle Problematik des Partisanenkampfes. Da sie »weder Stützpunkte noch Versorgung« hat, laste die Armee »als eine schwere Bürde auf der Bauernschaft«, und dies umso mehr, als ein Teil der Soldaten »der Herkunft nach halbe Banditen sind«. Diese brächten »die Bauern gegen sich auf«, und als »besonders schlimm« beschreibt Abramowitsch, dass die Abteilungen häufig schnell wieder abzögen und »die Bauern für ihre Überfälle auf die Truppen der Militaristen büßen lassen.«[19] Trotz solcher Bedenken wird die Schaffung von Sowjetgebieten auf dem VI. Parteitag der Gongchandang, der im Juni/Juli 1928 wegen der heftigen Verfolgungen der Kommunisten in China in Moskau stattfindet, zur allgemeinen Strategie erklärt. Unter den Bedingungen Chinas, heißt es, sei der Sieg der sozialen Revolution in einer oder mehreren Provinzen möglich.[20] Befriedigt stellt Mao, der in Moskau nicht dabei ist, 1936 im Rückblick fest: »Mit der neuen Linie, die auf diesem Parteitag angenommen wurde, stimmten Zhu De und ich völlig überein.«[21]

Chef im Sowjetgebiet

»Die Kunst beherrschen, im Ozean des Krieges zu schwimmen«

Ende 1931 kontrollieren die Gongchandang und ihre Streit-kräfte, die ungefähr 100.000 Mann umfassen, im zentralen und südlichen Teil Chinas mehrere relativ große Sowjetgebiete.[1] Der Erfolg der Strategie Mao Zedongs ist offensichtlich. Die Kom-intern in Moskau ist der Meinung, dass »die Rote Arbeiter- und Bauernarmee natürlicherweise zum Zentrum der Sammlung und Organisierung der revolutionären Kräfte der Arbeiter und Bau-ern, zum wichtigsten Hebel für den Aufschwung der gesamten revolutionären Bewegung … und zur Hauptform des Kampfes zum Sturz der Guomindang wird.«[2]

Mao ist der Champion dieser Strategie. Immer öfter stellen ihn KPdSU und Komintern als Vorbild heraus. »Festigen und erwei-tern Sie die Partisanenbewegung, insbesondere in den Gebieten Mao Zedongs und in der Mandschurei«, weist das KPdSU-Polit-büro im Oktober 1929 die Komintern-Vertreter in China an. Und weiter: »Halten und festigen Sie sich in den von den Militaris-ten aufgegebenen Gebieten. Streben Sie dort die Schaffung von Keimzellen der Sowjets an, deren Aufgabe die Beschlagnahme des Grundbesitzerbodens, die Bewaffnung der Bauern und die Bildung von Sowjets ist.«[3] Mit anderen Worten: Handelt genau so, wie Mao gehandelt hat.

Das Geschehen im Partisanenkrieg wogt hin und her, jeder Mo-nat bietet ein anderes Bild. Mao berichtet dem Gongchandang-ZK im November 1928 vom Geschehen im Jinggangshan. »Die Partei und die Massen«, schreibt er, müssten »sich völlig auf den Krieg einstellen«. Eine selbständige Macht müsse eine bewaff-nete Macht sein, sonst werde das von ihr beherrschte Gebiet »sofort vom Feind erobert«. Die Rote Armee setze sich »zum Teil aus Arbeitern und Bauern zusammen sowie zum Teil aus vagierenden Proletariern«. Das »Vorhandensein zu vieler vagie-render Elemente in der Roten Armee« sei »natürlich nicht gut«, aber »diese Menschen verstehen zu kämpfen, und da wir täglich im Kampf stehen und immer wieder bedeutende Verluste an Toten und Verwundeten haben, ist es für uns nicht einmal leicht, selbst unter ihnen Ergänzung zu finden«.

Die Versorgung der Soldaten ist notdürftig. Es gebe »keine reguläre Auszahlung von Sold, es werden nur Getreide, Geld für Speiseöl, Salz, Brennholz und Gemüse sowie eine geringe Summe als Taschengeld gewährt«, notiert Mao weiter. Alle Offiziere und Soldaten der Roten Armee, die im Grenzgebiet ansässig sind, hätten Boden zugeteilt erhalten; viele Schwierigkeiten gebe es »mit der Bodenzuteilung für diejenigen, die aus entfernten Gebieten kommen«. Die Soldaten müssten »buchstäblich ohne jegliche Ausbildung« in den Kampf ziehen, sie seien »nur auf ihre Tapferkeit angewiesen«. Es bleibe nur, »einigen Kämpfen auszuweichen …, um Zeit für die Ausbildung zu gewinnen«. Obwohl bereits Fröste eingesetzt haben, trügen viele Soldaten »immer noch lediglich zwei ungefütterte dünne Kleider übereinander«, aber: »Zum Glück sind wir Entbehrungen gewöhnt.«[4]

Was geschieht, wenn die Partisanen ein Dorf, einen Kreis erobern? »Aufteilung des Bodens, Schaffung der politischen Macht, Erweiterung der Parteiorganisation« und »Aufstellung örtlicher bewaffneter Kräfte«, Rote Garden genannt, das sind die Aufgaben, die Mao seinen Truppen stellt.[5] Deren Erfüllung bedeutet fast immer heftigen, blutigen Kampf. Die armen Bauern begrüßen die Agrarrevolution, die großen, aber auch kleineren Grundbesitzer widersetzen sich, die Bauern auf Eigenland schwanken in ihren Entscheidungen. Mamajew, als er 1930 in Moskau Bericht erstattet, schildert, gestützt auf Berichte aus dem von Mao und Zu geführten 4. Korps, die Dinge so: »Wenn die Truppe ins Dorf kommt«, bewaffnen sich die Soldatenkomitees, zu deren Aufgaben auch die politische Agitation gehört, »mit Leiter, Pinsel und Eimer, manchmal haben sie auch Papier mit Losungen dabei, häufiger kein Papier. Sie klettern auf die Mauer und malen Losungen ganz weit oben, damit niemand sie entfernen kann. Wobei sie, wenn sie Fehler beim Zeichnen der Hieroglyphen (der chinesischen Zeichen – W. A.) machen, sehr hart bestraft, wenn nicht gar erschossen werden. Sie malen Losungen, manchmal Porträts, und die Losungen der Guomindang werden entfernt. Das macht eine Gruppe, und eine zweite Gruppe agitiert zu diesem Zeitpunkt auf der Straße, leistet Massenagitation und individuelle Bearbeitung.«[6]

Den Aufbau von Sowjets sieht Mamajew so vor sich gehen: »Es werden Kreisstädte erobert, dort werden vornehmlich die Regierungseinrichtungen demoliert, die Bodenurkunden verbrannt, und die Bauern beginnen mit der Niederwerfung der Grundbesitzer und der Aufteilung des Bodens. Dann werden auf einem Dorfmeeting der Sowjet und sein Exekutivkomitee gewählt. Man muss sagen, dass wir jetzt nicht mehr ein solches lumpenproletarisches Verhalten antreffen, wie es früher, zu Beginn der Bewegung 1928 zu beobachten war, als alles Feuer und Schwert überantwortet wurde, als rechts und links Leute erschossen wurden, als speziell Händler ruiniert wurden, um sie zu Proletariern zu machen und einen Kader von Proletariern zu schaffen.« Kämpfe gibt es nicht nur mit Großgrundbesitzern. Weil es im Grenzgebiet Übersiedlungen gibt, komme es vor, »dass die Sowjetmacht von der auswärtigen Bevölkerung unterstützt wird, die an den Einheimischen Rache nimmt und sie niedermetzelt. Oder die Sowjetmacht wird von der einheimischen Bevölkerung unterstützt, dann werden die Auswärtigen umgebracht.«[7]

Man gewinnt eine Ahnung von den Grausamkeiten, mit denen die Agrarrevolution sich vollzieht. Mao Zedong ist der Kommissar des 4. Korps, aus dem die Berichte stammen, und er ist als Vorsitzender des vom Gongchandang-ZK eingesetzten Frontkomitees auch dessen oberster Parteiarbeiter. Auf ihm lastet die Verantwortung. Aber blutige Kämpfe und Bauernaufstände gibt es auch anderswo in China – in zehn von 18 Provinzen insgesamt. Mamajew, indem er in seinem Bericht die Folgen der Weltwirtschaftskrise 1929 für China skizziert, spricht von einem »lahmgelegten Binnenhandel«, von einer Wirtschaftslage, die »an ein Chaos grenzt«, und davon, dass die Krise »besonders scharf die Bauernschaft trifft: Der Ausfall von dreißig bis siebzig Prozent bei der Erzeugung von Nahrungsmitteln ist im Grunde genommen das Ergebnis des Jochs all der feudalen Überbleibsel, die auf der chinesischen Bauernschaft lasten und sie vor die Perspektive eines langsamen Todes oder des Kampfes um den Boden stellen.« Darum habe die Bauernschaft »die schwarze Aufteilung des Bodens in Angriff genommen«, kämpfe sie »mit eigenen Kräften« um die Lösung der Agrarfrage.[8]

Mao erkennt die Widersprüche. Einerseits räumt er ein, dass den »Zwischenklassen« in den Dörfern von der Revolution »zu schwere Schläge versetzt wurden« und dies die »Hauptursache« dafür sei, dass sie, wenn die Dörfer wieder in die Hand der gegnerischen Truppen fielen, rasch zum Feind überliefen. Andererseits aber fordert er nun nicht etwa weniger schwere Schläge, sondern eine Ausweitung der Aktionen. »Wenn aber das ganze Land einen revolutionären Aufschwung erlebt, wird die arme Bauernschaft, da sie nun eine Stütze hinter sich weiß, kühner handeln, während die Zwischenklassen aus Angst keine Ausschreitungen wagen.«[9]

Ein das ganze Land erfassender revolutionärer Aufschwung kann – das weiß Mao sehr genau – sich nicht nur aufs Militärische stützen. Die Sowjetgebiete zu halten und zu erweitern verlangt intensive politische und ideologische Arbeit. In einem auf den Dezember 1929 datierten Resolutionsentwurf »Über die Berichtigung falscher Ansichten in der Partei« für die Gongchandang-Organisation des 4. Korps stellt Mao seine Ansichten dazu dar.

Der Text ist typisch für Maos Art, Probleme zu benennen und Vorschläge zu unterbreiten, die er als Weisungen verstanden wissen möchte. Es ist der Text eines Lehrers, der behutsam auf seine Schüler einredet, und es ist zugleich der Text eines Führers, der unbedingte Gefolgschaft fordert.

Als dringend zu überwindende Missstände bei der Entwicklung des 4. Korps macht Mao aus: Erstens die Auffassung, wonach »die Aufgabe der Roten Armee der der weißen Armee ähnlich« sei und »lediglich im bloßen Kriegführen« bestünde; zweitens die »extreme Demokratisierung«, die in der falschen Auffassung ihren Ausdruck finde, dass man »zunächst unten diskutieren und dann oben Beschlüsse fassen müsse«; drittens die »Missachtung der Organisationsdisziplin«; viertens »absolute Gleichmacherei«; fünftens »Subjektivismus«; sechstens »Individualismus«; siebentens »die Mentalität umherschweifender Rebellenhaufen«; achtens »Überreste des Putschismus«.

Zu allen Problemen formuliert Mao »Methoden der Berichtigung«, die sein komplexes, auf den gesamten revolutionären Prozess gerichtetes Denken spiegeln. Dabei kommt dem Begriff der Erziehungsarbeit eine große Rolle zu. Diese will er nicht nur durch die politische Erziehung und Schulung innerhalb der Partei und der Armee verwirklicht sehen, sondern auch durch einen Grundsatz wie diesen: »Die örtlichen Parteiorganisationen sind zur Kritik an den Parteiorganisationen der Roten Armee und die Machtorgane der Volksmassen zur Kritik an der Roten Armee aufzurufen, um auf die Parteiorganisationen sowie auf die Offiziere und Mannschaften der Roten Armee einzuwirken.«[10]

In der Auseinandersetzung mit dem »Individualismus« macht er eine Söldnermentalität aus, die sich darin ausdrücke, dass einige Genossen »nicht begreifen, dass die Partei und die Rote Armee, denen sie angehören, Werkzeuge zur Durchführung der Aufgaben der Revolution sind.«[11] Die »Mentalität umherschweifender Rebellenhaufen« äußert sich Mao zufolge darin, dass man »nicht gewillt« sei, »durch mühselige Arbeit Stützpunktgebiete zu schaffen und die politische Macht der Volksmassen zu errichten«, sondern gedenke, den politischen Einfluss »nur mit den Methoden beweglicher Partisanenoperationen zu erweitern.« Man bringe »nicht die Geduld auf, gemeinsam mit den Massen den schweren Kampf zu führen«, sondern wünsche, »in große Städte zu kommen, um dort zu schmausen und zu zechen«.[12]

Hier – in der Kritik an denen, die »in große Städte« kommen wollen – klingt ein neuer Linienkampf an: der mit Li Lisan. Das findet vor allem 1930 statt und hat für Mao den gleichen strategischen Stellenwert wie der mit Chen Duxiu. War Chen vorgeblich wegen Rechtsopportunismus aus der Gongchandang ausgeschlossen worden, so gerät Li wegen Linksopportunismus und Linksputschismus in die Schusslinie – und wie im Falle

Chen Duxius führt Mao die Auseinandersetzung erst dann mit aller Konsequenz, als sich auch die Gongchandang-Führung und die Komintern von Li distanzieren. Fortan bleibt die »Li-Lisan-Linie« für Mao ein immerwährendes Beispiel für falsche Politik. Li Lisan, 1899 geboren, wird von 1938 bis 1940 in der Sowjetunion als Opfer des stalinistischen Terrors in Haft sein, später nach China zurückkehren und dort 1967, in der Kulturrevolution, Selbstmord begehen.

Die »Li-Lisan-Linie«, so lässt Mao 1952 in die Anmerkungen zu seinem Text *Strategische Probleme des revolutionären Krieges* vom Dezember 1936 einrücken, habe »die Idee des Genossen Mao Zedong, dass man auf lange Zeit hinaus das Hauptaugenmerk darauf richten müsste, ländliche Stützpunktgebiete zu schaffen, von den Dörfern aus die Städte einzukreisen und, auf diese Gebiete gestützt, den Aufschwung der Revolution im ganzen Land zu fördern«, als »äußerst irrig« betrachtet. »Dieser falschen Linie entsprechend« habe Li »einen abenteuerlichen Plan zur Organisierung sofortiger bewaffneter Aufstände in allen Schlüsselstädten des Landes« entworfen.[13]

Wieder geht Mao den Weg der Herabwürdigung des innerparteilichen Gegners, um damit die Richtigkeit des eigenen Kurses zu beweisen. In den Jahren 1928–1930 stellen sich die Unterschiede gar nicht so gravierend dar. Wenn Mao 1928 einen »revolutionären Aufschwung des ganzen Landes« unter der Voraussetzung für möglich hält, dass »im Lager der Feudalherren und Militärmachthaber die Zwistigkeiten und Kriege« weitergehen,[14] dann ist er nahe bei Li Lisan, der ebenfalls die Verschärfung des Klassenkampfes »mit der fortgesetzten Schwächung der herrschenden Kräfte« in einen Zusammenhang bringt.[15] Und in der Tat haben sich die »Zwistigkeiten und Kriege« zu Beginn des Jahres 1930 erheblich verschärft. Auf die Machtstabilisierung Tschiang Kaischeks in Nanjing haben die militärpolitischen Gruppierungen des Nordens unter den Generälen Feng Yuxiang und Yan Xishan sowie Süd- und Südwestchinas unter Li Jishen und Chen Jitang mit einem ungezählte Opfer kostenden Krieg im Namen der Reorganisation – das heißt: mit dem Ziel des

Sturzes von Tschiang Kaischek – geantwortet. Die Chancen für die Sowjetbewegung, in von der Regierung nur schwach oder gar nicht kontrollierten Regionen Fuß zu fassen, wachsen.

Li Lisan seinerseits missachtet Mao keineswegs. 1930 nennt er unter den Beweisen für den revolutionären Aufschwung neben Streiks in Nanjing, Shanghai, Wuhan und Qingdao die Bauernbewegung in der Provinz Hubei – »von den 69 Distrikten ... hat der Bauernkrieg 53 erfasst. In 32 Distrikten haben wir Sowjetgebiete. In acht Distriktstädten wurde die Sowjetmacht errichtet« – sowie weitere Bauernaufstände, und ausdrücklich würdigt er Maos Leistung: »Die Rote Armee von Zhu De und Mao Zedong hat in der Provinz Jiangxi einen großen Sieg errungen und zwei Regimenter der feindlichen Armee entwaffnet.«[16]

Und im Juni 1930 marschiert Mao selbst auf die Städte. Er gehört zur Führung eines großen Angriffs der Roten Armee auf Changsha, die Hauptstadt seiner Heimatprovinz Hunan. Die Belagerung der Stadt zieht sich bis in den Herbst, sie wird mit einer Niederlage enden, und Li Lisan wird am Ende von Mao Zedong, der Gongchandang-Führung und der Komintern gleichermaßen zum Sündenbock gemacht werden. Im unmittelbaren Eindruck der Ereignisse sieht das Bild aber ganz anders aus. Alle, schreibt der deutsche Kommunist Gerhart Eisler, der unter dem Namen Roberts als Beauftragter der Komintern in Shanghai tätig ist, am 20. Oktober 1930 nach Moskau, seien von den Ereignissen mitgerissen worden. »Einnahme Changshas, Rote Armeen vor Jiujiang und Nanchang ... einerseits, und andererseits kann man in den Städten am Tage nicht auf den Straßen gehen (des Weißen Terrors wegen – W. A.). Wir haben viel über Fehler des Politbüros und Li Lisans gesprochen, Anklagen genug gemacht, aber man muss absolut zugeben, dass das ganze Politbüro mit Li Lisan, jeder Genosse ... mit revolutionärer Leidenschaft überzeugt war, jetzt ist die Stunde der allchinesischen Revolution gekommen, wer das nicht zugibt, ist ein Verräter.«[17]

Und Mao ist an der Verwirklichung der Li-Lisan-Linie beteiligt. Die Truppen vor Jiujiang und Nanchang sind die von ihm befehligten. Der sowjetische Militärberater A. J. Gajlis schreibt im Dezember 1930 an J. K. Bersin, den Chef der Aufklärung der sowjetischen Armee, dass »die früheren Li-Lisan-Orientierungen, die hier in Shanghai aus der Welt geschafft werden oder schon weitgehend beseitigt sind«, in den Sowjetgebieten in Jiangxi »ihren Honigmond« erleben. Mao Zedong habe nach der Einnahme der Stadt Ji'an durch seine Truppen im Oktober einen Aktionsplan vorgelegt, in dem vorgesehen sei, den »Angriff auf Nanchang und Jiujiang, Forcierung des Yangzi und Eroberung Nanjings, um damit unseren Truppen die Einnahme Hankous in Hubei zu erleichtern«.[18]

In seiner Familie erleidet Mao Zedong in der Zeit des Angriffs auf Changsha – er ist 36 Jahre alt – schlimmste Verluste. Seine Frau Yang Kaihui und seine Schwester Mao Zehong werden im Auftrage des Junfa He Jian gefangengenommen und hingerichtet. Mao gibt in seinen Erinnerungen nichts von seinen Gefühlen preis.[19]

Aber im Politischen ist er im Aufwind. Im Oktober 1930 entscheiden das Gongchandang-Politbüro und das Fernostbüro der Komintern in Shanghai, dass in den Sowjetdistrikten ein Büro des ZK eingerichtet werden soll, dem namentlich Xiang Ying, Guan Xiangying und Mao Zedong angehören sollen.[20] Und auch, wenn Mao kritisiert wird, muss man seiner weithin geachteten Stellung Rechnung tragen. Als bekannt wird, dass er sich im Sowjetgebiet zwar um die Belange der Roten Armee kümmere, aber »kaum für die Arbeit der Regierung« interessiere, wird er nicht etwa degradiert, sondern als »Vorsitzender des Revolutionären Militärrates« zum Regierungsmitglied ernannt.[21]

Die Sowjetgebiete sind so stark geworden, dass Tschiang Kaischek beschließt, sie mit militärischer Gewalt zu vernichten. Die »Einnahme von Changsha«, so meint Tschiangs japanischer Biograf Keiji Furuya, »hatte, auch wenn sie nur ein paar Tage andauerte, gezeigt, dass man die sogenannte Rote Armee nicht länger als nur kurzzeitig aktive ›Banditen‹ abtun durfte.«[22] Am 29. Dezember 1930 beginnt Tschiang seinen ersten Straffeldzug. »Feindliche Kräfte«, erinnert sich Mao 1936, »im ganzen über 100.000 Mann, begannen die roten Gebiete einzukreisen.«

Mao und Zhu De stellen 40.000 Mann dagegen und schlagen den Angriff innerhalb von einer Woche zurück. »Wir folgten«, sagt Mao, »der Taktik der schnellen Konzentration und schnellen Zerstreuung, ... ließen die feindlichen Truppen tief in Sowjetgebiete eindringen und veranstalteten dann plötzlich konzentrierte Angriffe großer Truppenverbände gegen isolierte Einheiten der Guomindang-Truppen«.[23] »Das war eine neue Art des Krieges, mit der die Guomindang-Kommandeure nichts anfangen konnten«, bestätigt Furuya.[24] Was für ein glänzendes Zeugnis für die Strategie Mao Zedongs! »Wenn der Feind vorrückt, ziehen wir uns zurück!« »Wenn der Feind haltmacht und sich lagert, belästigen wir ihn!« »Wenn der Feind die Schlacht vermeiden will, greifen wir ihn an!« »Wenn der Feind sich zurückzieht, verfolgen wir ihn!«[25] – diese vier Losungen waren im Jinggangshan von Mao, Zhu De und anderen entwickelt worden. Nun hatten sie sich im Kampf gegen einen Feldzug bewährt, der als Vernichtungsfeldzug geplant war. Unter den Siegern machen sich zwei Kommandeure einen Namen, die noch lange an Maos Seite sein werden: Peng Dehuai und Lin Biao.

Tschiang Kaischek befiehlt im Laufe des Jahres 1931 noch zwei weitere Straffeldzüge. Beide enden trotz verstärkten Einsatzes an Soldaten und Kriegsmaterial wie der erste: mit einer Niederlage der Guomindang. Die beiden Seiten dieser Straffeldzüge bekämpfen sich erbarmungslos. Als Mao Zedong im Dezember 1936 über *Strategische Probleme des revolutionären Krieges* schreibt, nennt er als Opfer des »agrarrevolutionären Krieges« in den eigenen Reihen seit 1927 »Hunderttausende von heldenhaften Parteimitgliedern und Zehntausende von heldenhaften Funktionären«.[26] Angaben darüber, wie viele Bauern und Grundbesitzer Opfer des Vorgehens der Gongchandang-Truppen bei der Gebietseroberung werden, macht er nicht. Solche Zahlen aber hat Tschiang Kaischek parat. Am 12. Mai 1931 begründet er seine Feldzüge vor der Nationalversammlung in Nanjing damit, dass in der Provinz Jiangxi 186.000 Menschen von den Kommunisten getötet worden seien; zwei Millionen befänden sich auf der Flucht. In Hunan, fährt er fort, seien 72.000 unschuldige Menschen getötet worden. In den

Mao Zedong und Tschiang Kaischek im August 1945 in Chongqing.

»kommunistischen Gebieten« würden »alle Kinder zwischen acht und 16 Jahren in Kinderbrigaden gepresst; alle zwischen 16 und 23« hätten »in den Elite-Einheiten zu dienen« und »alle zwischen 23 und 40« würden »in Roten Garden organisiert.«[27] Es ist Krieg, und Mao ist von der Richtigkeit seines Kurses überzeugt. Der revolutionäre Krieg ist für ihn, der wie alle seine Zeitgenossen bis dahin kein anderes China erlebt hat als das der unablässigen Kriege und blutigen Schlachten, eine absolute Notwendigkeit. »Kriege«, schreibt er, als er im Dezember 1936 seine Ansichten in dieser Frage zusammenfasst, »sind die höchste Kampfform, die bei der Lösung der Widersprüche zwischen Klassen, Nationen, Staaten oder politischen Gruppen angewendet wird, sobald diese Widersprüche eine bestimmte Entwicklungsstufe erreicht haben.«[28] Und die Widersprüche – das ist für ihn keine Frage – haben eine solche Entwicklungsstufe erreicht. Dennoch will er den Krieg nicht verewigen. »Das Ziel des Krieges ist die Abschaffung des Krieges«, proklamiert er 1936, es gebe aber »nur ein Mittel zur Abschaffung des Krieges«: Man müsse »den Krieg mit dem Krieg bekämpfen«, müsse »dem konterrevolutionären Krieg den revolutionären Krieg, ... dem konterrevolutionären Klassenkrieg den revolutionären Klassenkrieg entgegensetzen«. Die »Ära der

Kriege im Leben der Menschheit« werde »durch unsere Hände ihr Ende finden«.[29] Solange diese Ära jedoch andauere, gelte: »Die Gesetze der Kriegführung meistern heißt eben die Kunst beherrschen, im Ozean des Krieges zu schwimmen.«[30] Dass Mao diese Kunst beherrscht, bestätigt der sowjetische Militärberater Gajlis in einem Bericht an Bersin in Moskau vom 10. Februar 1931. Die Truppen der Gongchandang hätten in der Zurückschlagung des ersten Straffeldzuges »ihre Kraft gespürt, das Vertrauen in den Kommandeursbestand hat sich gefestigt. ... Die Rote Armee ist zu einer Kampfkraft herangewachsen, gegen die ein richtiger großer Krieg geführt werden muss.« Die Sowjetgebiete seien »viel kräftiger geworden«. »Die Massen werden immer mehr aktiviert, der Machtapparat verbessert sich allmählich, und es werden Massenorganisationen geschaffen.«[31]

Im Ozean des Krieges zu schwimmen bedeutet für Mao freilich auch, rücksichtslos gegen jeden vorzugehen, der sich ihm in den eigenen Reihen entgegenstellt. Im Februar 1931 treffen in Shanghai Nachrichten von einem Ereignis ein, das später als Futian-Zwischenfall bekannt wird. Mao habe »alle Mitglieder des Parteikomitees, alle technischen Mitarbeiter und alle Mitglieder der Sowjetregierung« in Jiangxi unter der Beschuldigung verhaften lassen, »Mitglieder einer konterrevolutionären Organisation, der sog. ›AB‹-Liga (die antibolschewistische Liga) zu sein«. Alle seien »schrecklich gefoltert« worden. Das »aus einheimischen Bauern« bestehende 20. Korps sei, da »alle Mao fürchteten«, mit 3000 Mann und 1000 Waffen über den Fluss Ganjiang geflohen, woraufhin Mao das 12. Korps gegen das 20. in Marsch gesetzt habe.[32]

Heute ist durch viele Augenzeugenberichte untermauert, dass Mao mit äußerster Brutalität vorging. »Verrückt«, zitiert die chinesische Journalistin Sun Shuyun in ihrem Buch *Maos Langer Marsch – Mythos und Wahrheit* aus einem Gespräch, das sie 2004 in Futian geführt hat, »es war total verrückt. Niemand konnte verstehen, was da los war. Die Rote Armee tötete die Rote Armee, Kommunisten brachten Kommunisten um! Wie konnte es denn überhaupt so viele Feinde geben? Wenn die Männer des

20. Korps und das Jiangxi-Komitee böse Menschen waren, warum waren sie dann nicht zu Tschiang Kaischek übergelaufen? Niemand traute sich, Mao das zu sagen. Sie hatten alle totale Angst. Also hielten sie ihren Mund, wie Heuschrecken an einem kalten Tag.«[33] Als ein anderer ihrer Gesprächspartner die Vermutung ausspricht, Mao habe aus Verfolgungswahn heraus so gehandelt, verweist Sun Shuyun auf die Kriegssituation: Tschiang Kaischek habe auf Mao und Zhu De Kopfgelder ausgesetzt, die Truppen der Roten Armee zur Fahnenflucht aufgefordert, Spione entsandt, »um Generäle der Roten Armee zur Meuterei aufzurufen«.[34]

Der Anlass für das Vorgehen Maos liegt den zeitgenössischen Dokumenten zufolge in einem Strategiekonflikt. Mao und Zhu hatten die Stadt Donggu kampflos aufgegeben, worüber unter den Bauern große Unzufriedenheit entstanden sei. Zu Zehntausenden hätten sie sich mit der Roten Armee zurückgezogen, wobei ein unglaublicher Hunger um sich gegriffen habe. Das Provinzkomitee habe daraufhin die Rote Armee wieder zum Kampf aufgefordert.[35] Dies aber passte nicht in Maos Gesamtstrategie, in die solche Gebietspreisgaben eingebettet sind. Im Dezember 1936 wird er dem Argument, wonach bei der strategischen Aufgabe von Teilgebieten die Bevölkerung Schaden erleide, entgegensetzen: »Wenn man nicht zulassen will, dass zeitweilig in einem Teil der Haushalte Töpfe und Pfannen zerschlagen werden, dann wird man zulassen müssen, dass eine lange Zeit hindurch bei der gesamten Bevölkerung Töpfe und Pfannen zerschlagen werden. Wenn man sich vor ungünstigen politischen Auswirkungen fürchtet, die für eine kurze Zeit zu erwarten sind, dann wird man mit ungünstigen Auswirkungen auf lange Dauer bezahlen müssen.«[36] Am Ende stellen sich das ZK und das Komintern-Fernostbüro an Maos Seite. Beim Aufstand des 20. Korps habe es sich um eine feindliche Aktion gehandelt, heißt es in einem Beschluss, »durchgeführt zum Zwecke der Erleichterung der Nanjinger Konterrevolution«. Die Linie des Frontkomitees unter der Leitung von Genossen Mao Zedong, die eine Linie des rücksichtslosen Kampfes gegen die Feinde der Revolution sei, habe sich als »im Wesentlichen richtig« erwiesen und müsse daher »auch in Zukunft durchgeführt werden«.[37]

Im Dezember 1931 wird in der Stadt Ruijin im Zentralen Sowjetgebiet in der Provinz Jiangxi die Sowjetregierung Zentralchinas gebildet. Mao Zedong wird deren Vorsitzender, Zhu De Oberkommandierender der Armee. Mao Zedong, 38 Jahre alt, gehört nun ganz zweifellos zu den einflussreichsten Persönlichkeiten der Gongchandang. Aber das Zentralkomitee der Partei hat seinen Sitz unverändert in Shanghai, dort residieren auch die Beauftragten der Komintern, und die Auffassungen darüber, wie es nach der Festigung der Sowjetgebiete weitergehen soll, gehen weit auseinander.

Das folgende Jahr 1932 spielt in Maos Erinnerungen von 1936 so gut wie keine Rolle. Er belässt es bei einem einzigen Satz: »Vom Oktober 1932 an bis zum Beginn des Langen Marsches in den Nordwesten (das ist Oktober 1934 – W. A.) widmete ich meine Zeit beinah ausschließlich der Arbeit in der Sowjetregierung und überließ das Militärkommando Zhu De und anderen.« Und mit deutlicher Distanz äußert er sich zur Roten Armee: Sie habe eine eigene Offensive begonnen und dabei die Stadt Zhangzhou in der Provinz Fujian und andere Städte eingenommen.[38] Aus den Akten ist der Grund für Maos Kurzsilbigkeit zu erkennen: Er gerät in diesem Jahr erheblich unter Beschuss. Seine engsten Mitstreiter Zhu De, Zhou Enlai, Ren Bishi und Wang Jiaxiang bezichtigen ihn im Mai 1932 einer »zu hundert Prozent rechtsopportunistischen politischen Linie«.[39] Er sei zu defensiv, wo doch der Sturm auf die Städte gewagt werden müsse.

Es ist der alte Streit: die Städte oder das Land. Dass er sich verschärft, liegt daran, dass die Gruppe der Mao-Kritiker in Shanghai Verstärkung erhalten hat. Eingetroffen ist dort eine Gruppe junger chinesischer Kommunisten, meist um die 15 Jahre jünger als Mao, die in Moskau als Führungskader für die chinesische Revolution ausgebildet wurden. Mao, der Bauernsohn, der nie im Ausland gewesen ist, sondern seine Theorien aus der Praxis eines anderthalb Jahrzehnte in erbittertem Kampf verbrachten Lebens und in Anknüpfung an die klassischen chinesischen Philosophen und Militärtheoretiker entwickelt, auf der einen Seite, und die jungen Männer, die zwar nach sowjetischer Auffassung theoretisch aufs Umfassendste ausgebildet sind, aber keinerlei Kampferfahrung haben, auf der anderen: Dieser Gegensatz schreit geradezu nach Konflikt. Und in der Tat werden die Auseinandersetzungen zwischen Mao einerseits und den Herausgehobensten unter den Neuen – Chen Shaoyu (Parteiname Wang Ming), Qin Bangxian (Parteiname Bo Gu) und Zhang Wentian (Parteiname Luo Fu) – andererseits zu zentralen Auseinandersetzungen um den Kurs der Gongchandang überhaupt.

Dass Mao nicht völlig ausgeschaltet wird, liegt an seiner Popularität. Zwar geben sich die aus Moskau Zurückgekehrten alle Mühe, den Rechtsopportunismus-Vorwurf zu erhärten, und der neue Komintern-Vertreter Arthur Ewert – wieder ein Kommunist aus Deutschland – unterstützt sie darin mit der Meldung nach Moskau, dass es keinem Zweifel unterliege, dass »die Generaleinstellung von Mao Zedong fehlerhaft ist (zu großes Gewicht auf Wirksamkeit der Defensive, Schutz in den Bergen etc.)«. Aber Ewert muss einräumen, dass Mao noch der populäre Führer sei, weshalb man »in der Durchkämpfung einer richtigen Linie ihm gegenüber« mit Vorsicht agieren müsse.[40] Der Streit eskaliert. Mao jedoch wird die Kunst beherrschen, am Ende als Sieger dazustehen. 1935 wird er auf dem VII. Weltkongress der Komintern in Moskau als einziger unter allen Führern der Gongchandang namentlich genannt werden. Wang Ming, obwohl er doch zu den Moskauern gehört, wird ihn als »Führer der Partei und talentierten Staatsmann« würdigen.[41] Ende 1932 verlegt das Gongchandang-ZK seinen Sitz von Shanghai in das Jiangxi-Sowjetgebiet. Das ist für Mao, obwohl er aus der unmittelbaren Parteispitze zurückgedrängt wurde, eine Bestätigung. Zumal er trotz der an ihm geübten Kritik als Nummer zehn ins neue Politbüro gewählt wird. Generalsekretär und Nummer eins der Partei wird Bo Gu, Nummer zwei mit Luo Fu ein weiterer Moskauer. Mit Zhou Enlai, Chen Yun und Zhang Guotao sind drei von der alten Garde dabei. Der Moskauer Wang Ming ist die Numer zwölf.[42]

Moskau oder Mao

» ... wurde ich in die Jauchegrube geworfen«

Am 10. Januar 1933 unterzeichnet Mao Zedong als Vorsitzender der Provisorischen Sowjetregierung Chinas gemeinsam mit seinen Stellvertretern Zhang Guotao und Xiang Ying sowie Zhu De, dem Vorsitzenden des Revolutionären Kriegsrates der Roten Arbeiter- und Bauernmassen, einen *Aufruf an das chinesische Volk* zum Kampf gegen die japanische Aggression. Er enthält die an die Adresse der Guomindang gerichtete Erklärung, dass man bereit sei, »ein Kampfbündnis mit einer beliebigen Armee oder einem beliebigen Truppenteil gegen die japanische Invasion einzugehen«. Drei Bedingungen werden dafür genannt: »unverzügliche Einstellung der Offensive gegen die Sowjetgebiete«; »unverzügliche Gewährung demokratischer Volksrechte (Koalitionsrecht, Rede- und Pressefreiheit, Versammlungsrecht usw.)«; »unverzügliche Bewaffnung des Volkes und Schaffung bewaffneter Freiwilligentruppen zum Kampf um die Verteidigung der Unabhängigkeit und Einheit Chinas«. Es ist ein Aufruf »für den national-revolutionären Krieg des bewaffneten Volkes gegen die japanischen und die anderen Imperialisten«.[1]

Der Aufruf kommt spät. Der Beginn der japanischen Aggression liegt bereits fast anderthalb Jahre zurück. Am 18. September 1931 hat Japan unbehelligt von den anderen imperialistischen Mächten Nordostchina – die Mandschurei – überfallen und im März 1932 den Marionettenstaat Manzhouguo (Mandschukuo) errichtet. Von Januar bis März 1932 haben japanische Truppen zudem die Stadt Shanghai mit Krieg überzogen.

Aber dieser späte Zeitpunkt des Aufrufs ändert nichts an seiner Bedeutung. Die Gongchandang übernimmt mit ihm gegenüber der Guomindang – und Mao Zedong gegenüber Tschiang Kaischek – die historische Initiative. 1937 wird es zur antijapanischen Einheitsfront kommen. Bis dahin wird es noch Kämpfe zwischen den beiden Parteien geben, die alles bis dahin Gewesene weit in den Schatten stellen – aber Mao wird sich mit vollem Recht immer wieder auf diesen 10. Januar 1933 berufen können: in der Gestaltung der Einheitsfront selbst, aber auch und gerade im Bürgerkrieg, der 1946, ein Jahr nach dem Sieg über Japan, ausbrechen und 1949 mit dem Sieg der Volksrevolution enden wird. Tschaing Kaischek geht auf das Angebot nicht ein. Er betreibt gegenüber Japan eine Hinhaltetaktik und bereitet den vierten Straffeldzug gegen die Gongchandang vor – fest davon überzeugt, »dass der Kommunismus die ultimativ tödlichere Gefahr für die Seele Chinas darstellte als Japan«.[2]

Auf sieben – was für ein Erfolg der Strategie Mao Zedongs! – ist die Zahl der Sowjetgebiete 1932 gewachsen. In den Planungsabteilungen von Tschiang Kaischek schätzt man ihr Gesamtterritorium auf 100.000 Quadratkilometer, die Bevölkerung auf neun Millionen.[3] Und der vierte Straffeldzug endet im Februar 1933 wie die ersten drei mit einer Niederlage. Mit mehr als 150.000 Mann kreisen die Guomindang-Truppen das von Mao geführte Zentrale Sowjetgebiet ein, aber, schreibt Furuya, die Gongchandang-Truppen, die nur 65.000 Mann zählen, »profitierten von der besseren Ortskenntnis, und sie waren beweglicher und manövrierten ihr Kriegsmaterial geschickter«.[4] Mao Zedong nennt diesen vierten Feldzug den für Nanjing »vielleicht verheerendsten«.[5] Im März 1933 beginnt eine neue Etappe der japanischen Aggression. Die japanischen Truppen dringen von der Mandschurei aus in Richtung Beijing vor. Die Nanjinger Regierung aber mobilisiert nicht gegen den Aggressor, sondern schließt mit Japan ein Waffenstillstandsabkommen. Tschiang Kaischek konzentriert alle Kraft auf den »inneren Feind«, bereitet mit nunmehr 800.000 Mann den fünften und größten Straffeldzug vor. Um die 50 deutsche Militärberater, die er nach dem Bruch mit der Sowjetunion 1927 an seine Seite geholt hat, stehen ihm unter Leitung des Generals Georg Wetzell zur Seite, helfen ihm – wie der deutsche Botschaftsrat Martin Fischer Ende 1932 nach Berlin berichtet – die Soldaten »an straffe Zucht und anstrengenden Dienst zu gewöhnen«, was schwer sei, da »der ruhige Gang der Ausbildung in den letzten Jahren beständig durch Verwendung der noch unfertigen Truppen in inneren Wirren gegen die roten Banden unterbrochen« worden sei«.[6]

Vor dem Hintergrund eines solchen zeitgenössischen Urteils wird verständlich, was Mao meint, wenn er 1936 den Unterschied zwischen Roter Armee und Guomindang-Armee so beschreibt, dass die Rote Armee trotz ihrer zahlenmäßigen Schwäche über eine große Kampfkraft verfüge, weil ihre Angehörigen, geführt von der Gongchandang, »aus der Agrarrevolution hervorgegangen« seien und »für ihre eigenen Interessen« kämpften, während die Guomindang »in krassem Gegensatz« die »Massen der Soldaten und viele aus den Reihen der Kleinproduzenten stammenden Offiziere der unteren Dienstgrade nicht dazu bringen« könne, »freiwillig ihr Leben für die Guomindang in die Schanze zu schlagen.«[7]

Aber jetzt, im fünften Feldzug, erreicht Tschiang Kaischek doch sein Ziel. Im Zeitraum von Oktober 1933 bis Oktober 1934 – es ist mit Maos Worten »ein Jahr dauernder Kämpfe und ungeheurer Verluste auf beiden Seiten«[8] – erleidet die Rote Armee so schwere Niederlagen, werden die Sowjetgebiete so weit geschwächt, dass die Gongchandang im Oktober 1934 beschließt, diese Gebiete aufzugeben, sich dem Zugriff der Guomindang-Armeen zu entziehen und zu versuchen, sich in einem anderen Teil Chinas eine neue Basis zu schaffen. Es beginnt, was als Chang Zheng, als Langer Marsch, in die Geschichte eingehen wird, als Gründungslegende der Volksrepublik China und als Mythos der unangefochtenen Führungsposition Mao Zedongs.

In den Jahren 1933/34, zur Zeit des fünften Feldzuges, ist für Mao an eine solche Führungsposition überhaupt nicht zu denken. Seine Rivalen Bo Gu und Luo Fu haben ihn in Ruijin in die zweite Reihe gedrängt. Er wird mit Arbeiten zur Wirtschaftsentwicklung im Zentralen Sowjetgebiet beauftragt. Später, als er seine *Ausgewählten Werke* herausgeben lässt, macht er mit der Auswahl einer Rede vom August 1933 klar, dass er auch für diese Zeit beansprucht, Strategisches zur Entwicklung der Partei geleistet zu haben. Er widmet sich ausführlich der auch später für ihn immer wieder zentralen Frage der Mobilisierung der Massen. Man müsse den Zusammenhang zwischen dem revolutionären

Krieg und dem wirtschaftlichen Aufbau erschöpfend erläutern. Und noch eine andere Konstante seines Politikverständnisses scheint auf: »Die Methoden der Mobilisierung der Massen dürfen nicht bürokratisch sein. ... Man muss den Bürokratismus, diesen Greuel, den kein Genosse leiden kann, auf den Müllhaufen werfen.«[9]

Sein Einsatz ist wichtige Arbeit für das Sowjetgebiet, aber die Entscheidungen im Allerwichtigsten – im revolutionären Krieg – fällen Bo Gu und Luo Fu, die Moskauer. In einem 2005 in der VR China erschienen Buch des Historikers Yang Kuisong über Maos *Hassliebe zu Moskau* findet sich das folgende Mao-Zitat: »Nachdem die Männer, die in ausländischen Villen gelebt hatten, angekommen waren, wurde ich in die Jauchegrube geworfen. ... Wirklich, es sah ganz so aus, als müsste ich mich langsam auf meine Beerdigung vorbereiten.«[10]

Die »Männer, die in ausländischen Villen gelebt hatten«, erhalten zudem von der Komintern wichtige Verstärkung: Im September 1933 trifft, nachdem er seit Herbst 1932 bereits im Komintern-Büro in Shanghai tätig gewesen war, der deutsche Kommunist und Militärspezialist Otto Braun im Sowjetgebiet ein.

Otto Braun. Die Chinesen nennen ihn Li De, was man mit Li der Deutsche, aber auch mit Li der Tugendhafte übersetzen kann. Mao wird Braun nie als tugendhaft empfinden. Er sieht in ihm einen Feind, wird ihn 1935 zum Sündenbock machen, und bei dieser Feindseligkeit wird es bleiben. Und in der Tat wird mit Brauns Entsendung nach China auf ganz besondere Weise deutlich, wie problematisch das Vorhaben der Komintern ist, durch ausländische Berater in der chinesischen Revolution nicht einfach nur unterstützend tätig zu sein, sondern den Gang dieser Revolution selbst steuern zu wollen.

Braun, geboren im Jahre 1900, ist, als er nach Ruijin kommt, 33 Jahre alt und spricht kein Wort Chinesisch. Er ist wie Bo Gu und Luo Fu in Moskau geschult, mit diesen beiden kann er sich fließend auf Russisch verständigen, hat den gleichen Begriff davon, wie »marxistisch-leninistische Kader« und »wirkliche Internationalisten« in »unbedingter Loyalität zur Komintern« zu denken und zu handeln haben. Aber mit Mao geht kein einziges Wort. Alles funktioniert nur über Dolmetscher. Und die Denkweisen und Ansichten haben nicht das Geringste miteinander zu tun. Die Kluft könnte tiefer nicht sein. Kaum vorstellbar, wie der 40-jährige, kampferfahrene, populäre, sich mit seinem Volk und dessen Geschichte aufs Engste verbunden fühlende Mao von dem sieben Jahre jüngeren Deutschen, der in China seine allerersten Schritte geht, aber das ganze Gewicht der Komintern als Rückendeckung hat, in gedolmetschter Rede Belehrungen über die militärische Strategie im Kampf gegen Tschiang Kaischek empfangen soll.

Im März 1933 – da ist er noch in Shanghai, hat vom Sowjetgebiet noch keinerlei persönlichen Eindruck – beklagt sich Braun bei der Komintern in Moskau, dass »bei den roten Truppen ... die Ideologie und die Kampfformen des Partisanenkrieges ... noch lange nicht ausgemerzt seien«.[11] Das ist der offene Affront mit Mao, ist die Kritik an dessen Strategie, mit der die Gongchandang gerade erst erfolgreich den vierten Straffeldzug zurückgeschlagen hat.

Braun wird von 1932 bis 1939 in Maos Nähe sein – auf dem Langen Marsch, den er als einziger Ausländer in der 1. Frontarmee in voller Länge mitmacht, ebenso wie in Yan'an, der Hauptstadt des am Ende des Marsches gegründeten, von der Gongchandang beherrschten Sondergebietes. Er erhält Einblicke in das Leben Maos und der Gongchandang-Führung wie kaum ein Zweiter von außerhalb. Aber es ist tragisch: Die Erlaubnis, darüber zu schreiben, bekommt er, der 1939 in die Sowjetunion zurückkehrt und nach dem Zweiten Weltkrieg in der DDR lebt, von der KPdSU und der SED erst Anfang der 1970er Jahre, und da hat er erneut einen klaren politischen Auftrag. Mit seinem Buch *Chinesische Aufzeichnungen* soll er Mao Zedong entlarven, seine Erinnerungen sollen Mittel sein im Kampf »gegen die antisozialistische Theorie und Praxis der Maoisten«.[12] So ist die Verächtlichmachung der Strategien und Aktionen Maos der rote Faden, der die Aufzeichnungen durchzieht. Dennoch ist das Buch eine einzigartige Dokumentation des Langen Marsches, ein Zeugnis zehntausendfachen persönlichen Mutes und Kampfgeistes und auch des außergewöhnlichen Lebensweges des Li De, des Otto Braun.

Braun stirbt 1974. Zweimal – in den 1930er und 1970er Jahren – ist er von seinen Genossen gegen Mao instrumentalisiert worden. Dass er davon 1936 bereits eine Ahnung hat, geht aus einer nachdenklichen Bemerkung hervor, mit der Snow ihn nach einem Gespräch zitiert. Man müsse einräumen, habe Braun gesagt, dass »schließlich die Chinesen ihre eigene Revolution besser verstehen, als irgendein Ausländer das jemals könnte«.[13] Und im September 1939 geht Braun in Moskau noch einen Schritt weiter: In einem Bericht an die Komintern kommt er, nachdem er seine »Unerfahrenheit« und »fehlende Vorbereitung« auf den China-Einsatz beklagt hat, zu dem Schluss: »Ich hätte lernen und nicht führen müssen.«[14] Die *Chinesischen Aufzeichnungen*, die in der internationalen Literatur über Mao Zedong eine Art Kronzeugenstatus gewonnen haben, wären zweifellos anders beschaffen, wären sie unter diesem Blickwinkel geschrieben worden. Aber auch unter feindseligem Gesichtswinkel kommt Braun zu einem die Person Maos würdigenden Urteil: »Die profilierteste Figur«, schreibt er, als er die führenden Gongchandang-Männer im Sowjetgebiet des Jahres 1933 charakterisiert, »war unstreitig Mao Zedong. Ein schlanker, fast schmächtiger Vierziger, machte er auf mich zuerst eher den Eindruck eines Denkers und Dichters als eines Politikers und Soldaten.« Mit seiner von Aphorismen und Anspielungen durchflochtenen Redeweise, revolutionärem Pathos und der Fähigkeit, einprägsame Losungen zu entwickeln, habe er die Bauern und Soldaten in seinen Bann gezogen.[15]

1934 nimmt der Machtkampf zwischen den Moskauern auf der einen und Mao Zedong auf der anderen Seite scharfe Formen an. Folgt man Braun, ist dieser Kampf ungleich, weil Mao, »geübt in politischen Intrigen«, im Stillen Minen gelegt habe, um die Führung der Gesamtpartei an sich zu reißen.[16]

Mao, obgleich zurückgedrängt, in der Vorhand? Sein späterer Triumph verleitet zu einer solchen Deutung, aber Sun Shuyun vermittelt ein anderes Bild. Gestützt auf die Erinnerungen des Generals Gong Chu – eines Mannes, der Ende 1934 nach dem Beginn des Chang Zheng der Gongchandang den Rücken kehrt, weil er die Säuberungen und den Terror gegenüber der Bevölke-

rung nicht mehr ertragen kann – sowie auf Gespräche mit Zeit-
zeugen schildert sie Mao als einen fast gebrochenen Mann. Im
April 1934 ist er von Ruijin in das etwa 60 Kilometer entfernte
Yudu umgezogen. Ihn plagen schwere Malaria-Attacken. Der
Umzug ist eine Abschiebung. Die sollte ursprünglich sogar – als
Genesungsurlaub bemäntelt – bis nach Moskau gehen, aber die
Komintern erteilt am 3. April 1934 abschlägigen Bescheid, hält,
weil sie auf Maos Einfluss im Sowjetgebiet nicht verzichten will,
eine solche Reise für »unzweckmäßig«.[17] Gong Chu besucht Mao
in Yudu und hat »das Gefühl, dass er wirklich isoliert und elend
war.« Seine Zurücksetzung habe ihn schwer getroffen. »Im Gefla-
cker einer winzigen Öllampe war er ein ziemliches Bild des Jam-
mers.«[18] »Wenn du mal so weit unten bist«, zitiert Sun Shuyun
einen Mann, der Mao in Yudu von April bis Oktober 1934 erlebt
hat, »dann kommen nicht mal die Hunde zu dir.«[19]
Und so wird Mao erst im August 1934 von der Entscheidung zur
Aufgabe des Zentralen Sowjetgebietes, die Zhou Enlai, Bo Gu
und Otto Braun bereits im Mai getroffen haben, unterrichtet.[20]
Im September 1939, in Moskau, räumt Braun diese Isolierung
Maos, von der in den Aufzeichnungen später überhaupt keine
Rede ist, umstandslos ein.[21]
Am 18. Oktober 1934, schreibt Sun Shuyun unter Rückgriff auf
weitere in der Volksrepublik China publizierte Erinnerungen
von Teilnehmern des Chang Zheng, verlässt Mao sein Haus in
Yudu. »Er ging neben einer Trage her, die er sich selbst gebaut
hatte – zwei lange Bambusstangen waren im Zickzack mit Hanf-
seilen verbunden, darüber gebogene kleinere Bambusstäbe, über
die ein Stück Segeltuch gespannt war, das ihn gegen Sonne und
Regen schätzen sollte. Er würde diese Trage benötigen, denn er
hatte sich immer noch nicht ganz von der Malaria erholt, obwohl
ihn der beste Arzt aus Ruijin so weit wiederhergestellt hatte, dass
er reisefähig war. Mit seinen Leibwächtern, Sekretären und seinem Koch sowie mit den Sänftenträgern schloss sich Mao der
Zentralkolonne an.« Auch He Zichen, seine Ehefrau, ist dabei.
Sie ist schwanger, wird der Rekonvaleszenten-Abteilung zuge-
ordnet und auf einer Sänfte getragen.[22] Ihren zweijährigen Sohn

müssen sie, weil Kinder am Marsch nicht teilnehmen können, bei der Familie von Mao Zedongs Bruder Mao Zetan zurücklassen. Mao Zetan verbleibt im – nun ehemaligen – Sowjetgebiet, führt die Partisanenbewegung im Grenzstreifen der Provinzen Fujian und Jiangxi und fällt dort 1938 im Kampf.

Der Chang Zheng, der Lange Marsch, wird zum Epos. Immer wieder stellt sich die Frage: Warum haben so viele Menschen so etwas auf sich genommen?

Um die 80.000 sind es, die Mitte Oktober mit der Zentralen Armeegruppe von Yudu aus aufbrechen: um die 60.000 Mann kämpfende Truppe mit 42.000 Gewehren und 1000 leichten und schweren Maschinengewehren, dazu zwei militärisch gesicherte Kolonnen mit um die 20.000 Männern und Frauen, darunter in der ersten die Mitglieder des Gongchandang-ZK und der Regierung. In der Nacht zum 27. Oktober »schlüpfen« sie – schreibt Furuya, der Tschiang-Kaischek-Biograf – »so rasch und unter völliger Geheimhaltung« durch die Umzingelung der Guomindang-Truppen, dass denen erst einige Tage später aufgeht, was eigentlich geschehen ist.[23] Es ist dies keine geschlagene, sondern – so Braun – eine »völlig intakte Armee«.[24] Als sie ein Jahr später, im Oktober 1935, im Norden der Provinz Shaanxi eintrifft, umfasst sie nur noch »7000 bis 8000 Menschen, davon 5000 bis 6000 Kämpfer der regulären Verbände«.[25]

Das ist aber nur die Bilanz der 1. Frontarmee, der Zentralen Armeegruppe, an deren Marsch Mao Zedong teilnimmt. Der Chang Zheng umfasst noch weitere Märsche: den der 4. Frontarmee unter Xu Xiangqian und Zhang Guotau aus dem Sowjetgebiet Anhui-Henan-Hubei und den der 2. Frontarmee unter He Long und Xiao Ke aus dem Sowjetgebiet im Norden Hunans. Beide Sowjetgebiete hatten schon 1933 aufgegeben werden müssen. Nimmt man alles in allem, so waren um die 230.000 Menschen am Chang Zheng beteiligt. Von 20.000 Überlebenden spricht Snow, von 40.000 Sun Shuyun.[26] Das heißt: Es gibt ca. 200.000 Opfer, gestorben in Schlachten, getötet, wenn sie in Regionen, in denen die eingeborenen Völkerstämme die Han-Chinesen hassten, an Vieh für die tägliche Ernährung herankommen wollten, vor allem aber verhungert, erfroren, in Sümpfen versunken, in Gebirgen abgestürzt, an Krankheiten zugrunde gegangen.

Sun Shuyun, die chinesische Journalistin, hat etwas ganz Besonderes unternommen. Sie ist, geprägt vom Mythos des Chang Zheng seit ihrer Kinderzeit, im Jahre 2004 Tausende Kilometer auf der Route des Marsches gereist, meist mit Bus oder Bahn, aber auch zu Fuß, bis in die entlegensten Ecken und in Höhen bis zu 6000 Meter, hat Veteraninnen und Veteranen aufgespürt – 40 insgesamt, und alle, natürlich, schon in den hohen Achtzigern – und deren Erzählungen aufgeschrieben. »Noch immer«, schreibt sie, »verströmen diese Menschen den Idealismus und Optimismus, der sie einst angetrieben hat«, doch »sie haben sich auch ihre Zweifel, Unsicherheiten und Ängste bewahrt. Mit Hilfe ihrer Erzählungen können wir zum Herzen des Langen Marsches vordringen: zu Tapferkeit und Opfern, Rückschlägen und Leid, aber auch zu den Wunden, die sich die Teilnehmer selbst zugefügt haben. Warum so viele die kommunistische Sache unterstützten, wurde ebenso deutlich wie die Gründe, warum viele es nicht taten.«[27]

Idealismus und Optimismus. Die Hoffnung, die die Bauernrevolution getragen und die Sowjetgebiete hat entstehen lassen.

Mao erlebt neben allem auch dramatischste persönliche Situationen. Seine Ehefrau He Zichen bringt Anfang 1935 – der Marsch hat die Provinz Guizhou erreicht – ein Mädchen zur Welt. Sun Shuyun gibt die Erinnerung der Veteranin Wang wieder: He Zichen, schon von ihren ersten beiden Kindern getrennt, habe auch dieses Baby zurücklassen müssen. »Als man sie bat, dem Kind wenigstens einen Namen zu geben, schüttelte sie den Kopf, weil sie bezweifelte, es jemals wiederzusehen. In eine Jacke gewickelt wurde das Baby einer alten Frau übergeben, die allein in einer Berghütte lebte.«[28]

Als der Chang Zheng beginnt, kann seine Dauer und sein Ausmaß niemand erahnen. Geplant war – schreibt Braun – ein »großangelegtes operatives Manöver« zum Ausbruch aus der Umzingelung. Unter dem Druck der Guomindang-Truppen wird dieses Manöver zu einem »strategischen Rückzug«, der in seiner letzten Phase »in einen Vormarsch« umschlägt.[29] Und es geschieht etwas, das für das Verhältnis der Gongchandang zur Komintern von großer Bedeutung ist: Da gleich am Anfang in einer Schlacht die Funkausrüstung zerstört wird, gibt es fast ein Jahr lang keinen Funkverkehr mit Moskau mehr.[30]

Der Chang Zheng wird am Ende zum Ausgangspunkt für den Sieg der Gongchandang im Bürgerkrieg von 1946 bis 1949. Mao sieht ihn schon im Dezember 1935 als »ein Manifest, das der ganzen Welt verkündet hat, dass die Rote Armee aus Helden besteht, während die Imperialisten und ihre Lakaien – nämlich Tschiang Kaischek und seinesgleichen – zu nichts taugen«; sieht ihn als einen »Propagandatrupp, der die rund 200 Millionen zählende Bevölkerung in den elf Provinzen darüber aufgeklärt hat, dass nur der Weg der Roten Armee der Weg zu ihrer Befreiung ist«; sieht ihn schließlich als eine »Sämaschine, die über die elf Provinzen unzählige Samen ausgestreut hat, die aufgehen, grünen, blühen, Frucht ansetzen und in Zukunft die Ernte bringen werden.«[31]

Sun Shuyun beschreibt, wie Mao alles daran setzt, diese seine Betrachtung des Chang Zheng auf möglichst vielfältige Weise durch Erinnerungen von Teilnehmerinnen und Teilnehmern am Chang Zheng illustriert zu sehen. Die Schriftstellerin Ding Ling, die den Marsch durchgestanden hat, wird beauftragt, Geschichten, die durch die Politische Abteilung zusammengetragen worden waren, zu redigieren. 1938 erscheinen 100 dieser Geschichten in einem Buch, das fortan zum Grundwissen von Generationen über den Chang Zheng wird. Mao gibt zudem ein Lied in Auftrag, bestehend aus 13 Strophen. Die letzte Strophe fasst den ganzen Marsch zusammen. Als Sun Shuyun eine der Veteraninnen – die Propagandistin Wu – befragt, wie es für sie im Sommer 1935 gewesen sei, beginnt diese nach kurzem Überlegen zu singen: »Der Juli kommt, und wir kommen in den Nordwesten. Der Fluss fließt und die Gerste wächst und wozu leiden wir? Um gegen die Japaner zu kämpfen und China zu retten.« Und weiter: »Der August sah uns weitermarschieren, ohne Furcht vor der Kälte im Schneeland, ohne Angst vor dem unpassierbaren Grasland. Wir waren die unbesiegbare Rote Armee.«[32]

Triumph auf dem Langen Marsch

» ... stellten den Genossen Mao Zedong an die Spitze der Führung«

Am 15. Oktober 1935 – der Lange Marsch geht für die 1. Frontarmee mit Mao Zedong gerade zu Ende – erfährt die Komintern
in Moskau aus dem Munde des Gongchandang-ZK-Mitglieds
Chen Yun von einer erweiterten Sitzung des Politbüros, die ein
Dreivierteljahr zuvor, vom 15. bis 17. Januar 1935, in Zunyi in der
Provinz Guizhou stattgefunden hat. Chen Yun ist im Juni 1935
aus der Provinz Sichuan, wo die Armee auf ihrem Marsch halt
gemacht hatte, aufgebrochen und über Shanghai nach Moskau
gekommen. Und da seit fast einem Jahr keine Funkverbindung
besteht, hat sein Bericht dort absoluten Neuigkeitswert.

Chen Yun hat eine wichtige Mitteilung zu machen. Die Parteiführung und die militärische Führung hätten, sagt er, die Fehler
korrigiert, die im Kampf gegen den fünften Straffeldzug Tschiang
Kaischeks und auf dem ersten Abschnitt des Chang Zheng gemacht worden seien. Das Ergebnis fasst er in dem Satz zusammen: »Wir lösten die ›Schreibtischstrategen‹ ab und stellten
den Genossen Mao Zedong an die Spitze der Führung.«[1] Die
»Schreibtischstrategen«, das sind die Moskauer Bo Gu und Otto
Braun.

Später, in der Zeit der sowjetisch-chinesischen Konfrontation,
wird man Mao in Moskau wegen dieser Zunyi-Konferenz ver-
teufeln. Jetzt aber sieht die Komintern-Führung keinen Grund,
von ihrer hohen Wertschätzung für ihn etwas zurückzunehmen.
Im Januar 1936 würdigt sie ihn in ihrer Zeitschrift *Kommunistische Internationale* mit einem Artikel unter der Überschrift *Mao
Zedong – der Führer des werktätigen chinesischen Volkes.*[2]

Vom Sieg Maos in den innerparteilichen Auseinandersetzungen
berichtet in Moskau auch Pan Hannian, Leiter der Politabteilung
des Gongchandang-ZK. Im Herbst 1933 hatte sich Mao gegen
den Willen der Komintern und der Moskauer darum bemüht,
mit Cai Tingkai – dem Kommandeur jener 19. Guomindang-

Armee, die ein Jahr zuvor Shanghai gegen die Japaner verteidigt hatte – Verhandlungen über ein Bündnis gegen Tschiang Kaischek aufzunehmen. Mao habe, so Pan, einen tiefen Eindruck hinterlassen. »Wir dachten«, hätten die Unterhändler von Cai nach einem Gespräch in Ruijin erklärt, »dass Mao halb Banditen-, halb Partisanenführer ist, aber wir hätten nie angenommen, dass er solch ein kluger Politiker ist.«[3] Die Verhandlungen seien, erklärt Pan, damals gescheitert, aber jetzt sei klar, dass Mao Recht gehabt habe.

Zunyi ist Maos Triumph. Er hat die Argumente auf seiner Seite, und er hat Mehrheiten hinter sich gebracht. Er ist heraus aus der Isolation. Er nutzt dazu alle Mittel des parteiinternen Machtkampfes, aber das allein hätte nicht ausgereicht. Er kann, nachdem die Moskauer gescheitert sind, all seine Stärken, die ihm schon im Jinggangshan 1928 geholfen haben, ausspielen.

In die Zeit, da die Moskauer den Chang Zheng geführt haben, fallen die Niederlage in der Schlacht am Fluss Xiangjiang am 1. Dezember 1934 und das Scheitern des Versuchs, sich mit der von He Long geführten 2. Armee zu vereinigen. In den Wochen danach, schreibt Sun Shuyun, habe Mao »die Stimmung richtig taxiert. Auf dem Marsch ging er ... in der Kolonne ständig vor und zurück, redete mit Soldaten und Offizieren, brachte sein Mitgefühl für deren Schwierigkeiten zum Ausdruck und fragte, wie sie sich fühlten. ... Vielleicht konnte er seine Leute ja wieder aus dem Schlamassel herausführen, wie er es schon in der Vergangenheit vermocht hatte. ... Also folgten sie ihm nach Zunyi und akzeptierten seine Bitte um eine nachträgliche Diskussion darüber, was in Jiangxi schiefgelaufen sei und was zur Korrektur zu unternehmen sei.«[4]

Das Bestreben, sich einmütig hinter jemand zu stellen, der die Führungsautorität besitzt, alle »wieder aus dem Schlamassel herauszuführen«, wird durch die alltägliche bittere Erfahrung der Kämpfe und des Hungers gestützt, aber auch durch Nachrichten darüber, wie die Guomindang-Truppen und die Großgrundbesitzer im ehemaligen Sowjetgebiet Jiangxi Rache an den dort verbliebenen Revolutionären genommen haben. Von barbarischen

Folterungen, Enthauptungen, Vergewaltigungen und an den Flussufern sich stauenden Leichen erfahren die Marschteilnehmer in Zunyi aus Guomindang-Zeitungen.[5]

Mao Zedong wird in Zunyi zum Zhuxi – zum Vorsitzenden, der die politische und militärische Führung gleichzeitig innehat –, aber »aus dem Schlamassel heraus« geht es auch mit ihm an der Spitze noch lange nicht. Die Armee marschiert wochenlang kreuz und quer durch die Provinz Guizhou. Mao plant, im Grenzgebiet zu den Provinzen Sichuan und Yunnan ein Sowjetgebiet zu schaffen, was aber nicht gelingt. Die Guomindang-Truppen zwingen die Rote Armee zu unaufhörlicher Flucht. Nach Zickzack-Märschen wenden sich Mao und seine Genossen im Süden Guizhous nach Westen, wo ein Übergang über den Jinshajiang gefunden werden soll, den längsten und mächtigsten der Quellflüsse des Yangzijiang. Neue Führungskrisen flammen auf, aber die Überquerung des Jinshajiang gelingt durch eine Kriegslist, mit der die Guomindang-Truppen in die Irre geführt werden. Damit ist der Weg nach Norden frei und Maos Position um ein Weiteres gefestigt.[6]

Im Sommer 1935 vereinigt sich im Nordwesten der Provinz Sichuan die von Mao geführte 1. Frontarmee mit der unter dem Befehl von Zhang Guotao stehenden 4. Frontarmee, die sich seit Ende 1932 aus dem Sowjetgebiet in der Grenzregion Hubei-Henan-Anhui kommend nach West-Sichuan durchgeschlagen hat. Das ist ein Ereignis, das die Kommunisten überall in der Welt ermutigt. Die vielen tausend politischen Emigranten, die seit 1933 von den Nazis aus dem faschistischen Deutschland vertrieben worden sind, erfahren zum Beispiel in der Exil-Zeitschrift *Die neue Weltbühne* im Mai 1935 aus der Feder des aus Shanghai berichtenden Autors Asiaticus – das ist der deutsche Kommunist Heinz Grzyb – von der »gigantischen« Leistung des Durchbruchs nach Sichuan. Die Kämpfe seien todesmutig geführt worden, in den Annalen der revolutionären Kriege finde sich kein ähnlich tapferer Feldzug. Jetzt eile »diese rote Armee, die von Zhu De kommandiert und von Mao Zedong … geführt wird, der anderen roten Armee entgegen, die vom Nordwesten Sichuans nach dem

Süden strebt«. »In diesem Augenblick«, schließt Asiaticus mit einem Optimismus, der staunen macht, »werden die Fundamente für den großen, epochemachenden Neubau Chinas gelegt«.[7]

Die gerade vereinigte Armee aber spaltet sich kurz darauf wieder. Mao will in die Provinz Shaanxi gelangen, wo unter Liu Zhidan und Gao Gang ein »kleines, aber stabiles Sowjetgebiet«[8] errichtet worden ist, aber Zhang Guotao, in Machtstellung und Einfluss Mao ebenbürtig, dreht mit der 4. Armee wieder nach Süden um, glaubt nicht an einen Erfolg in Shaanxi.

Mao trifft die am Ende bessere Entscheidung. Zunächst ist der Erfolg seines Marsches nach Shaanxi durch unwegsames, schon winterliches Hochgebirge mit tiefen Schluchten und reißenden Flüssen freilich ungewiss. Dass die 4. Armee ihm den Rücken freihält, indem sie die von Süden heranrückenden Guomindang-Truppen abblockt,[9] ist nicht vorhersehbar. Mitte Oktober 1935 erreicht er sein Ziel. Die von ihm geführten Truppen marschieren in der kleinen Stadt Wayabao im Norden von Shaanxi ein. Das Sowjetgebiet ist fast 40.000 Quadratkilometer groß.

Aber der Plan, dort eine Basis zur Fortführung der Revolution zu errichten, stößt auf größte Schwierigkeiten. Liu Zhidan beherrscht mit seinen Truppen zwar die ländlichen Gebiete, nicht aber – mit Ausnahme von Wayabao – die Städte. Auch die einzige Autostraße von Xi'an nach Yan'an befindet sich in der Hand der Gegner. Das Land ist, weil die Ernten karg sind, nur dünn besiedelt. Auf eine halbe Million schätzt Otto Braun in seinen Aufzeichnungen die ländliche Bevölkerung. »Von einigen wenigen fruchtbaren Flusstälern abgesehen, war alles karges Lößland, weit und breit ohne Wald, überall von tiefen Schluchten durchschnitten, abwechselnd von Dürre und – in den Niederungen – von Überschwemmungen heimgesucht. Der steinharte Lößboden trug, soweit er überhaupt bebaut wurde, nur spärliche Frucht. Drei Schalen Hirse oder Gaoliang mit etwas gesäuertem Kohl war die übliche Tagesverpflegung, für die Bauern ebenso wie für die Truppen. ... Nur die Städter und Grundbesitzer lebten in Häusern, die Bauern mitsamt dem wenigen Vieh durchweg in Höhlen, die wie Stollen in die Lößhänge vorgetrieben waren.«[10]

So beginnt erneut ein Kampf ums Überleben. Wie früher in Jiangxi, meint Braun, greift Mao »zu radikalen Formen des ›Kriegskommunismus‹«, was im Einzelnen heißt: »Zwangsablieferungen (eine Art Naturalsteuer)« und »Requisitionen bei Groß- und Mittelbauern sowie bei Spekulanten und Konterrevolutionären, wobei diese Begriffe sehr weitherzig ausgelegt wurden«.[11]

Es herrscht unverändert Krieg. 286 Regimenter sind gegen das Sowjetgebiet aufgeboten.[12] Die Gongchandang hat 20.000 Soldaten, die Guomindang 200.000 – »also wieder«, wie Braun schreibt, »eine zehnfache Übermacht«.[13]

Aber so kompliziert die Bedingungen auch sind: Mao erweist sich als ihnen gewachsen. Er handelt, um im Krieg siegreich zu sein, handelt gegen eine Übermacht, die bereit ist, ihn zu vernichten, und löst dabei zwei grundlegende Aufgaben gleichzeitig: Er gliedert das Sowjetgebiet politisch neu und reorganisiert die Gongchandang, und er ist der politische Hauptkommissar der Truppen des Sowjetgebietes, die unter dem Befehl von Peng Dehuai, Lin Biao und Liu Zhidan durch Angriffe auf die in der Nähe stationierten, zersplittert handelnden gegnerischen Truppen das Sowjetgebiet erweitern.

Auf der Suche nach einer Erklärung für diese Leistungen, mit denen Mao die Grundlagen seiner Macht weiter festigt, greift der US-amerikanische Publizist Robert S. Elegant 1951 zum Vergleich mit dem Leben eines Banditenhauptmanns, wie es »in jedem alten chinesischen Roman stehen könnte«. Mao hätte, meint Elegant, auch »ein aufständischer Kleinbürger vor tausend Jahren sein können, der gewillt war, den Auftrag des Himmels seinem unwürdigen Besitzer zu entreißen«. Auch im alten China schon habe es die Idee des »gleichmacherischen Sozialismus« gegeben, und auch »die Umwerbung der Bauern durch Revolutionäre« habe eine lange Tradition. Wie die Ahnen auf die alte Sippentreue, habe sich Mao jetzt auf die eisern geschmiedete Partei stützen können.[14]

Im Unterschied zu den Ahnen rückt der Räuberhauptmann nun sogar noch in die Weltpolitik auf. Es herrscht nicht nur Krieg in China, sondern es droht Krieg in der Welt, und was in Shaanxi passiert, interessiert darum in Moskau und Tokio und – wenn auch mit Verzögerung – in Washington. Mao Zhuxi, der Vorsitzende Mao, ist Moskaus wichtigster Partner in der Gongchandang bei der Verwirklichung des von der Komintern auf ihrem VII. Weltkongress im August 1935 beschlossenen Kurses der Einheitsfront gegen die von Deutschland und Japan ausgehende Kriegsgefahr.

Diesen Kurs zu verwirklichen, heißt für die kommunistischen Parteien überall auf der Welt, die Einheitsfront mit Sozialdemokraten und anderen antifaschistischen Kräften zu suchen. Und es heißt für die Gongchandang: Herbeiführung eines Bündnisses mit Tschiang Kaischek gegen Japan. Im Januar 1933 hatte sich Mao gemeinsam mit Zhang Guotao, Xiang Ying und Zhu De dazu bekannt. 1934 ist er mit dem Versuch, mit Cai Tingkai die Guomindang gegen Tschiang Kaischek zu spalten, gescheitert. Nun, 1936, ist in der chinesischen Gesellschaft ein wachsender Druck in Richtung auf ein Bündnis zu spüren.

Aber Mao denkt nicht daran, sich den Moskauer Vorstellungen zu unterwerfen. Seine Lage ist eine ganz andere als die der KP-Führer in Westeuropa. Er ist nicht Opposition im politischen System eines entwickelten kapitalistischen Staates, sondern herrscht mit einer eigenen Armee auf einem Teil des Territoriums eines Landes, das vielfach zerrissen und halbkolonialer Ausbeutung unterworfen ist. Er will die Einheitsfront unter seinen Bedingungen. Damit begibt er sich in direkten Widerspruch zu Stalin. Dieser will die Einheitsfront noch immer so, wie er sie 1924 gefordert hat: als Unterordnung der Gongchandang unter die Guomindang. Tschiang Kaischek ist der Staatschef der Republik China, mit ihm will Stalin die Sicherheit der sowjetischen Ostgrenzen gewährleisten. Die Gongchandang soll dabei nicht stören. Mao hingegen will etwas ganz anderes: Er will die chinesische Revolution.

Weil ihm das in der sowjetischen Polemik der 1960er und 1970er Jahre immer wieder zum Vorwurf gemacht wird, ist ein genauerer Blick auf den Stalin-Kurs unerlässlich. Stalin instrumentalisiert die Forderung nach der Einheitsfront für seine eigenen Interessen, kann das aber mit dem allgemeinen sowjetischen Sicherheitsinteresse bemänteln. Dabei macht er sich zunutze, dass es in der kommunistischen Bewegung die weit verbreitete Überzeugung gibt, dass der Schutz der Sowjetunion als des sozialistischen »Vaterlandes aller Werktätigen« die wichtigste aller Aufgaben ist. Diese Überzeugung ist fundamental. Sie speist sich aus dem Hass auf die kapitalistische Ordnung, der im Ersten Weltkrieg, in der Niederschlagung der Nachkriegsrevolutionen und in der Weltwirtschaftskrise 1928–1932 immer weiter gewachsen ist, speist sich aus der Sehnsucht nach einer Alternative, und sie ist für die große Mehrheit der Kommunisten durch keine innersowjetische Entwicklung zu erschüttern: weder durch die von 1927 bis 1932 andauernde, in Vertreibung, Hungersnot und Tod endende »Liquidation des Kulakentums« noch durch die innerparteilichen Säuberungen. Es ist diese Überzeugung, auf die sich Stalin verlassen konnte, als ihm – in eben diesen Jahren von 1927 bis 1932 – an der Einheitsfront überhaupt nichts gelegen war, und sie steht ihm auch jetzt, 1935, da er auf Einheitsfrontkurs umschwenkt, zur Verfügung. Und dies, obwohl dieser Schwenk nur ein außenpolitischer ist. Seine Innenpolitik bleibt das Gegenteil aller Einheitsfront. 1937 setzt er eine noch umfassendere Terrorwelle in Gang, die Hunderttausende das Leben kostet und die KPdSU vieler Mitglieder und Führungskader sowie die sowjetische Rote Armee des überwiegenden Teils ihres Führungskorps beraubt. Als er 1939 in der Außenpolitik zu einem antifaschistischen Bündnis mit den Westmächten gelangen will, scheitert er, und das hat auch mit diesem innenpolitischen Terror zu tun, denn der macht es den ohnehin antikommunistischen Mehrheiten im Westen leicht, das Bündnis auszuschlagen. Der Pakt mit Hitler im August 1939 schließlich führt den Einheitsfrontkurs vollständig ad absurdum.

Dies alles freilich ist es nicht, was Mao stört. Über den Terror in der Sowjetunion äußert er sich nicht. Die Politik gegenüber den Kulaken und die Säuberungen in der Partei entsprechen seinem eigenen Revolutions- und Klassenkampfverständnis. Den Hitler-Stalin-Pakt feiert er am 1. September 1939 in der *Xinhua Ribao*, der Zeitung Neues China, als »Schlag gegen Japan«[15] und am 28. September in einem Artikel mit der Überschrift *Die Interessen der Sowjetunion fallen mit den Interessen der gesamten Menschheit zusammen* ganz in Stalins Duktus als ein Resultat kluger Diplomatie, wodurch eine »Verschwörung« der Westmächte, angezettelt, um die Sowjetunion und Deutschland sich »gegenseitig zermürben« zu lassen, »durchkreuzt« worden sei.[16]

Was Mao stört, ist die Forderung nach Unterordnung. Weil er auf militärische Hilfe der Sowjetunion für die Rote Armee rechnet, thematisiert er das in Shaanxi nicht. Aber 1962, auf einer Plenartagung des Gongchandang-ZK, wird er sich einmal dazu äußern. Die sowjetischen Führer, sagt er da, »erlaubten China einfach nicht, seine Revolution durchzuführen«. Zum Beweis nennt er das Jahr 1945, aber die Dinge könnten auch 1936 spielen. 1945, sagt Mao, habe »Stalin der chinesischen Revolution Hindernisse in den Weg gelegt und verkündet, es dürfe kein Bürgerkrieg angefacht werden, wir sollten mit Tschiang Kaischek zusammenarbeiten, anderenfalls würde die chinesische Nation sich selbst auslöschen«. Aber, so fährt er selbstbewusst fort: »Damals haben wir uns nicht daran gehalten, und die Revolution hat gesiegt.«[17]

Stalin erfüllt Maos Erwartungen nach militärischer Hilfe nicht, und er macht seine internationale Politik mit Tschiang Kaischek. Im August 1937 – das ist eineinhalb Monate nach dem Beginn der umfassenden japanischen Aggression gegen China – schließt er einen Nichtangriffspakt mit Tschiang, und als er im November 1940 in der Logik des Paktes mit Hitler seinen Außenminister W. M. Molotow zu strategischen Gesprächen nach Berlin entsendet, gibt er ihm die Weisung mit auf den Weg, dass im chinesisch-japanischen Krieg ein »ehrenhafter Frieden für China (Tschiang Kaischek)« erreicht werden müsse. Manzhouguo, die seit 1931 von Japan okkupierte Mandschurei, solle in diesem »ehrenhaften Frieden« bei Japan bleiben.[18]

Es ist nicht denkbar, dass in dieser Weisung der Name Tschiang Kaischek durch den Namen Mao Zedong hätte ersetzt werden können. Mao und die Gongchandang haben für einen »ehrenhaften Frieden« dieser Art zu keinem Zeitpunkt zur Verfügung gestanden. Für Mao aber ist eine Unterordnung unter Tschiang Kaischek undenkbar, und es ist ein Kompromiss mit Japan undenkbar. Er will die beiden Kriege gleichzeitig: den Krieg gegen Japan und den Krieg gegen Tschiang Kaischek, gegen die Guomindang. Er denkt und handelt 1936 in Shaanxi nach der gleichen Überzeugung, wie er sie im Januar 1940 in der für sein Politikverständnis zentralen Arbeit *Über die neue Demokratie* darstellen wird: »In China«, sagt er, »ist die Sachlage völlig klar: Wer das Volk zum Sturz des Imperialismus *und* der Feudalkräfte führen kann, der wird sich das Vertrauen des Volkes erwerben«, und wer »das Volk zur Vertreibung der japanischen Imperialisten *und* der Verwirklichung der demokratischen Ordnung führen kann (Hervorhebungen – W. A.), der wird der Retter des Volkes sein.«[19] Ganz im Sinne dieser Strategie der Gleichzeitigkeit handelt Mao 1936 in zwei Richtungen: Er sucht nach Wegen, um an die Grenze zur Sowjetunion zu gelangen, damit direkte militärische Hilfe von dort möglich wird, und er versucht, die neuerlich innerhalb der Guomindang aufflammenden Widersprüche auszunutzen.

Was die erste Richtung betrifft, so tritt ihm Otto Braun im Sinne der Politik Stalins entgegen. Im Januar 1936 fordert Braun in einer Denkschrift an das Gongchandang-ZK, alle Aktivitäten zu vermeiden, »die einen russisch-japanischen Konflikt provozieren könnten«.[20] Mao hält dennoch an seiner Idee fest. Als es im Oktober 1936 in Huining in der Provinz Gansu zum erneuten Zusammenschluss von 1. und 4. Armee kommt und auch noch die 2. Armee hinzuzustoßen vermag, wird aus Verbänden der 4. Armee eine Westarmee formiert, die sich bis nach Hami durchschlagen soll, wo man sowjetische Hilfe für möglich hält. Diese Westarmee, unter Führung von Zhang Guotao, wird Anfang 1937 von den Truppen regionaler Junfa vollständig aufgerieben. Zhang gelingt es, ins Sowjetgebiet zurückzukehren.

Sun Shuyun zitiert in ihrem Buch chinesische Stimmen, wonach Mao durch widersprüchliche Funkbefehle, Kritik an Xu Xiangqian und anderen Kommandeuren sowie durch den Abbruch einer Hilfsaktion direkte Schuld daran trägt, dass die

Mao mit Bauern während des Langen Marsches.

Westarmee vernichtet werden konnte, räumt aber ein, dass die Historiker in der endgültigen Beurteilung dieser Ereignisse immer noch »im Dunkeln tappen«.[21] Fest steht, dass Mao im späteren Umgang mit der Niederlage nach der Methode vorgeht, die er auch schon nach anderen Niederlagen praktiziert hat: Er findet einen Sündenbock, auf den er alle Verantwortung abwälzt. Dieser Sündenbock ist Zhang Guotao. Mao bezichtigt ihn des parteifeindlichen Standpunktes, der Rückzugspolitik und des »Liquidatorentums«[22] und nennt die Auseinandersetzungen mit ihm auf einer ZK-Tagung im Oktober 1938 in einem Atemzug mit den »innerparteilichen Kämpfen von historischer Bedeutung«, wie es sie mit Chen Duxiu, Li Lisan sowie auf der Zunyi-Tagung gegeben habe.[23] Zhang hat sich da der weiteren Auseinandersetzung bereits durch Übertritt zur Guomindang entzogen. Mao gelingt es erneut auszublenden, dass er selbst mit all den von ihm kritisierten Linien einmal aufs Engste verbunden war. Für die zweite Richtung seines Handelns in Shaanxi – die Nutzung von Widersprüchen innerhalb der Guomindang – bieten sich Anknüpfungspunkte insbesondere in den Armeen unter Zhang Xueliang und Yang Hucheng, die von Tschiang Kaischek direkt zum Kampf gegen das Sowjetgebiet befohlen worden sind. Die Unzufriedenheit damit, dass Tschiang Kaischek tatenlos zusieht, wie Japan Stück für Stück weitere chinesische Territorien unter seine Kontrolle bringt – im Mai 1936 entsteht mit Hilfe des projapanischen mongolischen Prinzen Dewan in der Provinz Chahar, gelegen im heutigen Autonomen Gebiet Innere Mongolei, ein Separatregime, und Tokio verlangt von der Regierung in Nanjing, dass in China antijapanische Aktionen rigoros zu unterbinden seien – wird in den genannten Armeen so groß, dass die Kommandeure lieber mit der Gongchandang gemeinsam gegen Japan als mit Tschiang Kaischek gemeinsam gegen die Gongchandang vorgehen wollen. Im Juni 1936 melden Mao und seine Genossen aus Shaanxi nach Moskau, dass Vorbereitungen in politischer, militärischer, wirtschaftlicher und diplomatischer Hinsicht getroffen würden, um »möglichst schnell das Ziel der Bildung einer Nordwest-Regierung der nationalen Verteidigung zu erreichen«.[24] Damit sei man »konsequent an die Durchführung der Komintern-Linie einer breiten Einheitsfront des Kampfes gegen Japan und Tschiang Kaischek herangegangen«.[25] Einheitsfront gegen Japan und gegen Tschiang Kaischek – und nicht, wie Stalin es will, Einheitsfront mit Tschiang Kaischek.

Am 12. Dezember 1936 nimmt Zhang Xueliang Tschiang Kaischek gefangen – in der Stadt Xi'an, wo Tschiang ihn auffordern will, die Kampfhandlungen gegen das Sowjetgebiet wieder aufzunehmen. In Baoan, wo die Spitze der Gongchandang jetzt ihren Sitz hat, setzt – erinnert sich Otto Braun – »ein ungewöhnlich lebhaftes Treiben ein. Das Feldtelefon, das Maos Quartier mit den Spitzen von Partei, Regierung und Armee verband, läutete Sturm. Mao Zedong selbst, der gewöhnlich nachts arbeitete und bis mittags zu schlafen pflegte, zeigte sich schon früh im Freien. Zhou Enlai kam zu ihm, etwas später auch Luo Fu, Bo Gu und einige andere.« Die Nachrichten aus Xi'an rufen »einen wahren Freudentaumel hervor«.[26]

Mao und das Gongchandang-Politbüro im Sowjetgebiet unterstützen den Aufstand, Stalin und die Komintern – und dann auch Braun in seinen Aufzeichnungen – nennen den Vorgang

Mit Ehefrau Jiang Qing 1945 in Yan'an.

Meuterei und lehnen ihn ab.[27] Mao kommt in die Offensive. Zunächst vergrößert er durch ein Abkommen mit Zhang Xueliang
das Sowjetgebiet um mehrere zehntausend Quadratkilometer. Es
umfasst jetzt die Grenzregion der Provinzen Shaanxi, Gansu und
Ningxia und wird Shaan-Gan-Ning. Die Einwohnerzahl wächst
um eine Million,[28] Yan'an wird neue »Hauptstadt«. Vor diesem
Hintergrund entsendet Mao seinen langjährigen Vertrauten Zhou
Enlai nach Xi'an zu Verhandlungen über das weitere Schicksal
Tschiang Kaischeks.

Am 25. Dezember 1936 wird der Xi'an-Zwischenfall mit der
Freilassung Tschiangs beendet. Die Beteiligten interpretieren
das Ende natürlich unterschiedlich. Tschiang habe, schreibt sein
Biograf Furuya, in Xi'an »keine Papiere unterschrieben« und sei
»keine Verpflichtungen eingegangen«.[29] Mao hingegen gibt am

28. Dezember eine öffentliche Erklärung ab, in der es heißt: »In Xi'an nahm Tschiang Kaischek die Forderung der Generale Zhang Xueliang und Yang Hucheng sowie der Bevölkerung des Nordwestens an, der japanischen Aggression Widerstand entgegenzusetzen, und als einen einleitenden Schritt befal er seinen den Bürgerkrieg führenden Truppen, sich aus den Provinzen Shaanxi und Gansu zurückzuziehen. Das ist der Beginn einer Änderung der zehnjährigen falschen Politik Tschiang Kaischeks.« Zugleich erinnert er Tschiang daran, dass bei seiner Freilassung die Gongchandang eine »bedeutende Rolle« gespielt habe.[30]

Maos Erfolg ist unübersehbar. Im Januar 1937 – so liest es sich bei Furuya – »stellte die Regierung ihre Kampagne zur Unterdrückung der Kommunisten ein«.[31] Es kommt zu ernsthaften Verhandlungen über die Herstellung einer antijapanischen Einheitsfront. Die Guomindang fordert die Auflösung der Roten Armee und aller anderen Gongchandang-Streitkräfte, die Auflösung der chinesischen Sowjetregierung, die Einstellung kommunistischer Propaganda und die Einstellung des Klassenkampfes. »Der Form nach«, schreibt Furuya, »klang das wie die Bedingungen für eine kommunistische Kapitulation. Aus der Sicht der Kommunisten aber war das die Forderung nach einigen begrenzten Konzessionen im Austausch für unbegrenzte Vorteile.«[32] Mao erklärt am 3. Mai 1937, dass die Gongchandang der Guomindang vier Garantien gegeben habe: a) Umbenennung der Sowjetregierung von Shaan-Gan-Ning in »Regierung des Sondergebietes der Republik China« sowie Umbenennung der Roten Armee in »Nationalrevolutionäre Armee« und Unterstellung dieser Armee unter die Zentralregierung in Nanjing; b) »auf dem Territorium der Regierung des Sondergebiets ein konsequentes demokratisches System einzuführen«; c) »mit der Politik des gewaltsamen Sturzes der Guomindang Schluss zu machen«; d) »die Beschlagnahme des Bodens der Grundherren einzustellen«. Zugeständnisse, erläutert er in Yan'an, müssten von beiden Seiten gemacht werden: Die Guomindang müsse auf die »Politik des Bürgerkriegs, der Diktatur und auf die Politik, dem äußeren Feind keinen Widerstand zu leisten«, verzichten, und die Gongchandang auf die »Politik der antagonistischen Gegenüberstellung der beiden politischen Mächte.«[33]

Mao hat es geschafft, von Yan'an aus entscheidenden Druck auf Nanjing auszuüben. Er hat die Grundstimmung im Land, die auf entschiedene Maßnahmen gegen Japan drängt, auf seiner Seite. Er hat sich anders, als es Moskau will, nicht untergeordnet. Als am 7. Juli 1937 Japan von der Politik der schrittweisen Gebietseroberungen zur umfassenden Aggression übergeht, ist das Abkommen über die Einheitsfront zwischen Guomindang und Gongchandang noch nicht unterzeichnet, aber Furuya hat guten Grund, die Gongchandang »auf dem Weg zu nationaler Macht« zu sehen.[34]

Gegen Japan, gegen Tschiang

» Der Widerstandskrieg ist eine große Sache«

Am 7. Juli 1937 kommt es an der Lugouqiao, der historischen Marco-Polo-Brücke rund 20 Kilometer westlich von Beijing, zu einem Schusswechsel zwischen japanischen und chinesischen Truppen. Wenige Stunden später ist klar, dass die Japaner das Gefecht provozierten, um einen Vorwand für die Besetzung ganz Nordchinas zu haben. Die umfassende Aggression Japans gegen China beginnt, und es beginnt, nimmt man das Ausmaß der nun folgenden Schlachten und die weltpolitische Dimension der Auseinandersetzung zum Maßstab, im Grunde an diesem Tag – und nicht erst am 1. September 1939, da Deutschland Polen überfällt – der Zweite Weltkrieg.

Der Aggressor Japan hat sich für seinen Überfall die Rückendeckung eines Vertrages mit dem faschistischen Deutschland geholt. Am 25. November 1936 ist in Berlin der Antikominternpakt unterzeichnet worden. Damit ist die Achse Tokio-Berlin geschmiedet, die im November 1937 zur Achse Tokio-Berlin-Rom ausgedehnt und am 27. September 1940 mit dem Dreimächtepakt weiter gefestigt werden wird. Japan, Deutschland und Italien vereinigen sich zu einem Bündnis, mit dem sie die übrige Welt herausfordern. Der Pakt hat für Japan praktische Bedeutung. In seinem Artikel II heißt es, dass man »dritte Staaten, deren innerer Friede durch die Zersetzungsarbeit der Kommunistischen Internationale bedroht wird«, einladen werde, »Abwehrmaßnahmen im Geiste dieses Abkommens zu ergreifen oder an diesem Abkommen teilzunehmen«.[1] Für die japanische Führung ist China ein solcher von kommunistischer Zersetzung bedrohter dritter Staat, und so wird sie Tschiang Kaischek immer wieder einladen, dem Pakt beizutreten und mit Japan die Gongchandang zu bekämpfen. An einer dieser Einladungen – sie findet im Dezember 1937 statt, zu einer Zeit, da die japanischen Truppen in Nanjing ein 250.000 Opfer forderndes Blutbad anrichten – wird Deutschland beteiligt sein: ein Vermittler, der nicht vermittelt, sondern den Druck auf China weiter erhöht, um China zur Kapitulation zu zwingen.[2] Vier Jahre später, am 25. November 1941, wird die Einladung sogar von einer chinesischen Regierung angenommen werden: von der im besetzten Nanjing am 30. März 1940 gegen Tschiang Kaischek installierten pro-japanischen Regierung unter Wang Jingwei[3] – demselben Wang Jingwei, der in der zweiten Hälfte der 1920er Jahre zeitweilig als linker Guomindang-Mann gegen Tschiang Kaischek gestanden hat.

Tschiang Kaischek wird auf diese Einladungen nicht eingehen, obwohl er manchmal kurz davor steht. Er kann es nicht, weil er weiß, dass es gleichbedeutend mit seinem eigenen Untergang wäre. Die Stimmung in China ist zu eindeutig auf entschlossenen Widerstand gerichtet, und die entschiedenste politische Kraft dieses Widerstandes ist die Gongchandang.

Mao gewinnt von 1937 bis 1945 den Kampf mit Tschiang Kaischek. Erst 1949, im Ergebnis des Bürgerkriegs, wird dieser Kampf beendet sein, aber entschieden wird er jetzt, im Kang Ri Zhanzheng, im antijapanischen Widerstandskrieg. Bereits am 8. Juli, einen Tag nach dem dem Zwischenfall an der Marco-Polo-Brücke, ruft das Gongchandang-ZK zum »heiligen Verteidigungskrieg« auf. Auf der Stelle müsse man »alle Spekulationen aufgeben, dass es möglich wäre, irgendwie in Frieden mit den japanischen Eindringlingen auszukommen«.[4] Tschiang Kaischek hingegen lässt sich Zeit. Erst am 17. Juli gibt er eine Erklärung ab, und zwar – wie die amerikanische Historikerin Barbara Tuchman resümiert – »ohne zum Widerstand aufzurufen oder eine friedliche Lösung auszuschließen«. Die Guomindang-Regierung »hatte weder einen Plan, noch hatte sie Vorbereitungen für den Fall des nationalen Widerstands getroffen.«[5]

Ganz anders Mao. Er hat einen Plan. Er fordert am 23. Juli 1937 die Mobilisierung des ganzen Volkes, wofür man »der patriotischen Bewegung Freiheit gewähren, die politischen Häftlinge freilassen« und »die Volksmassen für den Selbstschutz und zur Unterstützung der Kampfhandlungen der Armee bewaffnen« müsse. Er fordert weiter eine Umgestaltung des Regierungssystems: »Der Widerstandskrieg ist eine große Sache, wenige Menschen allein werden damit unter keinen Umständen fertig werden. ... Die Regierung, falls sie eine wahre Regierung der Landesverteidigung sein will, muss sich auf die Volksmassen stützen und den demokratischen Zentralismus verwirklichen.« Dann müsse eine »antijapanische Außenpolitik« entwickelt werden: »Man muss unverzüglich ein militärisch-politisches Bündnis mit der Sowjetunion schließen« und »die Sympathien Großbritanniens, der USA und Frankreichs« gewinnen. Schließlich sei ein Programm für die Verbesserung der Lebensbedingungen des Volkes zu verkünden, die Volksbildung im Sinne der Landesverteidigung zu gestalten und eine antijapanische Finanz- und Wirtschaftspolitik durchzuführen. »Das gesamte chinesische Volk, die Regierung und alle bewaffneten Kräfte sind zusammenzuschließen, um eine unzerstörbare Große Mauer der nationalen Einheitsfront zu errichten.«[6]

Am 23. September 1937 wird die antijapanische Einheitsfront von Guomindang und Gongchandang mit einer Erklärung Tschiang Kaischeks Realität. Anders als 1924 ist die Gongchandang jetzt in der Offensive. Selbstbewusst verkündet Mao am 29. September, dass die Deklaration seiner Partei »nicht nur die Richtlinie für den Zusammenschluss der beiden Parteien, sondern auch die grundlegende Richtlinie für den großen Zusammenschluss des ganzen Volkes« darstellen wird.[7] Und ebenso selbstbewusst reklamiert er die »Drei Volksprinzipien« des Sun Yatsen für sich. Die Guomindang habe diese Prinzipien verraten, habe seit 1927 einen zehnjährigen Kampf gegen sie geführt, aber diese Phase sei nun dank der neuen Einheitsfront überwunden.[8] Der Kampf zwischen Mao Zedong und Tschiang Kaischek, zwischen Gongchandang und Guomindang, währt den gesamten Krieg über. Das kann hier nicht im Detail nachgezeichnet werden – so wie auch der Raum fehlt, die Kriegsereignisse insgesamt darzustellen. Für Maos Lebensweg ist von Bedeutung, dass er sich als derjenige erweist, der mit seiner Politik tatsächlich die Interessen der Mehrheit des chinesischen Volkes aufnimmt. Unter seiner Führung wird die Gongchandang zur Führungskraft des antijapanischen Widerstandskrieges.

In dieser Bewertung treffen sich viele. Die »Katastrophe« der Guomindang-Regierung kam, meint Fairbank, »einerseits von den anstürmenden japanischen Heeren, andererseits von der Fehlreaktion auf die ungünstigen Umstände«. Nach der Flucht der Regierung im November 1937 von Nanjing nach Hankou und im Oktober 1938 noch weiter nach Chongqing habe die Guomindang nur noch als reaktionäre Allianz mit den Provinzmilitärs und Großgrundbesitzern agiert. Wenn hingegen Mao in Chongqing regiert hätte, dann hätte er das Volk mobilisiert, die Militärs ausgeschaltet und die Großgrundbesitzer erledigt. Die Provinz Sichuan, so groß wie Frankreich oder Deutschland, hätte eine Basis der Befreiung Chinas von den Japanern werden können, aber die Regierung sei »zu wenig revolutionär« gewesen, »um die Führung des chinesischen Volkes übernehmen zu können«.[9] Auch Barbara Tuchman sieht, indem sie die zeitgenössischen Berichte von offiziellen USA-Vertretern in China zusammenfasst, den »revolutionären Impetus«, der die Guomindang in ihren Anfangsjahren geprägt hatte, »auf die Kommunisten übergegangen«.[10] Und viele erkennen die Nähe Tschiang Kaischeks zu den Faschisten. Schon 1938 bezeichnet Whitney Griswold, der spätere Präsident der Yale University, das Regime Tschiang Kaischeks als »faschistische Diktatur«.[11] Fairbank spricht von einer »faschistisch gesinnten« Guomindang-Führung.[12] General Joseph W. Stilwell, Augenzeuge des Aufstiegs Tschiang Kaischeks und ihm 1942, da China und die USA gegen Japan verbündet sind, als Stabschef zur Seite gestellt, wird von Barbara Tuchman mit der Tagebucheintragung zitiert, die USA seien »zur Partnerschaft mit einer Bande Faschisten unter einer Ein-Parteien-Regierung verurteilt, die in mancher Hinsicht unserem deutschen Feind ähnelt« – »dieselbe Art Regierung, dieselbe Perspektive, dasselbe Gangstertum«.[13]

Die Nähe des Guomindang-Regimes zum faschistischen deutschen ist seit 1927 durch wachsende gegenseitige Sympathien untermauert. Im September 1937 schreibt Tschiang Kaischeks Finanzminister Kong Xiangxi (H. H. Kung) an Adolf Hitler, dass er ihn bei seinem Deutschland-Besuch im Juni als einen »weit

Mit US-Botschafter Patrick Hurley (4.v.l.) in Yan'an; ganz rechts Zhou Enlai.

vorausschauenden, großen Staatsmann« kennengelernt habe, der »als großer Kämpfer für Gerechtigkeit, nationale Freiheit und Ehre« der Guomindang »ein Vorbild« geworden sei. Diesem Vorbild versucht er klarzumachen, dass die Tschiang-Kaischek-Regierung ein besserer Verbündeter im Kampf gegen den Kommunismus sei als Japan. China habe »unter der starken und energischen Führung des Marschalls Tschiang Kaischek und unter ungeheuren Opfern von vielen Millionen Menschen die kommunistischen Banden vernichtend geschlagen«, Japan hingegen »die Taktik verfolgt, China … jedes Mal empfindlich zu stören, wenn Marschall Tschiang Kaischek gegen die kommunistischen Banden vorging«. Ohne diese Störungen hätte man den Kommunismus »schon viel früher ausgerottet«.[14] Hitler allerdings lassen diese Avancen kalt. Er hat ein paar Jahre von guten Wirtschaftsbeziehungen mit China profitiert, Tschiang Kaischek ist in seinen antikommunistischen Straffeldzügen von deutschen Militärberatern unterstützt worden, diese Militärberater haben auch in den ersten Abwehrschlachten der Guomindang-Truppen gegen die japanischen Armeen noch eine wichtige Rolle gespielt, aber mit

all dem ist nun Schluss. Jetzt ist Japan der entscheidende Bündnispartner. Hitler unterstützt Japans Aggressionskrieg, gibt am
20. Februar 1938 im Reichstag die Anerkennung des Marionet-
tenstaates Manzhouguo bekannt und lässt die Welt wissen, dass
er »China nicht für seelisch oder materiell gekräftigt genug« halte,
»um aus Eigenem einem bolschewistischen Ansturm standhalten
zu können«.[15] Das ist der Antikominternpakt in Aktion.

Und es ist der Hintergrund, vor dem Maos Handeln in der
chinesischen Bevölkerung an Einfluss gewinnt. Im Dezember
1937, im Angesicht des Massakers der japanischen Truppen in
Nanjing, schreibt der deutsche Diplomat Georg Rosen an das
Auswärtige Amt in Berlin, dass die Japaner mit ihrer brutalen
Kriegführung – Barbara Tuchman vergleicht sie mit einer »Hy-
äne, die um so gefräßiger wird, je mehr sie frisst«[16] – »einen gefährlichen Nährboden für den Kommunismus geschaffen« haben.
Es sei »ein Wunder, mit welcher Geduld das chinesische Volk
bisher seine unermesslichen Leiden getragen hat; jedes andere
Volk wäre längst der Revolution verfallen«.[17] Aber was heißt
»wäre«? Für einen wachsenden Teil des Volkes trifft es längst
zu, er ist der Revolution verfallen. Die von der Gongchandang
beherrschten Territorien wachsen zwischen 1937 und 1945 von
90.000 auf 370.000 Quadratkilometer – das ist die Größe Japans.
Die Bevölkerungzahl steigt von 1,5 auf 54 Millionen, die Zahl
der Soldaten von 100.000 auf 450.000, nach anderen Angaben
sogar auf 910.000, die Zahl der Gongchandang-Mitglieder von
40.000 auf 1,2 Millionen.[18] Diese Ausdehnung der Einflusszonen
der Gongchandang, schreibt Barbara Tuchman, »hatte sich durch
Infiltration im Rücken der japanischen Vormärsche vollziehen
können, da die Japaner oft große Gebiete ohne angemessene
Überwachung hinter sich ließen. Die Kommunisten mit ihrer
effektiven militärischen und politischen Organisation rückten
ein, boten Steuersenkungen an und die Abschaffung der Pacht an
die Großgrundbesitzer, die sich dem Marionetten-Regime (von
Wang Jingwei – W. A.) angeschlossen hatten, und gewannen auf
diese Weise die Unterstützung der Bevölkerung.«[19] Die japanische Invasion, schreibt Fairbank, »förderte die kommunistische

Bauernmobilisierung«.[20] Mao selbst formuliert das 1964 in einem Gespräch mit japanischen Sozialisten noch ungleich drastischer: »Wenn eure kaiserliche Armee«, sagt er da, »nicht als Aggressor einen Großteil Chinas überfallen hätte, dann wäre es unmöglich zur Solidarisierung des chinesischen Volkes gekommen, um euch entgegenzutreten«, dann hätte die Gongchandang »nicht die Macht an sich reißen können«.[21]

Die Gongchandang schmiegt sich geschickt in die Einheitsfront ein. Die Rote Armee heißt, wie es von Mao versprochen ist, nicht mehr Rote Armee, sondern agiert als Balujun (Achte Marscharmee) und Xinsijun (Neue Vierte Armee) unter dem Oberbefehl Tschiang Kaischeks. Dieser Oberbefehl bleibt aber nur ein formaler, weil bei den Operationen sowohl an der Front als auch im japanischen Hinterland – dort vor allem agiert die Balujun – in der Weite des Landes eine einheitliche Kontrolle nicht möglich ist. Kommandeure der Balujun sind Zhu De und Peng Dehuai, Deng Xiaoping ist Politkommissar. Die Xinsijun steht unter dem Kommando von Ye Ting, später Chen Yi. Am Sitz der Guomindang-Regierung, der sich erst in Hankou, dann in Chongqing befindet, werden die Angelegenheiten der Gongchandang von Zhou Enlai, der Sun-Yatsen-Witwe Song Qingling – sie ist nicht Mitglied, aber enge Vertraute der Partei – und anderen auf weltläufige, viel Anerkennung gewinnende Weise vertreten. In der Achten Marscharmee bewährt sich Mao Zedongs Militärstrategie des Partisanenkampfes. »Niemals in ihren früheren Kriegen«, schreibt der japanische Historiker Saburo Ienaga, habe es die japanische Armee mit solch einem Gegner zu tun gehabt, der »entgegen jeder konventionellen Regel der militärischen Lagebeurteilung« handelte und erfolgreich blieb.[22] Und im Gegensatz zu Tschiang Kaischek entwirft und propagiert Mao Zedong in Yan'an ein neues Gesellschaftsbild für China, entwickelt er Visionen, die bei weitem nicht nur in der Gongchandang selbst Widerhall finden. »Radikale Intellektuelle aus Chongqing begannen«, resümiert Fairbank »nordwärts nach Yan'an abzuwandern«, es gelingt der Gongchandang, die von Tschiang Kaischek beherrschten Gebiete zu »infiltrieren«,[23] und das hat seinen Grund zum Beispiel auch in Maos Idee von der »neuen Demokratie«. Mit diesem Aufsatz *Über die neue Demokratie*, veröffentlicht in der Nummer 1 der in Yan'an herausgegebenen Zeitschrift *Zhongguo Wenhua*, Chinesische Kultur, zeichnet Mao ein Bild der künftigen chinesischen Gesellschaft, das seine Kraft aus der Verbindung von kommunistischen Zielen und realen Gegebenheiten gewinnt. »Für die fortgeschrittenen Kulturschaffenden unseres Landes«, schreibt er, »dürfte das, was wir zu sagen haben, als Erfolg langen mühevollen Suchens betrachtet werden, als bescheidener Ansporn zur Leistung ihrer eigenen wertvollen Beiträge.« Mao will »die Wahrheit in den Tatsachen suchen«, weil man »mit der anmaßenden Einstellung jener, die sich für unfehlbar halten und andere Leute schulmeistern wollen, niemals irgendwelche Probleme lösen kann.« Der »einzige Maßstab der Wahrheit« sei »die revolutionäre Praxis von Millionen Menschen«.[24]

Der Aufsatz bietet einen trefflichen Einblick in Maos Ideenwelt. Die chinesische Revolution, die er als einen mit dem Opiumkrieg von 1840 beginnenden, über viele Stadien bis zum »agrarrevolutionären Krieg« und antijapanischen Widerstandskrieg sich erstreckenden und noch längst nicht zu einem Ende gekommenen Prozeß betrachtet, sieht er unbedingt als »Teil der Weltrevolution«. Und die »Republik der Neuen Demokratie« ist für ihn weder eine Kopie der »unter der Diktatur der Bourgeoisie stehenden kapitalistischen Republiken des alten, europäisch-amerikanischen Typs« noch die Wiederholung der »unter der Diktatur des Proletariats stehenden sozialistischen Republik des sowjetischen Typs«. Die Republik der Neuen Demokratie werde in einer den kolonialen und halbkolonialen Ländern angemessenen Weise »unter der gemeinsamen Diktatur mehrerer revolutionärer Klassen« stehen. Kommunismus ist für ihn »das vollkommenste, fortschrittlichste, revolutionärste und vernünftigste ideologische beziehungsweise soziale System in der ganzen Menschheitsgeschichte«.[25] Die ehemals als Sowjetgebiete, nun als Sonder- oder Stützpunktgebiete bezeichneten Regionen sind für Mao gleichsam Laboratorien der neuen Demokratie. »Wenn das Beispiel der

Stützpunktgebiete im ganzen Land Schule macht«, erklärt er im Mai 1941 nach der Zurückschlagung einer Serie von Angriffen der Guomindang-Truppen auf die der Gongchandang, die Tschiang Kaischek unter Bruch der Einheitsfront-Vereinbarungen angeordnet hat, »dann wird ganz China zu einer neudemokratischen Republik werden«.[26]

Von Yan'an aus bezieht Mao Zedong auch Position zu den Weltkriegsentwicklungen. Nachdem das faschistische Deutschland am 22. Juni 1941 die Sowjetunion überfallen hat, erklärt er einen Tag später diese Aggression als »nicht nur gegen die Sowjetunion, sondern auch gegen die Freiheit und Unabhängigkeit aller Nationen gerichtet«. An der antijapanischen nationalen Einheitsfront festzuhalten, heißt für ihn jetzt auch, »der Sowjetunion Beistand zu leisten«. Er fordert, »jede antisowjetische und antikommunistische Tätigkeit ... entschieden zu bekämpfen«, und er gibt eine über die Sowjetunion hinausreichende Bündniserklärung ab: Die Gongchandang müsse sich »zum Kampf gegen den gemeinsamen Feind mit allen jenen in England, in den USA und in anderen Ländern zusammenschließen, die gegen die faschistischen Machthaber Deutschlands, Italiens und Japans auftreten«.[27]

Keine Äußerung findet sich in seinen *Ausgewählten Werken* zum 9. Dezember 1941, dem Tag, da infolge des japanischen Überfalls auf den USA-Stützpunkt Pearl Harbour die Tschiang-Kaischek-Regierung Deutschland den Krieg erklärt. Aber die Schlacht von Stalingrad bezeichnet Mao schon am 12. Oktober 1942 – ihr Ende wird sie erst im Februar 1943 finden – als »Wendepunkt im Zweiten Weltkrieg«: Jetzt gehe »Hitler den Weg Napoleons, und es ist die Schlacht bei Stalingrad, die seinen Untergang vorausbestimmt«.[28]

So klar diese Worte, so schwierig zugleich immer der Weg der Gongchandang. 1941 zerbricht die Einheitsfront. Tschiang Kaischeks »oberste Priorität«, resümiert Ienaga, blieb »die Unterdrückung der Kommunisten«.[29] In Verfolgung dieses Ziels verhängt Tschiang eine Wirtschaftsblockade gegen das Sondergebiet Shaan-Gan-Ning und streicht der Achten Marscharmee die vereinbarten Finanzmittel. Damit wird Yan'an weiter isoliert, die

Gongchandang durchlebt, den Worten des deutschen Historikers Jürgen Osterhammel zufolge, »das kritischste Jahr ... seit den Niederlagen von 1927 und 1934«.[30] Die Japaner verschärfen die Situation weiter, indem sie ihren Truppen befehlen, im Kampf gegen die Gongchandang-Gebiete in ihrem Hinterland die – so der US-amerikanische Historiker Jonathan Spence – »erbarmungslose« Politik des »dreifachen Total« durchzusetzen, das heißt, alles »total niederzumetzeln, total niederzubrennen und total auszuplündern«.[31] Nicht in den Einheiten der Guomindang sahen die Japaner – unterstreicht Ienaga – ihren Hauptgegner, »sondern in den kommunistischen«.[32]

Die Gongchandang widersteht den Attacken nicht nur, sondern es verschieben sich – so Osterhammel – ab 1942 »im Machtdreieck« Japaner-Guomindang-Gonchandang »die Gewichte allmählich zugunsten der nunmehr von Mao Zedong unangefochten geführten kommunistischen Bewegung«.[33] Die Kampfkraft der Gongchandang-Truppen, ihre Moral, ihre innere Organisation und ihr Auftreten in der Bevölkerung erregen überall Aufsehen. Ienaga beschreibt die Balujun als »eine der demokratischsten Armeen in der Geschichte«, und um nicht in Verdacht zu geraten, hier einem pro-kommunistischen Klischee aufzusitzen, zitiert er Berichte aus der japanischen Armee, darunter einen von 1942, in dem von »tiefen und liebevollen Beziehungen« zwischen den Gongchandang-Truppen und der Bevölkerung die Rede ist – trotz der Tatsache, dass die Bevölkerung von diesen Truppen schwer ausgebeutet wird.[34]

Im Frühjahr 1944, als die japanischen Truppen mit einer Offensive die Guomindang-Truppen in größte Schwierigkeiten bringen, führt, wie Barbara Tuchman schreibt, »die wachsende Ungeduld angesichts der Paralyse Chongqings« dazu, dass »die Amerikaner ihr militärisches Interesse dem Kriegspotential der Kommunisten« zuwenden. Und auch politisch beginnt ein Umdenken: Man macht sich in den USA allmählich klar, dass die Gongchandang »als die dynamischere Kraft einen Bürgerkrieg tatsächlich gewinnen« könnte.[35] Genaues jedoch weiß man nicht über Mao Zedong, Yan'an und die Gongchandang-Truppen, denn Tschiang Kaischek gestattet es keinem der in seinem Machtbereich akkreditierten Journalisten, eine von ihm gezogene Quarantäne-Linie in Richtung Norden zu überschreiten. Stilwell muss viel Kraft aufbringen, um an dieser Situation etwas zu ändern, aber dann gelingt es ihm doch: Er kann eine Beobachtergruppe, mit Oberst David Barrett und dessen politischem Assistenten John Service an der Spitze, nach Yan'an entsenden. Mao, Zhou Enlai, Zhu De, Lin Biao und andere führen über Wochen hinweg ausführliche Gespräche mit den Amerikanern. Mao gibt – schreibt Barbara Tuchman gestützt auf Aussagen aus der Beobachtergruppe – »unumwunden zu, dass er sich auf amerikanische Landeunternehmen in China freue«. Wenn es dazu nicht käme, werde das für China unglückliche Folgen haben, denn die Guomindang-Regierung werde »fortbestehen, ohne dass sie fähig wäre, die Aufgaben einer Regierung zu erfüllen.« Die Gongchandang-Spitze insgesamt – so fasst Barbara Tuchman diese Vorgänge zusammen – gibt zu erkennen, dass sie viel eher zu einer »produktiven Zusammenarbeit mit den Amerikanern unter einem ›alliierten‹ Befehlshaber bereit« sei als zu einer »Zusammenarbeit unter einem ›bankrotten‹ Guomindang-Kommando«. Sie spreche »von Koalition, nicht von Revolution«, wolle freilich »in ihren eigenen Gebieten ihre eigene Regierung« aufrechterhalten, während man »gemeinschaftlich ... gegen den japanischen Feind« vorgehen könne. Auf eine Anerkennung der Tschiang-Kaischek-Forderung nach dessen »unumschränkter Autorität« könne sich die Gongchandang-Führung natürlich nicht verstehen. Alles in allem biete Yan'an »einen erfrischenden Gegensatz zur Welt der Guomindang«, die Führer der Gongchandang erscheinen »insgesamt tüchtiger, weniger korrupt« und hinterlassen »überhaupt einen stärkeren Eindruck als die der Guomindang«. Die Amerikaner fingen an, »es als selbstverständlich anzusehen, dass sie mit den Kommunisten würden zusammenarbeiten müssen«. [36]

Aber am Ende gewinnen in den USA diejenigen wieder die Oberhand, die eine solche Zusammenarbeit ablehnen und bei der ausschließlichen Unterstützung der Guomindang bleiben. Maos intensives Werben – der sowjetische Berater Wladimirow spricht in seinen Aufzeichnungen davon, dass für die Gongchandang-Führung und die Amerikaner »Flitterwochen« angebrochen seien, »eifrig schmeicheln sie einander«, und Mao habe sogar eine Umbenennung der Partei in Erwägung gezogen, um eine künftige Zusammenarbeit zu erleichtern[37] – bleibt ohne Erfolg. Als am 26. April 1945 in San Francisco die Außenminister der Staaten der Anti-Hitler-Koalition zur ersten Plenartagung der Konferenz der Vereinten Nationen – der Gründungskonferenz der UNO – zusammentreten, ist es Song Ziwen (T. V. Soong), der Außenminister der Guomindang-Regierung, der China vertritt. Song erklärt, dass China sich vielleicht mehr als irgendeine andere Nation der Notwendigkeit bewusst sei, den Erfolg dieser Konferenz zu gewährleisten, da »ein zweiter Weltkrieg begann, als Japan 1931 in der Mandschurei einfiel und somit China 30 Millionen seiner Einwohner und reicher Naturschätze beraubte, die für seine nationale Existenz so notwendig waren«. Und dann verkündet er feierlich, dass die Bevölkerung Chinas heute leidenschaftlich danach strebe, das gemeinsame Ziel zu erreichen: die Freiheit der Menschheit in einer Gemeinschaft freier Völker.[38] Sie klingt gut, diese Verkündung, aber hat mit der chinesischen Realität nichts zu tun. Der Sieg über Japan ist im April 1945 noch lange nicht errungen, und dennoch stehen für Tschiang Kaischek und Mao Zedong, für die Guomindang und die Gongchandang, die Zeichen gleichermaßen auf Bürgerkrieg.

Hoffnung Volksrepublik

» ... können sich die kleinen Leute freuen«

Am 25. März 1949 – der Vormarsch der Jiefangjun, der Volksbefreiungsarmee, ist in vollem Gange – trifft Mao Zedong in Beijing ein. Man erwartet ihn sehnsüchtig. Unter Führung des Generals Ye Jianying hat die Gongchandang die Macht in der Stadt bereits Anfang Februar übernommen. Es ist – so beschreibt es Elegant 1951 – »zu Straßentänzen gekommen, zu Fackelzügen, und man war bereits an manche Reformen herangegangen, doch Mao Zedong ... zögerte noch im Hinterland. ... Heute kam er tatsächlich. Um sechs Uhr dreißig abends erschien die erste Extraausgabe: ›Vorsitzender Mao ist in Beijing eingetroffen!‹ ... Die Nachricht drang schneller vor als jeder Zeitungsjunge. Um sieben Uhr dreißig saßen direkt am Kaisertor zwei Kulis auf den Sätteln ihrer Fahrradtaxen und redeten ... aufgeregt aufeinander ein. ›Jetzt, wo Chef Mao gekommen ist‹, meinte der Fahrer Zhang, ›können sich die kleinen Leute in Beijing freuen.‹ – ›Ja, ja‹, erwiderte sein Kollege, ›jetzt bläst der Wind von einer anderen Seite, und das ist schon recht so.‹«[1]

Am 24. April 1949 ist auch Nanjing, die Stadt, die bis 1937 Tschiang Kaischeks Hauptstadt gewesen war und ab 1940 der japanischen Marionettenregierung unter Wang Jingwei als Regierungssitz gedient hatte, in der Hand der Jiefangjun. Die Bilder der Freude und der Volkstänze sind die gleichen. »Die Soldaten mit dem roten Stern«, schreibt Elegant, »hatten Grund genug, sich zu freuen. Nanjing war kampflos gefallen und mit ihm die letzte Hoffnung der Guomindang, die von nun an nichts weiter sein konnte als eine Regierung ohne Hauptstadt und, bald genug, ohne Land. ... Mao Zedong ... stand nach zweiundzwanzigjährigem Kampf vor dem Sieg«.[2]

Dieser Sieg findet seine Krönung mit der Gründung der Volksrepublik China – Zhonghua Renmin Gongheguo – am 1. Oktober 1949. Bis zum Jahresende 1949 befreit die Volksarmee Chongqing und Chengdu, die letzten noch von Guomindang-Truppen beherrschten großen Städte. In allen Provinzen, mit Ausnahme Tibets, werden Volksregierungen gebildet. Tschiang Kaischek flieht am 8. Dezember 1949 mit Resten seiner Armee nach Taiwan. Der Gongchandang unter Maos Führung ist etwas gelungen, was es seit dem Eindringen der imperialistischen Mächte in der ersten Hälfte des 19. Jahrhunderts nicht mehr gab: Sie hat das gesamte Festlandsterritorium Chinas unter eine einheitliche Macht und Regierung gebracht. Im Herbst 1950 besetzt die Jiefangjun unter Nutzung innertibetischer Widersprüche zudem Tibet – eine Region, die sich in der Vergangenheit in mal stärkerer, mal schwächerer Abhängigkeit vom chinesischen Kaiserhof befunden und 1912 ihre – allerdings international von niemand anerkannte – Unabhängigkeit erklärt hatte. Auf der Grundlage eines durch Vermittlung Indiens zustande kommenden Vertrages wird Tibet am 23. Mai 1951 mit dem Status eines Autonomen Gebietes Bestandteil der Volksrepublik.

Der Sieg der Gongchandang im Bürgerkrieg ist anfangs keineswegs so ausgemacht, wie es im Rückblick scheint. 1946 sind erst einmal die Guomindang-Truppen in der Offensive. Es gelingt ihnen sogar, die Gongchandang-Hochburg Yan'an einzunehmen, und sie sind zahlenmäßig noch immer doppelt so stark wie die der Gongchandang.[3] Am Ende aber wird der Krieg zu einem erneuten Triumph der Strategie Mao Zedongs. Die Gongchandang-Truppen handeln nach der auch jetzt wieder erfolgreichen Strategie des Partisanenkrieges, aber sie bleiben nicht darauf beschränkt. Als eine große Entscheidungsschlacht unumgänglich wird, erweisen sie sich auch dieser Kampfesweise gewachsen und »reiben«, wie Israel Epstein als einer der herausragenden ausländischen Zeugen der chinesischen Revolution notiert, im November/Dezember 1948 »in einer einzigen heißen Schlacht bei Xuzhou ... mehr als 400.000 Mann der Elitetruppen Tschiang Kaischeks ... völlig auf«.[4] Politisch agieren diese Truppen so, dass sie von den Bauern und zunehmend auch von der städtischen Bevölkerung tatsächlich als Befreier wahrgenommen werden. Die Guomindang setzt sich unterdessen so deutlich in

Widerspruch mit den Interessen großer Mehrheiten, dass sie allmählich jeden Rückhalt verliert. Nachdem Japan kapituliert hat, bedient sie sich der geschlagenen japanischen Truppen in offenen Kämpfen gegen die Gongchandang-Gebiete, um – wie Fairbank resümiert – »eine soziale Revolution zu verhindern«. Zugleich komme es bei der Übernahme der Küstenstädte von den Japanern durch die Guomindang zu ungeheurer Korruption, die industrielle Produktion komme fast ganz zum Stillstand, Hungersnot auf dem Lande und Lebensmittelwucher gingen weiter, und mit der Unterdrückung der weitverbreiteten Friedensbewegung, die echt sei und keineswegs, wie die Guomindang behauptet, eine kommunistische Verschwörung, entfremdete sie sich auch den Intellektuellen und Studenten. Die Öffentlichkeit sehe den Hauptteil der Schuld am Bürgerkrieg bei der Guomindang – und nicht bei der Gongchandang.[5] Und dies habe auch mit der erneuten Erfahrung zu tun, dass die Großgrundbesitzer dort, wo sie im Gefolge von Guomindang-Siegen in die Gongchandang-Gebiete zurückkehren, mit blutigem Terror an den Bauern Rache nehmen.[6]

Es ist die von Elegant und vielen anderen beschriebene Euphorie der Jahre 1949/50, ohne die alles Kommende unverständlich bleibt. Der Zusammenbruch der Guomindang vollzieht sich am Ende so rasch, der Widerstand gegen die Gongchandang in der Bevölkerung ebbt mit der Anerkennung des Sieges der Jiefangjun so schnell ab, das allgemeine Verlangen nach Frieden ist so stark, dass im Lande und in der Partei der Eindruck entsteht, als sei es tatsächlich der Auftrag des Himmels, den die Gongchandang jetzt erfülle.[7]

Mao Zedong ist der Führer in Strategie und Theorie. Er hat sich im innerparteilichen Machtkampf gegen die Moskauer durchgesetzt. Auf dem VII. Gongchandang-Parteitag im April 1945 sind seine theoretischen Auffassungen als Mao Zedong Sixiang, Mao-Zedong-Gedanken, zur Leitlinie für alle Parteiarbeit gemacht worden. Mao hat sich mit seinem Anspruch, Sinisierer des Marxismus zu sein, das heißt: den Marxismus-Leninismus auf die chinesischen Verhältnisse zuzuschneiden und ihn damit zugleich allgemeingültig zu verändern, durchgesetzt.[8]

Und er ist es, der immer wieder Siegeszuversicht verbreitet und die Kämpfe in einen weiten revolutionären Bogen stellt. »Der revolutionäre Krieg des chinesischen Volkes«, erklärt er am 25. Dezember 1947 vor dem Gongchandang-ZK in der Stadt Yangjiagou im Norden der Provinz Shaanxi, habe jetzt, da die Volksarmee die Angriffe der mehrere Millionen Mann starken reaktionären Truppen Tschiang Kaischeks zurückgeschlagen habe und selbst zur Offensive übergegangen sei, einen »Wendepunkt« erreicht.[9] Und wie stets sieht Mao dies nicht nur im nationalen Rahmen. Die USA haben sich im Bürgerkrieg mit massiver Waffenhilfe und logistischer Unterstützung durch ihre Kriegsmarine vollständig auf Tschiang Kaischeks Seite geschlagen – es sei »unwichtig«, hat General Albert C. Wedemeyer vor dem Kongress in Washington erklärt, ob Tschiang als »ein wohlwollender Despot, ein Demokrat oder ein Republikaner« daher komme; »entscheidend« sei, dass er »sein ganzes Leben lang gegen den Kommunismus gekämpft« habe[10] –: Folgerichtig sieht Mao »das Rad der Konterrevolution des USA-Imperialismus und seiner Lakaien, der Tschiang-Kaischek-Banditen, zurückgedreht«, sieht er jetzt »den Punkt, an dem sich die zwanzigjährige konterrevolutionäre Herrschaft Tschiang Kaischeks« und zugleich auch »die über 100 Jahre währende imperialistische Herrschaft in China vom Aufstieg zum Untergang wendet«.[11]

Mao ist es auch, der in Fortführung bisheriger theoretischer Arbeiten und mit besonderem Bezug auf die Neue Demokratie das Bild der künftigen gesellschaftlichen Entwicklung entwirft. »Der Bodenbesitz der Feudalklasse wird beschlagnahmt«, verkündet er an jenem 25. Dezember 1947, »und geht in den Besitz der Bauern über; das Monopolkapital unter der Führung von Tschiang Kaischek, Song Ziwen, Kong Xiangxi und Chen Lifu wird enteignet und geht auf den neudemokratischen Staat über; Industrie und Handel der nationalen Bourgeoisie werden geschützt.« In der Folgezeit werde sich »die neudemokratische Volkswirtschaft« zusammensetzen aus: »1. der staatlichen Wirtschaft, dem führenden Sektor; 2. der Landwirtschaft, die sich Schritt für Schritt von der Einzel- zur Kollektivwirtschaft entwickeln wird; 3. der Wirtschaft der kleinen selbständigen Handel- und Gewerbetreibenden und der kleinen und mittleren privatkapitalistischen Wirtschaft«. Die Leitprinzipien dieser neudemokratischen Volkswirtschaft hätten sich sehr eng auf das allgemeine Ziel der Entwicklung der Produktion, des Aufblühens der Wirtschaft, der Berücksichtigung sowohl von staatlichen wir privaten Interessen und des beiderseitigen Nutzens für Arbeit und Kapital zu orientieren.[12] Unerschütterlich ist er in seiner Überzeugung, dass »unsere Kraft unbesieglich« sei und man sich in der geschichtlichen Periode befinde, »da in der ganzen Welt der Kapitalismus und Imperialismus ihrem Untergang und der Sozialismus und die Volksdemokratie ihrem Sieg entgegengehen«.[13]

Erst 1954 wird Mao mit der Einführung des Amtes des Staatspräsidenten auch formal der Vorsitzende der Volksrepublik China sein und die drei Ämter der Führung von Partei, Staat und Armee auf sich vereinigen. Aber schon jetzt, 1949, ist er der scheinbar Unerreichbare.

Aber tatsächlich nur scheinbar. Mao hat immer scharfen innerparteilichen Gegenwind gehabt, und das ändert sich auch in der Volksrepublik nicht. Dass er bis zu seinem Tode 1976 an der Macht bleiben wird, hat nichts mit Unumstrittenheit zu tun, sondern mit seiner ganz besonderen Fähigkeit, aus den innerparteilichen Machtkämpfen am Ende immer als Sieger hervorzugehen: nach zuweilen langen Phasen geduldigen Abwartens, auch der Hinnahme von Niederlagen, dann aber mit rücksichtslosem Einsatz von Gewalt gegen die Gegner ganz unmittelbar und vor allem – was die Dinge für das chinesische Volk insgesamt so dramatisch macht – durch die Auslösung höchst abenteuerlicher und überaus opferreicher gesellschaftlicher Experimente.

Die gibt es aber noch nicht in der Anfangsphase. Da, so schreibt Fairbank, habe die Parteiführung unter Mao als Team gearbeitet. Die Gruppe der Führungspersönlichkeiten mit den Armeebefehlshabern Peng Dehuai, Lin Biao, Nie Rongzhen und Chen Yi – es ist dieser Fairbankschen Aufzählung noch Zhu De hinzuzufügen – sowie den Parteiorganisatoren Liu Shaoqi und Deng Xiaoping sei, weil sie seit langen Jahren mit Mao und Zhou

1. Oktober 1949, Proklamation der Volksrepublik China.

Enlai zusammenarbeitete, festgefügt und erprobt gewesen. Viele Aufgaben werden gleichzeitig gelöst. Die Gongchandang übernimmt zwei Millionen Guomindang-Kader, die in ihren Verwaltungsfunktionen unersetzlich sind. Die Bodenreform verschafft Millionen und Abermillionen Bauern zum ersten Mal seit Menschengedenken eigenen Grund und Boden. Die Inflation wird eingeschränkt, das Bankwesen verstaatlicht, womit die Kredite unter Kontrolle kommen. Handelsgenossenschaften beherrschen den Warenmarkt, die Eisenbahnen werden wieder aufgebaut, die Dampfschifffahrt geht wieder in Betrieb. Mit neuen Ehegesetzen werden die Frauen den Männern gleichgestellt. Die ausländischen Vorrechte werden aufgehoben, die Korruption wird unterdrückt. Eine Bildungsrevolution wird in Gang gesetzt, man lernt lesen und schreiben. Die Gongchandang gewinnt rasch an Vertrauen. Fairbank sieht eine »idealistische und strebsame Jugend in ihrem Element«. Die Entwicklung insgesamt beschreibt er im Rückblick als eine »von Mao dirigierte Symphonie«.[14]

Aber im internationalen Rahmen findet diese Symphonie nur wenig Beifall. Zwischen den USA und der Sowjetunion herrscht Kalter Krieg. Für den eigenständigen Kurs, den Mao gehen will, ist da kein Raum. Aus der Sicht des einen – des US-Präsidenten Harry Truman – ist Mao Kommunist, also selbstverständlich mit Stalin zur »kommunistischen Weltfront« gehörend, also selbstverständlich Feind. Stalin andererseits sieht Mao nur widerwillig als Verbündeten, begreift ihn vor allem als Rivalen, dessen Erfolge er als Bedrohung empfindet und den er daher unter Kontrolle halten und begrenzen will. US-Präsident Truman hat, indem er sich im Bürgerkrieg bedingungslos hinter Tschiang Kaischek stellte, keinen Zweifel daran gelassen, dass er Mao und dessen Revolution entschlossen bekämpfen wird. Nun, 1949, erreicht seine Einmischung in die chinesischen Angelegenheiten eine neue Qualität. Tschiang Kaischek, Maos in die Flucht geschlagener großer Widersacher, wird von ihm gerettet und zu einer Gegenmacht aufgebaut. Sein Zufluchtsort Taiwan ist ein nur sehr kleiner Teil Chinas: eine Insel mit einer Bevölkerung von damals gerade einmal acht Millionen. Das ist ein Winziges gegen die

575 Millionen auf dem Festland, und es scheint nur eine Frage der Zeit, dass die Volksarmee auch dort siegreich sein wird. Die USA verhindern das jedoch. Im Sommer 1950 errichten sie auf Taiwan eine Militärpräsenz. Die militärische, politische und ökonomische Sicherung der Guomindang-Herrschaft wird für sie zu einer Grundsatzfrage ihrer Asien- und Weltpolitik überhaupt. In der Sprache des einflussreichen Rates für Außenbeziehungen der USA klingt das in jenen Jahren so: »Die Unabhängigkeit von Formosa (man benutzt hier den Namen, den die Insel 1590 von portugiesischen Seefahrern erhielt – W. A.) befindet sich im Einklang mit unserem Erfordernis, jeder weiteren Ausdehnung der kommunistischen Kontrolle über Völker und Territorien Widerstand entgegenzusetzen.« Gäben die USA Taiwan aus der Hand, käme dies einer Gefährdung der »Gesamtstruktur« ihres internationalen Engagements gleich. Es liege im amerikanischen Interesse, dass Formosa als Symbol erhalten bleibe, als »starke und attraktive ... Alternative zum chinesischen kommunistischen Regime«.[15] Bis 1971 sichern die USA Taiwan den Sitz Chinas in der UNO und in deren Sicherheitsrat, und bis heute ist die Taiwan-Frage ungelöst. Für Mao blieb das, auch wenn er 1971 wenigstens die Frage des UNO-Sitzes zu seinen Gunsten entscheiden konnte, eine lebenslange Demütigung.

Der klaren USA-Haltung hat Mao am 30. Juni 1949 mit seiner Rede *Über die demokratische Diktatur des Volkes* ein ebenso klares Bekenntnis zur Zusammenarbeit mit der Sowjetunion entgegengesetzt: »Sun Yatsen appellierte ... unzählige Male an die kapitalistischen Länder um Hilfe. Doch alles war vergebens ... In seinem ganzen Leben erhielt Sun Yatsen nur einmal internationale Hilfe, und zwar von der Sowjetunion.« Und so sei es ganz folgerichtig, dass nun auch das neue China auf die Seite der antiimperialistischen Front mit der Sowjetunion an der Spitze gehöre.[16]

Die Botschaft, die im Sun-Yatsen-Bezug steckt, lässt keinen Zweifel: Mao sieht sich mit seinem Kurs als legitimen Sun-Yatsen-Erben, als treuen Fortsetzer der Traditionen der chinesisch-sowjetischen Zusammenarbeit. Tschiang Kaischek hingegen ist in dieser Sicht nur noch Verräter.

Aber wie deutlich Mao auch Position bezieht: Stalin bleibt misstrauisch. Mao erfährt erneut Demütigung. Im Gegensatz zu derjenigen, die von den USA ausgeht, bleibt diese jedoch der Öffentlichkeit lange verborgen. Bestimmend im öffentlichen Bild sind die sowjetisch-chinesischen Gemeinsamkeiten, die auf zwei scheinbar unverrückbaren Säulen ruhen. Die eine ist das auf den ersten Blick gleiche gesellschaftspolitische Ziel mit der ideologischen Gemeinsamkeit des Marxismus-Leninismus, und die zweite ist die gemeinsame Zugehörigkeit zur Anti-Hitler-Koalition, manifestiert in den gewaltigen Leistungen, die die Sowjetunion für China im Krieg gegen Japan erbracht hat. Beim Beginn der umfassenden japanischen Aggression im Juli 1937 hatte sich die Sowjetunion als einzige ausländische Macht an die Seite Chinas gestellt und das Land bis zum Oktober 1939 mit fast 1.000 von sowjetischen Piloten gesteuerten Flugzeugen, 82 Panzern, 1.300 Geschützen, 14.000 Maschinengewehren und großen Mengen Munition unterstützt. Mitte Februar 1939 hatte die Zahl der sowjetischen Militärspezialisten, die am Krieg gegen Japan teilnahmen, mehr als 3.600 betragen.[17] Im Juni 1941, als die Sowjetunion von Deutschland überfallen wurde, war die Hilfe unterbrochen, nach dem Sieg über Hitlerdeutschland jedoch wieder aufgenommen worden. Am 9. August 1945 hatten sowjetische Verbände die japanische Guandong-Armee im chinesischen Nordosten – in der Mandschurei, die von Japan zum Marionettenstaat Manzhouguo gemacht geworden war – angegriffen, innerhalb von zwei Wochen vollständig besiegt und damit ganz erheblich zur Befreiung Chinas beigetragen. Aber diese Hilfe hat sich an die chinesische Regierung – also an Tschiang Kaischek – gerichtet. Mao ist damals mit seinen Ansprüchen auf Eigenständigkeit nicht akzeptiert worden, und auch jetzt, da die VR China gegründet ist, wird er von Stalin nicht als gleichberechtigter Bündnispartner, geschweige denn wirklicher Kampfgenosse angenommen. Stalin hat es im Frühjahr 1945 nicht für nötig gehalten, ihn, Mao, und die Führung des Sondergebietes in Yan'an offiziell über seine Entscheidung, in den Krieg gegen Japan einzutreten, zu informieren.[18] Er hat am 14. August 1945 in

Mao in den Anfangsjahren der Volksrepublik.

Moskau mit der Guomindang-Regierung einen Freundschafts- und Beistandsvertrag abgeschlossen, und Mao hat sich damit begnügen müssen, zur Feier dieses Vertrags in die sowjetische Botschaft in Chongqing eingeladen zu werden.[19] Jetzt, bei der Gründung der VR China, hat Stalin Mao nicht persönlich gratuliert und ihn auch nicht eines neuen Botschafters für würdig erachtet, sondern mit Nikolai Roschtschin jenen Mann in Beijing installiert, der schon seit 1948 bei Tschiang Kaischek in Chongqing akkreditiert gewesen war.[20] Und als Mao am 16. Dezember 1949 nach langer Eisenbahnreise zu Verhandlungen über einen Freundschafts- und Beistandsvertrag zwischen der VR China und der UdSSR in Moskau eintrifft, erfährt er Stalins Feindseligkeit ganz unmittelbar.

Dabei ist diese Reise in Maos Leben eine Sensation. Zum ersten Mal begibt er sich ins Ausland. Das große Ziel ist es ihm wert: Er will einen neuen sowjetisch-chinesischen Vertrag, will, dass der mit Tschiang geschlossene ungültig wird und die in ihm enthaltenen sowjetischen Sonderrechte über die Changchun-Eisenbahn und die Marinebasen Lüshun (Port Arthur) und Dalian (Dairen) aufgehoben werden. Aber Stalin lässt Mao nach einem ersten höflichen Gespräch am 16. Dezember mehr als fünf Wochen bis zu einem zweiten warten – es findet am 22. Januar 1950 statt – , und als endlich am 14. Februar 1950 in Stalins und Maos Beisein der von Mao geforderte Vertrag über Freundschaft und gegenseitigen Beistand von den Außenministern Andrej Wyschinski und Zhou Enlai unterzeichnet wird, hat sich Stalin in der Frage der sowjetischen Sonderrechte gegen Mao durchsetzen können. Nicht sofort, sondern erst Ende 1952 geht die Changchun-Eisenbahn in chinesische Hand über, und erst nach Stalins Tod am 5. März 1953 werden die sowjetischen Basen in Lüshun und Dalian geräumt.[21]

Trotzdem ist der Vertrag für die Volksrepublik China von größter Bedeutung. Mit ihm durchbricht sie die vom Westen geschaffene internationale Isolation. Die USA haben den ehemaligen Kriegsgegner Japan und das von Tschiang Kaischek beherrschte Taiwan in ein militärisches Paktsystem eingebunden und damit ihren Anspruch auf Kontrolle des asiatisch-pazifischen Raumes untermauert. Die Sowjetunion und die VR China machen mit ihrem Vertrag deutlich, dass diesen Bestrebungen Grenzen gesetzt sind.

In den Folgejahren bis 1956 entwickeln sich die sowjetisch-chinesischen Beziehungen auf allen Gebieten so, dass allgemein das Bild einer großen sozialistischen Gemeinsamkeit entsteht. Und dieses Bild wird durch den undifferenzierten Antikommunismus des Westens, der alle gesellschaftlichen Bewegungen, die auf eine Infragestellung des amerikanisch-westeuropäischen Wirtschafts- und Herrschaftssystems hinauslaufen, in einen Topf wirft, noch weiter überzeichnet.

Erst als Anfang der 1960er Jahre die Konflikte zwischen der Sowjetunion und China öffentlich ausgetragen werden, die Spannungen 1969 am Grenzfluss Ussuri gar in eine militärische Auseinandersetzung münden und Mao Zedong 1972 mit dem Empfang des US-Präsidenten Richard Nixon in Beijing demonstriert, dass die einseitige Anlehnung an die Sowjetunion endgültig der Vergangenheit angehört, entwickelt sich in der Welt die Aufmerksamkeit dafür, wie groß die Unterschiede in der chinesischen und sowjetischen Entwicklung immer schon gewesen sind. 1950 aber gibt es noch ein Ereignis, dass Mao seine Abhängigkeiten im Kalten Krieg doppelt bewusst macht. Am 25. Juni bricht der Koreakrieg aus. Mao ist in diesem Krieg Akteur, aber er ist zugleich Getriebener.

Korea ist im August 1945 im Zuge der Zerschlagung der Guandong-Armee durch die Sowjetarmee von einer seit 1905 andauernden japanischen Kolonialherrschaft befreit und dann den Vereinbarungen der Anti-Hitler-Koalition gemäß am 38. Breitengrad geteilt worden. Im antijapanischen Befreiungskampf hat sich eine revolutionäre Bewegung formiert, die manche Ähnlichkeit mit der von der Gongchandang geführten hat. Als am 8. September 1945 Südkorea durch US-Truppen besetzt wird, beginnt dort ein Kampf gegen diese Bewegung, der 1949 mit ihrer fast vollständigen Vernichtung endet.[22] Wie in China in der Person Tschiang Kaischeks, so sehen die USA in Korea in dem Antikommunisten Li Syngman den entscheidenden Mann, mit dem sie ihre Strategie der Eindämmung des Kommunismus in die Tat umsetzen können.

Am 25. Juni 1950 entsendet der nordkoreanische Staatschef Kim Ilsung Truppen, die mit chinesischer und sowjetischer Hilfe ausgerüstet und ausgebildet worden sind, in den Süden, um das Land mit militärischer Gewalt zu vereinigen. Weil das Vorgehen der konterrevolutionären Kräfte im Süden bis dahin mehr als 100.000 Todesopfer gefordert hat und die Lage seit 1949 durch Provokationen südkoreanischer Truppen an der Demarkationslinie am 38. Breitengrad weiter verschärft worden ist, sieht der amerikanische Koreaspezialist Bruce Cumings in diesem Einmarsch keinen tatsächlich neuen Krieg, sondern die Fortsetzung des bereits im Gang befindlichen mit anderen Mitteln.[23] Bis zum Waffenstillstand am 27. Juli 1953, bei dem nach vielen hin und her wogenden Kämpfen am Ende die alte Demarkationslinie bestätigt und damit die Teilung in Nord und Süd festgeschrieben wird, kostet dieser Krieg Millionen Menschenleben, legt die US-Luftwaffe mit massiven Bombardements viele nordkoreanische Städte in Schutt und Asche, gerät die Welt zeitweilig an den

Rand eines dritten Weltkrieges. Die USA sehen im Einmarsch der Truppen des Nordens einen Anlass, schon am 27. Juni 1950 im UN-Sicherheitsrat eine Kollektivintervention zugunsten Südkoreas durchzusetzen. Sie machen sich dabei eine Konfrontationssituation zu nutze: Der Vertreter Chinas, der, weil Taiwan den chinesischen UN-Sitz inne hat, ein Vertreter Taiwans ist, führt den Vorsitz im Sicherheitsrat, und die Sowjetunion, die ihre Solidarität mit der VR China demonstrieren will, boykottiert diese Sitzung. So ist das sowjetische Einspruchsrecht verspielt. Am 15. September 1950 kommt die Kollektivintervention, die am Ende fast ausschließlich aus US-Truppen besteht, in Gang.

Damit hat der Krieg eine internationale Dimension, und Mao Zedong bekommt es, als die Nordtruppen zurückgeschlagen werden, zusätzlich zur Taiwan-Frage mit einer direkten Bedrohung der chinesischen Festlandsgrenze durch US-Truppen zu tun.

Darum setzt er am 25./26. Oktober 1950 erste Verbände der Jiefangjun nach Nordkorea in Marsch. Sie firmieren als Freiwilligenverbände, um den Konflikt unterhalb der Schwelle eines offiziellen chinesisch-amerikanischen Krieges zu halten. Die Entscheidung zur Intervention trifft er nach komplizierten telegrafischen Verhandlungen mit Moskau, bei denen ihm klar wird, dass Stalin den Koreakrieg zwar als Teil der weltweiten amerikanisch-sowjetischen Auseinandersetzung um die Neugestaltung der Welt nach dem zweiten Weltkrieg begreift, die Kastanien aber nicht durch sowjetische, sondern chinesische Truppen aus dem Feuer holen lassen will.[24] Eine Wahl hat Mao jedoch nicht mehr. China, nicht die Sowjetunion, ist durch den Krieg direkt bedroht, und Kim Ilsung nicht zu helfen bedeutet, den USA freie Hand zu lassen. Fast eine Million chinesische Soldaten sterben in der Konsequenz dieser Entscheidung auf den koreanischen Schlachtfeldern.

Der Koreakrieg ist für die USA von größter globalstrategischer Bedeutung. Er ist der willkommene Auslöser für einen raschen Schulterschluss mit den ehemaligen Kriegsgegnern Japan und (Bundesrepublik) Deutschland gegen die ehemaligen Verbündeten Sowjetunion und China unter der Flagge des Antikommunismus. Die Volkswirtschaften Japans und der BRD erleben durch den riesigen Bedarf an Stahl und Waffen im Koreakrieg einen unerwarteten, für ihre Nachkriegsentwicklung entscheidenden Aufschwung.

China hingegen wird durch den Krieg in seinem Wirtschaftsaufbau gebremst. Dass Mao Zedong die Dinge dennoch für sich ins Positive zu wenden vermag, kann angesichts der bisher von ihm geführten Kämpfe und auch angesichts der Tatsache, dass alles andere politischen Selbstmord bedeuten würde, nicht verwundern. So feiert er die Erreichung des Waffenstillstandes, mit dem, wie gesagt, nur genau jene Situation wiederhergestellt wird, wie sie am Beginn des Krieges existiert hatte, nicht nur als »großen Sieg im Krieg des Widerstands gegen die US-Aggression und der Hilfe für Korea« schlechthin, sondern er ist zudem der Auffassung, dass im 33 Monate langen Kampf gegen die US-Streitkräfte die Erfahrung gemacht worden sei, dass »der US-Imperialismus … nichts Schreckenerregendes an sich« habe, »nichts, was das Aufhebens um ihn rechtfertigen würde«.[25] Und in der Begründung des verlangsamten Wirtschaftswachstums greift er auf die Erfahrung des antijapanischen Widerstandskrieges zurück. So, wie die Bauern damals mit ihren Abgaben die Kämpfe der von der Gongchandang geführten Truppen für das höhere Ziel des Sieges über Japan unterstützen mussten, so seien auch im Koreakrieg die wirtschaftlichen Opfer für das höhere Ziel des Sieges über die USA unumgänglich gewesen.[26]

Herrscher ohne Maß und Gesetz

»Ein bisschen Bürgerkrieg, was kann daran schon so schlimm sein«

Mao Zedong stirbt am 9. September 1976 im Alter von 82 Jahren. Seinen 83. Geburtstag am 26. Dezember 1976, den er nicht mehr erlebt, begeht die Gongchandang-Führung unter Maos Nachfolger Hua Guofeng mit einem Paukenschlag: Sie gibt eine bis dahin geheim gehaltene Rede an die Öffentlichkeit, die Mao 20 Jahre zuvor, am 25. April 1956, vor dem Politbüro gehalten hat. Der Titel dieser Rede ist schlicht – er lautet *Über die zehn großen Beziehungen* (*Lun shi da guanxi*) –, aber ihr Inhalt ist umso spektakulärer. Die Verfasser der 1980 in der DDR erschienenen *Kommentierten Chronik der VR China 1949-1979* markieren ihn mit der knappen Feststellung, Mao habe »die allgemeinen Erfahrungen des sozialistischen Aufbaus in der UdSSR geleugnet« und den »besonderen chinesischen Weg« der Wirtschaftsentwicklung betont.[1] Die Leserschaft weiß, dass sie zwischen den Zeilen lesen und ein überraschtes »Schon damals also!« hinzufügen muss: Schon 1956 also hat der chinesische Parteiführer so gedacht und seine Politik konzipiert – schon 1956, da doch alles noch ganz nach unerschütterlicher sowjetisch-chinesischer Freundschaft klang.

Lun shi da guanxi ist einer derjenigen Texte, in denen Maos Verständnis von Theorie und Praxis, von Vision und politischem Pragmatismus besonders konzentriert zum Ausdruck kommt. Es ist ein Manifest der chinesischen Eigenständigkeit, der Bereitschaft und des Willens, sich als eigenständige Macht in der Welt zu etablieren und sich weder von der Sowjetunion noch von irgendjemand anderem abhängig zu machen. Dies ist wohl auch die Botschaft, die Hua Guofeng 1976 mit der Veröffentlichung unter die Leute und in die Weltöffentlichkeit bringen will.

Aber der Text wirft zugleich viele Fragen auf. Liegt da vielleicht auch ein Schlüssel für das Verständnis der katastrophalen Entwicklungen, in die Mao sein Land seit 1957 gestürzt hat? Im

April 1956, als Mao damit vor das Politbüro tritt, ist es zwei Monate her, dass KPdSU-Generalsekretär Nikita Chruschtschow in Moskau auf dem XX. Parteitag seiner Partei »Über den Personenkult und seine Folgen« referiert hat. Zum ersten Mal ist damit in Moskau offiziell über die Verbrechen Stalins gesprochen worden. Die Rede, obgleich sie bei der Beschreibung von Vorgängen stehen bleibt und noch längst nicht an den inneren Zusammenhang zwischen Stalinismus und Sozialismus sowjetischer Prägung rührt, erzeugt in den sozialistischen Ländern und in der kommunistischen Bewegung der ganzen Welt Aufruhr. In Ungarn und Polen kommt es zu antistalinistischen Aufständen, die mit Gewalt – in Ungarn marschieren sowjetische Truppen ein – unterdrückt werden. In der DDR wird die Rede geheim gehalten; die Führung versucht, rasch zur Tagesordnung überzugehen; Versuche, die Dinge gründlicher zu erörtern, werden durch Verhaftungen, einige wirksame Schauprozesse und eine Fülle von Parteiverfahren gegen unbotmäßige SED-Mitglieder im Keime erstickt.

Und Mao? Mao hat kein Interesse daran, sich der von Chruschtschow betriebenen Verurteilung des sowjetischen Diktators anzuschließen, denn das hieße für ihn, eigene Herrschaftsmethoden in Frage stellen zu müssen und sich zudem erneut der Sichtweise eines sowjetischen Parteiführers anzuschließen. Er weiß, welche Chancen ihm aus dem Verschwinden des übermächtigen Konkurrenten Stalin, der ihn so oft gedemütigt hat, für den Gewinn eigener Souveränität erwachsen. Chruschtschow – davon ist er überzeugt – wird ihn nicht mehr in ähnlicher Weise bedrängen können. Und so entwickelt er in den *Zehn großen Beziehungen* die Loslösung Chinas von der Sowjetunion. Daraus, dass dort »kürzlich gewisse Mängel und Fehler ... ans Tageslicht gekommen« seien, zieht er den Schluss, dass man, »bestimmte Umwege vermeiden« könne, und er setzt neue internationale Koordinaten für das Vorhaben, China »zu einem starken sozialistischen Staat aufzubauen«. Nicht mehr an eine Seite wolle man sich künftighin lehnen, sondern sich »mit allen Kräften, mit denen ein Zusammenschluss möglich ist, zusammenschließen«. Dabei könnten

Mit Stalin in Moskau, Dezember 1949.

»die nicht neutralen Kräfte ... neutralisiert ... und sogar die reaktionären Kräfte ... aufgespalten und genutzt werden«.[2]

Zehn große Beziehungen – das sind in Maos Verständnis die immer als widerspruchsvoll begriffenen und daher in Kampf und Auseinandersetzung zu gestaltenden Beziehungen zwischen einzelnen Wirtschaftszweigen, zwischen Wirtschaft und Landesverteidigung, zwischen Staat, Produktionseinheiten und Produzenten, zwischen der zentralen und der lokalen Ebene, weiter zwischen den Han und den nationalen Minderheiten, zwischen der Gongchandang und den nichtkommunistischen Parteien, schließlich zwischen Revolution und Konterrevolution, zwischen »richtig und falsch« sowie zwischen China und anderen Ländern. Was Stalin betrifft, so meint Mao, dass bei ihm »Fehler und Leistungen ... im Verhältnis von 30 zu 70« stünden, er jedoch »alles in allem ... ein großer Marxist« gewesen sei. Mit Spott bedenkt er diejenigen, die Stalin einst »zehntausend Klafter hoch in den Himmel hoben« und ihn nun »mit einem Tritt neuntausend Klafter tief in die Hölle befördert« hätten.[3] Chruschtschow bleibt ungenannt, ist aber selbstverständlich gemeint.

Nachdrücklich beharrt Mao in *Lun shi da guanxi* darauf, dass der Leitfaden der chinesischen Gesellschaftsentwicklung in der »Verbindung der allgemeingültigen Wahrheit des Marxismus-Leninismus mit der konkreten Praxis der chinesischen Revolution« bestehen müsse, und zugleich weitet er den Rahmen dessen, was unter dieser konkreten Praxis zu verstehen sei. Das Lernen vom Ausland müsse die Erfahrungen der ganzen Welt umfassen, dürfe vor den westlichen Gesellschaften nicht halt machen. Zwar müsse man, meint er, »alle verrotteten bürgerlichen Systeme, Ideologien und Lebensweisen des Auslands ... entschieden ablehnen und kritisieren«, aber dies dürfe die Partei und das Volk nicht daran hindern, sich »die fortgeschrittene Wissenschaft und Technik der kapitalistischen Länder anzueignen und das zu lernen, was wissenschaftlich an ihrer Betriebsführung ist.«[4]

Das sind Überlegungen, wie sie auch jene in der Partei gern hören, die – wie Deng Xiaoping, der Ende 1978 an die Spitze der Gongchandang treten und deren Geschicke in den 1980er und 1990er Jahren bestimmen wird – sich als Pragmatiker einen Namen machen. Aber der Text wäre kein Mao-Text, wenn er nicht auch ganz andere, geradezu entgegengesetzte Signale enthielte. Und eines dieser Signale ist das Festhalten an der Idee von den immer wieder notwendigen weiteren Revolutionen. Seiner Auffassung vom dialektischen Widerspruch folgend, sieht Mao die Schwächen Chinas zugleich als dessen Stärken. China sei arm, weil es nicht viel Industrie besitze und die Landwirtschaft unterentwickelt sei, und es sei blank, weil es einem unbeschriebenen Blatt gleiche. Dies freilich sei »vom Gesichtspunkt der Entwicklung aus betrachtet ... keine schlechte Sache«, denn »die Armen wollen Revolution, während es den Reichen schwerfällt, Revolution zu machen«. Die Revolution sei Lösung der Widersprüche, aber wenn man die Widersprüche gelöst habe, sei man keineswegs an ein Ende gekommen, sondern werde notwendigerweise auf neue Widersprüche, neue Probleme stoßen. »Der Weg«, schließt Mao, sei »voller Windungen und Wendungen«, die Zukunft aber »licht«. Man müsse nur »alle positiven Faktoren ... im Inland wie im Ausland ... voll und ganz zur Geltung« bringen, dann werde

Mit Nikita Chruschtschow im Oktober 1959 in Beijing.

es gelingen, China »zu einem starken sozialistischen Staat aufzubauen«.[5]
Seiner Partei verordnet Mao auf diesem Weg die Bereitschaft,
sich öffentlich mit Kritik auseinanderzusetzen. »Leuten, die uns
beschimpfen«, so meint er, »sollten wir ein Auskommen geben,
und wir sollten ihnen erlauben, über uns herzuziehen; den Un-
sinn, den sie verzapfen, müssen wir widerlegen, die berechtigten
Vorwürfe jedoch akzeptieren.« Das sei besser für die Partei, für
das Volk und den Sozialismus. Und überhaupt dürfe man die
Gongchandang nicht als etwas Ewiges betrachten. Sie sei wie
andere Parteien auch ein Produkt der Geschichte, und »was in
der Geschichte entsteht, verschwindet auch wieder im Lauf der
Geschichte«. Er, Mao, halte es für wirklich gut, wenn man eines
Tages die Gongchandang und die Diktatur des Proletariats nicht
mehr brauche, man müsse deren Verschwinden sogar beschleu-
nigen.
Wer aber nun glaubte, dies dürfe als freiwilliger Rückzug der
Partei von ihrem Machtmonopol verstanden werden, ging völlig

fehl. Im Moment, setzte Mao sofort hinzu, sei noch das ganze Gegenteil notwendig: Gongchandang und Diktatur müssten gestärkt werden, andernfalls könne man die Konterrevolutionäre nicht unterdrücken, den Imperialisten nicht Widerstand leisten und den Sozialismus nicht aufbauen.

Und dann folgt eine Forderung, in der sich die Kulturrevolution, die er 1966 in Gang setzen wird, bereits anzukündigen scheint: »Aber der Bürokratismus und der aufgeblasene Verwaltungsapparat müssen bekämpft werden. Ich schlage vor, dass der Partei- und Staatsapparat bedeutend vereinfacht, um zwei Drittel verkleinert wird, unter der Bedingung, dass dabei erstens niemand zu Tode kommt und zweitens keine Arbeit ins Stocken gerät.«[6]

Es werden viele zu Tode kommen, und die Arbeit wird in dramatischer Weise »ins Stocken geraten«. So sehr, wie sich das 1956 noch niemand vorzustellen vermag.

Obwohl sie alle, die mit Mao auf dem Weg sind, schon in Yan'an von 1942 bis 1945 die Zhengfeng Yundong, die Bewegung zur Ausrichtung des Arbeitsstils, erlebt haben. Bekämpft worden waren damals der »Subjektivismus« mit seinen zwei Spielarten »Dogmatismus« (Überbetonung der Theorie) und »Empirismus« (Überbetonung der Praxis), weiter das »Sektierertum« und schließlich der »Schematismus«. Eigentliches Ziel der Auseinandersetzung waren die Moskauer um Wang Ming gewesen, aber alle drei Übel waren so biegsam definiert, dass praktisch jeder ins Visier der Kampagne geraten konnte und sich einem immer wiederkehrenden Ritual aus öffentlicher Kritik und Selbstkritik zu unterwerfen hatte. Die Zhengfeng Yundong war – wie mit Oskar Weggel einer der produktivsten (west)deutschen Analytiker des modernen China resümiert – so zum »Schema für die ›Handhabung‹ fast aller nachfolgenden innerparteilichen Auseinandersetzungen« geworden.[7]

Ganz in dieser Tradition waren schon bald nach der Gründung der VR China – allerdings nicht von Mao allein, sondern von der gesamten Gongchandang-Spitze – Kampagnen zur gesellschaftlichen Umgestaltung in Gang gesetzt worden. In der Sanfan Yundong, der Drei-Anti-Kampagne, ging es 1951/52 gegen Kor-

Mit Richard Nixon 1972 in Beijing.

ruption, Vergeudung und Bürokratismus im Regierungs- und
Verwaltungsapparat. Wenig später geriet in der Wufan Yundong,
der Fünf-Anti-Kampagne, die Kapitalistenklasse ins Visier. Die
fünf zu bekämpfenden Übel waren nun Bestechung, Steuer-
hinterziehung, Diebstahl von Staatseigentum, Missbrauch von
Material und Arbeitern, schließlich Diebstahl staatlicher Wirt-
schaftsnachrichten.

Für die Bevölkerung hatten diese Kampagnen immer dramatische
Folgen, weil der Willkür Tür und Tor geöffnet wurden. Vieles, was
dabei geschah, traf die Erwartungen der bis dahin Unterdrückten
und Ausgebeuteten, aber niemand wusste genau, wo die Dinge
enden. Mit den fünf Übeln konnte man, wie Fairbank schreibt,
»jeden Arbeitgeber vor Gericht bringen. Viele wurden enteignet,
einige zu Staatsangestellten gemacht.«[8] Widerstand wurde mit
Gewalt beantwortet. Dies insbesondere auf dem Land, wo eine
umfassende Bodenreform durchgeführt wurde. Die Bauern wurden gegen die Großgrundbesitzer mobilisiert – und mobilisier-

ten sich selbst, da sie ein ureigenes Interesse an der Beendigung der unerträglichen Ausbeutungsverhältnisse hatten. Es entstand, so Fairbank, »eine Atmosphäre von Terror, Schauprozessen, Massenanklagen und Hinrichtungen«.[9]

Ob eine solche opferreiche Entwicklung je gerechtfertigt werden kann, wird immer eine Frage bleiben. Fairbank, indem er sie aufnimmt, fragt freilich auch, ob die Herrschaft der Großgrundbesitzer in den Dörfern ohne Gewalt, nur durch schrittweise Entwicklung hätte beseitigt werden können, schließt die Frage an, »ob die Alphabetisierung der Massen … ohne die politische Organisation durch die Partei ebenso schnell erfolgt wäre«, und kommt zu dem Schluss, dass dem westlichen Beobachter »nur die banale Feststellung« bleibe, »dass die chinesische kommunistische Revolution in chinesischem Stil stattfinden musste«.[10]

Mao Zedong meint, dass es in einer Revolution immer Opfer geben wird. »Man muss zugeben«, sagt er im April 1956 in einer anderen Rede vor dem Politbüro, »dass es noch Konterrevolutionäre gibt«, und fügt hinzu: »Dass wir in der Vergangenheit zwei, drei Millionen ›getötet, eingesperrt oder überwacht‹ haben, war ausgesprochen notwendig, ohne solche Handhabe wäre es nicht gegangen.«[11] Aber während dies alles noch mit dem für Revolutionen typischen Kampf zwischen Revolution und Konterrevolution, mit dem Aufeinanderprallen unterschiedlicher Klasseninteressen erklärbar ist und der revolutionäre Kurs in dieser Phase von einer im Wesentlichen gemeinsam handelnden Parteiführung getragen wird, die sich auf eine rasch wachsende Gongchandang stützen kann – von 1947 knapp drei Millionen steigt die Zahl der Mitglieder bis 1953 auf über sechs Millionen[12] –, beginnt Mao Zedong im Jahre 1957, der Partei und dem Land neuerliche Revolutionen zu verordnen, die mit diesen klassischen Vorgängen nichts mehr zu tun haben.

Dabei hatte sich mit dem ersten Fünfjahrplan von 1953 bis 1957 die chinesische Wirtschaft auf einen scheinbar sicheren Erfolgsweg begeben. Das Bruttosozialprodukt stieg im Mittel um jährlich 8,9 Prozent, die landwirtschaftlich Produktion um 3,8 Prozent, und da die Bevölkerung nur um 2,4 Prozent wuchs, schlug

Mit Franz-Josef Strauß 1975 in Beijing.

die Produktionssteigerung direkt für die Versorgung zu Buche.
Die ländlichen Löhne stiegen um fast ein Drittel, die Bauern-
einkommen um ein Fünftel. Die Lebenserwartung betrug 1950
nur 36 Jahre und 1957 schon 57. Der Anteil der Volksschüler er-
höhte sich von 25 auf 50 Prozent. Dies waren, nimmt man andere
Entwicklungsländer zum Vergleich, herausragende Ergebnisse.
Indien zum Beispiel blieb bei der Entwicklung des Bruttosozial-
produkts in dieser Zeit bei jährlich unter zwei Prozent.[13]
Aber das ist aus Maos Sicht nicht genug. Es ist die Moskauer
Handschrift, mit der dieser erste Fünfjahrplan geschrieben worden ist, und in ihrer Generallinie hat sich die Gongchandang-
Führung in enger Zusammenarbeit mit den sowjetischen Bera-
tern darauf geeinigt, dass die Schritt-für-Schritt-Strategie noch
mindestens zwei weitere Fünfjahrpläne lang – also mindestens
bis 1967 – fortgeführt werden sollte. Damit kann sich Mao nicht
abfinden. Diese Strategie wird von ihm – Weggel formuliert es
treffend – als »Fesselung der Revolution auf ein Prokrustesbett«
empfunden. Sie sei – so Weggel weiter – das genaue Gegenteil

dessen, was »ein Guerilla-Führer vom Format Maos, der bis dahin alle seine Erfolge durch Massenbewegungen hatte erzielen können, ... in seiner bisherigen Karriere an Erfolgsrezepten erprobt und für wichtig befunden hatte«.[14] Und sie birgt daher für Mao, der nie ein Hehl daraus machte, von Wirtschaftsentwicklung im Einzelnen wenig Ahnung zu haben, die sehr reale Gefahr, von den Entwicklungen überholt, von der Spitze verdrängt zu werden. »Fragen des Aufbaus gegenüber«, sagt er am 23. Juli 1959 auf einer Konferenz der Gongchandang im Gebirgskurort Lushan, »bin ich absoluter Laie, von Industrieplanung verstehe ich nicht das geringste«[15]

Und so nutzt er seine Autorität und Machtfülle am Ende zu drei gewaltigen Gegenschlägen.

Der erste wird unter der Bezeichnung Hundert-Blumen-Bewegung (Bai Hua Yundong) in die Geschichte eingehen. Mit der Parole »Lasst hundert Blumen blühen« ermuntert Mao 1956/57 die Intellektuellen des Landes zur offenen Kritik an der Partei und den Verhältnissen. Es ist ein Schritt voller Raffinesse und Hintersinn. Die Intellektuellen sind von der Gongchandang-Führung bisher mit herablassender Geringschätzung bedacht worden, nun auf einmal werden sie vom Zhuxi, dem Großen Vorsitzenden, höchstpersönlich zur Mitgestaltung aufgefordert. Sie sollen mit Anstößen von außen einen Prozess von Kritik und Selbstkritik in Gang setzen, bei dem sich die Partei ein erneutes Mal ideologisch reinigen soll.

Die Kampagne endet in der Katastrophe. Die Intellektuellen nehmen den Aufruf ernst, es bricht, wie Weggel schreibt, ein Gewitter los, aus Anschuldigungen in Richtung einzelner Parteikomitees entwickelt sich rasch eine »veritable Systemkritik«: Mao, heißt es, habe sein Versprechen, eine Koalitionsregierung der vier Klassen zu bilden, nicht gehalten, die Gongchandang maße sich alle Macht an und mische sich im Stile einer Geheimpolizei in alles und jedes ein, die Partei habe sich auf beispiellose Weise von den Massen entfremdet.[16] Die Gongchandang-Führung reagiert panisch. Sie initiiert eine neuerliche Kampagne, in der sie die Intellektuellen, die gerade noch dem Aufruf zur offenen Kritik gefolgt sind, als »Rechtsabweichler« brandmarkt. Mindestens zwei Millionen Intellektuelle geraten in den Strudel, 550.000 von ihnen werden als Rechtsabweichler registriert, in Arbeitslager verbracht oder auf andere Weise in ihren Freiheitsrechten eingeschränkt. Sie werden mit einer für sie selbst und für das ganze Land dramatischen Wirkung dem Machtkampf in der Führung geopfert: Von Mao gegen die Protagonisten der Generallinie um Ministerpräsident Liu Shaoqi in Stellung gebracht, werden sie nun von der Gegenbewegung überrollt.[17]

Mao selbst nimmt in diesem Machtkampf keinen Schaden. Im Gegenteil: Dass ihn die Gegenbewegung nicht zu Fall bringen kann, bestärkt ein weiteres Mal sein Gefühl der Unersetzlichkeit. Von dieser Position aus startet er im Mai 1958 den zweiten großen Gegenschlag: den Großen Sprung nach vorn (Da Yue Jin). Im September 1956 hatte der 8. Gongchandang-Parteitag den Zweiten Fünfjahrplan beschlossen und damit die ursprüngliche Generallinie bestätigt. Nun setzen Mao und die ihn umgebende Gruppe auf einem ZK-Plenum diese Generallinie außer Kraft. Nicht mehr Schritt für Schritt soll die wirtschaftliche Entwicklung künftighin verlaufen, sondern in Sprüngen soll es vorwärts gehen. Im Juli 1958 werden jährliche Zuwachsraten der Industrie in Höhe von unglaublichen 45 Prozent und der Landwirtschaft von ebenso unglaublichen 20 Prozent ins Auge gefasst. Nach dem ursprünglichen Plan sollte 1962 die Stahlproduktion einen Umfang von zwölf Millionen Tonnen erreichen – nun ist von nicht weniger als 80 Millionen, sogar 100 Millionen Tonnen die Rede.[18]

Nun wird deutlich, was Mao meint, wenn er davon spricht, dass das chinesische Volk blank und wie ein unbeschriebenes Blatt sei. Mit Losungen wie »Drei Jahre harte Arbeit, 10.000 Jahre Glück« glaubt er, dieses Blatt so beschreiben zu können, dass durch politische Überzeugung Produktionsleistungen möglich werden, die weit über das hinausgehen, was die vorhandene ökonomische Basis tatsächlich hergibt. Aus der Zentrale kommen allgemeine Weisungen, wie der Sprung zu schaffen sei – unter anderem zum Aufbau von Mini-Hochöfen in den Dörfern zur Eisen- und

Stahlerzeugung –, aber »das eigentliche Vollzugsdetail«, so Weggel, sollte »dem Massenexperiment überlassen« werden. »Revolutionen mussten nach Maos Ansicht praktisch erlebt statt bloß theoretisch reflektiert werden.«[19]

Zum Großen Sprung nach vorn gehört die Gründung von Volkskommunen. Mit einer Größe von bis zu 20.000 Haushalten sollen sie auf dem Land als selbstversorgende Einheiten funktionieren. Sie umfassen das ganze Leben und überwachen die Produktion der nachgeordneten Brigaden und Gruppen, übernehmen die örtlichen Finanzen und Investitionen, Gesundheitsprogramme und kulturelle Aufgaben.

In der Summe von höchst unrealistischen Wachstumszielen, der falschen Annahme, man könne die geplante Industrieentwicklung mit Gewinnen aus der Landwirtschaft finanzieren, und einer Missernte im Jahre 1959, deren wahres Ausmaß in den Berichten aus den Provinzen jedoch verschwiegen wird, worauf das Abgabesoll für die Bauern unverändert hoch bleibt, kommt es zu einer Hungersnot, die bis 1961 andauert und um die 20 Millionen Menschenleben kostet. Wie die Hundert-Blumen-Bewegung, so endet auch der Große Sprung nach vorn in einer furchtbaren Katastrophe.

Die Dinge sind so dramatisch, dass Mao sogar bereit ist, sich der führungsinternen Kritik zu stellen. »90 Millionen Menschen in die Schlacht zu schicken«, erklärt er mit Bezug auf die Mini-Hochöfen-Kampagne im Juli 1959 auf der Konferenz in Lushan – von der Hungersnot ist zu diesem Zeitpunkt noch nichts zu ahnen –, »dieses Chaos hat wirklich Riesenausmaße angenommen, dafür muss ich selbst die Verantwortung tragen.«[20] Aber keineswegs will er den Großen Sprung in seiner Gesamtheit als Niederlage bewerten. Es sei, sagt er, eine Niederlage in Teilbereichen, man habe ein größeres Lehrgeld gezahlt, aber es habe der Wind des Kommunismus geweht, für das ganze Volk sei es eine Erziehung gewesen.[21] Was die eigene Verantwortung betrifft, geht Mao keineswegs so weit, persönliche Konsequenzen zu ziehen. Vielmehr macht er einen seiner wichtigsten, seit Jahrzehnten an seiner Seite stehenden Weggefährten zum Sündenbock: Verteidigungsminister Peng Dehuai, der in Lushan den Großen Sprung besonders kritisch analysiert, wird seines Amtes enthoben und durch Lin Biao ersetzt.

In den Jahren von 1961 bis 1965 kommt es unter der Führung von Liu Shaoqi zu einem Berichtigungskurs, mit dem wieder Wachstumsraten von über zehn Prozent erzielt werden und die Wirtschaft in erstaunlicher Geschwindigkeit gesundet. Aber Mao will sich damit nicht aufhalten. Er hat den Prozess der Abnabelung von der Sowjetunion bis zur scharfen politischen Konfrontation vorangetrieben. In den Jahren 1963/64 führt das zu einer in aller Öffentlichkeit ausgetragenen, keine gegenseitige Verletzung aussparenden Polemik über die Generallinie der internationalen kommunistischen Bewegung. Mao beansprucht eine Führungsrolle in dieser Bewegung und in der Dritten Welt, und jetzt will er auch in China selbst endgültig mit den Liuisten abrechnen – den Anhängern der Linie von Liu Shaoqi, die für ihn gleichbedeutend mit der Anlehnung an das sowjetische Modell ist. Und so hebt er zum dritten großen Gegenschlag an.

Der Konflikt zwischen den Maoisten und den Liuisten hat schon 1962 erheblich Fahrt aufgenommen. Lin Biao hat das *Kleine Rote Buch* mit den *Worten des Vorsitzenden Mao* in Umlauf gebracht und damit den Personenkult um Mao in neue Höhen getrieben; Liu Shaoqi hat darauf mit der massenhaften Verbreitung seiner bereits 20 Jahre alten Schrift *Über die Selbstkultivierung eines Gongchandang-Mitglieds* geantwortet. Mao will immerwährende Bereitschaft zum Klassenkampf, er glaubt an die unbeschränkte Schöpferkraft der Massen, will Revolution um der Selbstbewegung willen und hält nicht viel von Parteibeschlüssen. Liu setzt dem ein an Lenin geschultes Parteiverständnis entgegen, setzt auf Beschluss- und Prinzipientreue, und mit einer solchen Partei will er die Wirtschaft schrittweise und planmäßig unter Einschluss materieller Anreize für den Einzelnen entwickeln.[22]

Die Liuisten sind, gestützt auf die gute Wirtschaftsentwicklung, in der Übermacht, Mao kann sie nicht direkt angreifen, also setzt er ein erneutes Mal auf die Massen. Anfang August 1966 überzeugt er mit seinem nach wie vor von keinem anderen erreich-

Mit Zhou Enlai (1.v.l.), Liu Shaoqi (3.v.l.), Deng Xiaoping (ganz r.).

ten Charisma das Gongchandang-ZK, die Durchführung einer Großen Proletarischen Kulturrevolution (Wuchanjieji Wenhua Da Geming) zu beschließen – einen »Klassenkampf von 95 Prozent gegen fünf Prozent«. Aber weil es noch liuistischen Widerstand gibt, heizt er am 5. August, noch während das ZK-Plenum tagt, die öffentliche Meinung mit einer persönlichen Wandzeitung, unter der Überschrift *Das bürgerliche Hauptquartier bombardieren,* weiter an. Er fordert den umfassenden Kampf gegen die Revisionisten in der Partei. Gemeint sind Liu Shaoqi und Deng Xiaoping, aber im Strudel versinken werden viele Millionen. Das Chaos der Kulturrevolution wird von 1966 bis 1969 dauern, und erst 1976, nach Maos Tod und der nur kurz darauf – am 6. Oktober – erfolgenden Ausschaltung der besonders militant agierenden sogenannten Viererbande um Maos Ehefrau Jiang Qing, wird die Kulturrevolution endgültig beendet sein.

Wie viele Opfer diese Revolution insgesamt fordert, ist bis heute umstritten. Etwa 100 Millionen Menschen sind direkt an ihr beteiligt, mindestens 500 Millionen werden indirekt in Mitleidenschaft gezogen. Die Säuberung der Gongchandang erfasst rund

60 Prozent ihrer Funktionäre. Man schätzt, dass 400.000 Menschen durch Gewalttaten zugrunde gehen. Unzählige Menschen erleiden dauernde körperliche und seelische Schäden.[23] Viele wählen den Freitod – darunter der weithin berühmte Schriftsteller Lao She, der – Spence hebt es hervor – 1932 mit dem Roman *Die Stadt der Katzen* die Selbstzerfleischung der Chinesen angeprangert hatte.[24] Aus dem Kreis der einst engsten Kampfgefährten Maos kommen, durch die Attacken der aufgeputschten Massen und der Sicherheitsorgane, die nun zu Erzfeinden erklärten Liu Shaoqi und Peng Dehuai zu Tode.

Die Große Proletarische Kulturrevolution ist, »eines der seltsamsten Ereignisse der Geschichte«, schreibt Fairbank,[25] und er meint damit, dass ihre Ursachen, ihr Anlass und ihr erratischer Verlauf nur schwer zu begreifen sind. In der Tat sind die Deutungsanstrengungen bis heute nicht abgeschlossen.

Fest steht, dass Mao Zedong in jeder Hinsicht im Zentrum des schwer überschaubaren Geschehens steht – und zwar, wie Fairbank treffend schreibt, in einer Doppelrolle als eine Art Kaiser und Revolutionsführer zugleich. Immer war in China die Macht von oben gekommen – nun kommt von dort also auch die Macht zur Selbstzerstörung, und das kann gehen, weil Mao »nicht nur ein Kultobjekt« ist, »sondern auch der anerkannte Chef eines jeden in der Organisation«, »ein Gott, der Politik spielte«.[26]

Aber selbst dem Gott Mao gleitet die Kulturrevolution aus der Hand. Im August 1966 lässt er die Roten Garden (Hongweibing) bilden: Gruppen von Schülern und Studenten, die er bei sechs gewaltigen Massenversammlungen mit insgesamt mehr als zehn Millionen Rotgardlern aus dem ganzen Land bis zum November auf dem Platz vor dem Tiananmen in Beijing auf den Schlag gegen die Alten Vier – die alten Ideen, die alte Kultur, die alten Bräuche und die alten Gewohnheiten – einschwört. Mitte 1968 wird er sie unter Anwendung neuer Gewalt wieder demobilisieren lassen. Sie haben mit ihren Attacken tatsächlich alle Schranken niedergerissen. Es geht gegen die örtlichen und regionalen Parteifunktionäre, aber auch gegen die Lehrer, gegen die Intellektuellen, oft gegen die eigenen Eltern, sowieso gegen jeden, der in Verdacht gerät, mit dem Ausland in Verbindung zu stehen. Unzählige Stätten der alten chinesischen Kultur werden verwüstet. »Mit der Hochstimmung, Angst, Erregung und Spannung im Land«, schreibt Spence, »wuchs sprunghaft die Gewalt«, und er fährt fort: »Das Ausmaß der Gewalt und die Wut der jugendlichen Roten Garden gegen die ältere Generation lassen ahnen, wie frustriert sich die chinesische Gesellschaft im Grunde fühlte.« Jahrelang seien die jungen Leute »zu revolutionärer Opferbereitschaft, sexueller Abstinenz und absolutem Gehorsam gegenüber dem Staat angehalten und in allem fortgesetzt überwacht« worden, nun »befolgten sie begierig die Weisung, alle Zurückhaltung fahren zu lassen, und suchten sich naturgemäß diejenigen als Zielscheibe aus, denen sie die Schuld an ihrem beengten Dasein gaben«.[27]

Mitte 1967 werden die Hongweibing so stark, dass sie Teile des Staatsapparates übernehmen und die Regierung handlungsunfähig machen. Noch immer und in allem Getümmel glauben sie, dass Mao als allwissender Weiser die Hand über sie halte,[28] aber nun werden viele von ihnen selbst zu Opfern, denn Mao, der nun auch die eigenen Felle davon schwimmen sieht, lässt die Armee und Arbeitereinheiten gegen sie aufmarschieren. Es kommt in verschiedenen Teilen des Landes zu bewaffneten Auseinandersetzung mit Tausenden von Toten. »Ein bisschen Bürgerkrieg«, sagt er in diesen Tagen, »was kann daran schon so schlimm sein«.[29]

Und mit der Demobilisierung der Hongweibing im Sommer 1968 nimmt die Säuberung noch lange kein Ende. Mao setzt die Bildung von Arbeiter-Propagandatrupps durch, die gemeinsam mit Propagandaeinheiten der Armee und den nun wieder regulären Revolutionskomitees Millionen Kader, die als üble Elemente gelten, einer Gehirnwäsche unterziehen. Viele werden in sogenannte Schulen des Siebten Mai verbracht, wo ihnen durch harte landwirtschaftliche Arbeit in Verbindung mit ständiger Selbstprüfung und dem Studium von Maos Werken, bei minimalen Essensrationen und primitivsten Lebensbedingungen zu einem »vertieften Verständnis der sozialistischen Revolution« verholfen werden soll.[30]

Mit dem 9. Gongchandang-Parteitag im April 1969 versucht Mao, die Trümmer zu ordnen und den Staat neu aufzubauen. Eine neue Verfassung tritt an die Stelle der 1956 beschlossenen. In ihrem Zentrum stehen die Mao-Zedong-Ideen (Mao Zedong Sixiang) und der Klassenkampf. Lin Biao wird zum Nachfolger Maos bestimmt. Der Parteitag wird von der Armee dominiert. Zwei Drittel der Delegierten tragen Uniform, im neuen ZK sind 45 Prozent Militärs – im ZK des 8. Parteitages von 1956 waren es nur 19 Prozent. Die gerade noch so hoch gepriesenen Massen und radikalen Studenten sind kaum vertreten. [31]

Das Land versinkt weiter im Chaos. Lin Biao, gestützt vom Militär, setzt zum offenen Kampf um die Staatsführung an, bezahlt aber den im Sommer 1971 unternommenen Versuch, Mao zu beseitigen, mit dem Leben. [32] Mao selbst führt den Gegenschlag, ist dann aber – er steht im 78. Lebensjahr – immer weniger in der Lage, den Dingen durch direktes Handeln seinen Stempel aufzudrücken. Seine letzten Lebensjahre sind von heftigen Auseinandersetzungen geprägt, und zwar zwischen der Gruppe um Zhou Enlai und Deng Xiaoping, die auf eine Neuordnung unter zivilen Vorzeichen hinarbeiten, und der auf Fortsetzung der Kulturrevolution drängenden Viererbande, bestehend aus Maos Ehefrau Jiang Qing, dem Shanghaier Parteichef Zhang Chunqiao, dem literarischen Kulturrevolutions-Agitator Yao Wenyuan und dem früheren Shanghaier Textilarbeiter Wang Hongwen. Die Letzteren gewinnen auf dem 10. Parteitag 1973 noch einmal an Gewicht, sorgen dafür, dass die kulturrevolutionäre Hexenjagd weitergeht, führen mit rasch aufeinanderfolgenden Kampagnen einen Kampf gegen Zhou Enlai, den sie allerdings, weil er in der Bevölkerung hohes Ansehen genießt, nicht direkt angreifen können, setzen im Frühjahr 1976 eine erneute Absetzung Deng Xiaopings, der im März 1973 rehabilitiert worden war, durch und bestimmen, was Mao noch erfährt und was von ihm an die Öffentlichkeit dringen darf.

So chaotisch die Situation aber auch ist: Mitten hinein fällt der Besuch des US-Präsidenten Richard Nixon in Beijing. Vorbereitet durch ein geheimes Treffen von Außenminister Henry Kissinger mit Zhou Enlai in China im Juli 1971, kommt es am 21. Februar 1972 zur Begegnung zwischen Mao und Nixon in Beijing.[33] Mao, physisch bereits so schwach, dass er von zwei Krankenschwestern gestützt werden muss, erlebt einen außergewöhnlichen Triumph. Der Besuch ist eine Bestätigung seines auf Eigenständigkeit gerichteten Kurses. Er weiß: Der für seinen scharfen Antikommunismus bekannte Nixon steckt in einer schweren Klemme. Er kann den Vietnamkrieg nicht gewinnen, muss seine Asien-Pazifik-Politik neu ausrichten, will zugleich die Sowjetunion stärker unter Druck setzen, und zu alledem braucht er China, braucht er ihn, den Kommunisten und Revolutionär Mao Zedong. Ist das nicht eine glänzende Bestätigung der von ihm, Mao, schon 1946 geäußerten und 1957 zur offiziellen Lesart erklärten Auffassung, wonach »alle Reaktionäre Papiertiger«[34] seien?

· · · · ·

Uralt ist in China der Volksglaube, wonach Katastrophen in der Natur und Dramen in der Politik in engem Zusammenhang miteinander stehen. »Die Erde bebt, der Kaiser stirbt«, sagt man. 1976, das Todesjahr von Mao Zedong, ist ein solches Jahr. Am 8. Januar stirbt Zhou Enlai, am 6. Juli Zhu De. Beide waren 50 Jahre lang eng an Maos Seite, gehören zu den herausragendsten Persönlichkeiten der chinesischen Revolution. Am 28. Juli bebt unter der Stadt Tangshan die Erde. Die Erschütterungen sind so gewaltig, dass selbst im 170 Kilometer entfernten Beijing Häuser einstürzen. Fast 250.000 Menschen finden den Tod.
Am 9. September stirbt Mao. Auch das ist ein Beben. Die Bevölkerung ist wie gelähmt. Keiner weiß, wie es weitergehen wird. Aber es mischt sich in die Erschütterung auch das Gefühl, von einem Alb befreit zu sein. Als im Januar Zhou Enlai gestorben ist, versammeln sich drei Monate später, im April, wider alle Verbote und Einschränkungen Millionen Menschen zu einer spontanen Trauerkundgebung auf dem Platz am Tiananmen. Jedem Beobachter wird klar: Sie gedenken eines geliebten Politikers und Hoffnungsträgers, geben ein machtvolles Bekenntnis gegen die

Fortführung des kulturrevolutionären Wahnsinns ab. Jetzt aber, beim Tode Mao Zedongs, des der Welt entrückten Kaisers, bleibt alles im organisierten – und kontrollierten – Rahmen.

»Wir verbeugten uns«, schreibt der Botschafter der Bundesrepublik Deutschland Erwin Wickert 1982 in seinen China-Erinnerungen, »vor dem Toten und wussten, dass das Urteil über ihn stets schwanken, dass die chinesische Geschichte ihn trotzdem zu ihren größten Gestalten zählen und dass sein Bild noch lange auf dem chinesischen Volk lasten wird.«[35] Und nicht nur – so ist hinzuzufügen – auf dem chinesischen. Die ganze kommunistische und revolutionäre Bewegung des 20. Jahrhunderts ist mit Mao verbunden, und so bleibt die Auseinandersetzung mit ihm eine Aufgabe für alle, die diese Bewegung zu begreifen versuchen.

Anmerkungen

Einleitung

1 Jean-Louis Panné, Andrzej Paczkowski, Karel Bartosek, Jean-Louis Margolin: Das Schwarzbuch des Kommunismus. Unterdrückung, Verbrechen und Terror, München 1998 (im französischen Original Paris 1997), S. 513f.

2 Jung Chang, Jon Halliday: Mao. Das Leben eines Mannes, das Schicksal eines Volkes, München 2005.

3 Vgl. John K. Fairbank: Geschichte des modernen China 1800–1985, München 1989, S. 213.

4 N. Bogdanow: Erzählungen über Mao Tse-tung, Berlin (DDR) 1952.

5 Mao Tse-tung: Reden an die Schriftsteller und Künstler im neuen China. Mit einem Nachwort von Anna Seghers, Berlin (DDR) 1953, S. 86.

6 Robert S. Elegant: Chinas rote Herren, Frankfurt am Main 1952 (im amerikanischen Original New York 1951), S. 257.

7 Mao Tse-tung: Ausgewählte Schriften in vier Bänden, Berlin (DDR) 1956.

8 Ebenda, Bd. 1, S. 19, und Mao Tse-tung: Ausgewählte Werke, Bd. I, Beijing 1969, S. 16.

9 A. M. Rumjanzew: Quellen u. Entwicklung der Ideen Mao Tse-tungs, Berlin (DDR) 1973, S. 329.

10 Rudolf Müller, Dietmar Klein: Nacht über China, Berlin (DDR) 1976, S. 7.

11 Eins teilt sich in zwei. Hundert Beispiele zur Illustration des Gesetzes von der Einheit der Gegensätze, Arbeiterbuch, Hamburg 1975, S. 3f.

12 Wolfram Adolphi: China und das Pol Pot/Ieng Sary-Regime – ein Beispiel des Pekinger Hegemonismus, in: Deutsche Außenpolitik, Berlin (DDR), Heft 4/1979, S. 120–124.

13 Wolfram Adolphi, Roland Felber: Charakter, Platz und Wirkungen der Asienpolitik der chinesischen Führer in der gegenwärtigen Etappe, in: Asien-Afrika-Lateinamerika, Berlin (DDR), Heft 2/1980, S. 303.

14 Wang Ming: 50 Jahre KP Chinas und der Verrat Mao Zedongs, Berlin (DDR) 1981 (im russischen Original Moskau 1979); vgl. bei Jung Chang, Jon Halliday z. B. S. 441.

15 Otto Braun: Chinesische Aufzeichnungen (1932-1939), Berlin (DDR) 1973, S. 367.

Geboren in den Niedergang

1 Sun Yatsen: Reden und Schriften. Aus dem Chinesischen. Übersetzung, Auswahl, Einleitung und Anmerkungen von Brigitte Scheibner und Helga Scherner, Leipzig 1974, S. 73.

2 Die Zahlen vgl. z. B. bei Wolfram Eberhard: Chinas Geschichte, Bern 1948, S. 307; Vertiefendes zu diesem Abschnitt siehe – unter vielen anderen Möglichkeiten –

dort und bei John K. Fairbank: Geschichte des modernen China 1800–1985, München 1989.

3 Fairbank, S. 137f.

4 Roland Felber, Horst Rostek: Der »Hunnenkrieg« Kaiser Wilhelms II. Imperialistische Intervention in China 1900/01, Berlin (DDR) 1987, S. 5.

5 Vgl. Fairbank, S. 147; vgl. ausführlich Felber, Rostek.

6 Edgar Snow: Roter Stern über China, Frankfurt a. M. 1970, S. 175.

7 Sun Yat Sen. Aufzeichnungen eines chinesischen Revolutionärs. Hrsgg. und eingeleitet durch eine Darstellung der Entwicklung Sun Yat Sens und des Sun-Yat-Senismus von K. A. Wittfogel, Wien – Berlin o. J. (1927), S. 228.

8 Sun Yatsen: Reden und Schriften, a. a. O., S. 95.

9 Vgl. Fairbank, S. 161.

10 Eberhard, S. 322.

11 Snow, S. 177.

12 Fairbank, S. 170f.

13 Zit. nach Fairbank, S. 186.

14 Snow, S. 179.

15 Ebenda, S. 180.

16 Ebenda.

17 Ebenda.

18 Ebenda.

19 Ebenda, S. 182.

20 Ebenda, S. 183.

21 Ebenda, S. 184.

Kindheit mit Hindernissen

1 Edgar Snow, a. a. O., S. 168.

2 Fedor Burlatsky: Mao Tse-tung. An Ideological and Psychological Portrait, Moskau 1980, S. 9.

3 Ebenda, S. 10.

4 Snow, S. 167 u. 170.

5 Ebenda, S. 167.

6 Emi Xiao: Mao Zedong und Zhu De, Moskau 1939 (russ.) S. 3 und 5f.; hier zitiert nach: Burlatsky, S. 11f.

7 Snow, S. 170.

8 Ebenda, S. 175.

9 Burlatsky, S. 12.

10 Snow, S. 172; Burlatsky, S. 12.

11 Burlatsky, S. 12; Snow, S. 174.

12 Vgl. Snow, S. 168f.

13 Emi Xiao, bei Burlatsky, S. 14.

14 Snow, S. 175.

15 Ebenda, S. 171f.

16 Hsiao Yu: Mao Tse-tung and I Were Beggars, Syracuse 1959, S. 132; hier zitiert nach: Burlatsky, S. 16.

17 Snow, S. 184.

Student in Aufruhr

1 Snow, S. 185.

2 Ebenda.

3 Ebenda, S. 185f.

4 Ebenda, S. 228f., unter Bezug auf: Jerome Ch'en: Mao and the Chinese Revolution, London 1965, S. 44.

5 Fairbank, S. 150, 166f., 168.

6 Snow, S. 186.

7 Ebenda, S. 187.

8 Emi Siao, S. 11; hier zit. nach: Burlatsky, S. 18.

9 Hao Chang: Liang Ch'i-ch'ao and Intellectual Transition in China, 1890–1907, Cambridge, Mass. 1971, S. 100; hier zit. nach: Fairbank, S. 159.

10 Fairbank, S. 160.

11 Snow, S. 187f.

12 Ebenda, 187.

13 Ebenda.

14 Ebenda, S. 188.

15 Emi Siao, S. 11; hier zit. nach: Fedor Burlatsky, S. 18.

16 Snow, S. 220.

17 Ebenda, S. 592f., 569, 188, 588, 611.

18 Ebenda, S. 188.

19 Ebenda, S. 588, 611, 580.

20 Ebenda, S. 191.

21 Ebenda, S. 620.

22 Vgl. Burlatsky, S. 20.

23 Snow, S. 191.

24 Li Dazhao: Ausgewählte Artikel und Reden, Moskau 1965 (russ.), S. 60; zit. nach: W. A. Kriwzow, W. A. Krasnowa: Li Dazhao – vom revolutionären Demokraten zum Marxisten-Leninisten, Berlin (DDR) 1981, S. 84.

25 Snow, S. 198.

26 Ebenda, S. 197.

27 Ebenda, S. 196.

28 Fairbank, S. 211.

29 Vgl. R. Reiner Müller, Beiträge zur Gesellschaftstheorie in China. Die Herausbildung des Klassenbegriffs im 20. Jahrhundert, Berlin (DDR) 1976, S. 54f.

30 Manifest der Kommunistischen Partei, in: Marx/Engels Werke Bd. 4, S. 462.

31 W. I. Lenin, Die große Initiative, in: Lenin Werke Bd. 29, S. 410.

32 Li Dazhao, hier zit. nach: Müller, S. 70.

33 Fairbank, S. 210.

34 Snow, S. 196f.

35 Michail Ryklin: Kommunismus als Religion. Die Intellektuellen und die Oktoberrevolution, Frankfurt/M. und Leipzig 2008, S. 47f.

36 Georges Sorel: Über die Gewalt, Innsbruck 1928, S. 37f.

37 Ryklin, S. 85.

38 Ebenda, S. 91.

39 Ebenda, S. 24.

Kommunist sein – was sonst?

1 Snow, S. 198.

2 Fairbank, S. 188.

3 Ebenda, S. 194.

4 Ebenda, S. 193.

5 Ebenda, S. 198.

6 Vgl. Müller, S. 93 u. 97.

7 Snow, S. 195.

8 Ebenda, S. 196.

9 Ebenda, S. 192f.

10 Ebenda, S. 197.

11 Fairbank, S. 184.

12 Vgl. Ebenda, S. 184f.

13 Zhang Guotao, Erinnerungen (chin.), in: *Minbao*, No. 6, Hongkong 1966, S. 63; hier zit. nach: Burlatsky, S. 22.

14 Vgl. Kriwzow, Krasnowa, S. 135.

15 Vgl. Snow, 198f.

16 Ebenda, S. 200.

17 Ebenda.

18 Ebenda.

19 RKP(B), Komintern und die national-revolutionäre Bewegung in China, Dokumente, Bd. 1, 1920–1925, Paderborn-München-Wien-Zürich 1996, S. 297.

20 KPdSU(B), Komintern und die national-revolutionäre Bewe-

gung in China, Dokumente, Bd. 2, 1926–1927, Teil 2, Münster 1998, S. 1185.

21 Sun Yat Sen. Aufzeichnungen eines chinesischen Revolutionärs, a. a. O., S. 227ff.

22 Fairbank, S. 214.

23 RKP(B), Komintern ... Bd. 1, 1920–1925, S. 294.

24 Snow, S. 200f.

25 RKP(B), Komintern ... Bd. 1, 1920–1925, S. 351–363.

26 Ebenda, S. 366 u. 369.

27 Ebenda, S. 369.

28 Ebenda, S. 549.

29 Ebenda, S. 580.

Revolution! Revolution!

1 Snow, S. 201.

2 Vgl. RKP(B), Komintern ... Bd. 1, 1920–1925, S. 705.

3 Snow, S. 201.

4 Ebenda.

5 Vgl. Fairbank, S. 233–235.

6 Mao Tse-tung, Ausgewählte Werke, Bd. I, Peking 1968, S. 9. Die folgenden Zitate stammen alle, ohne dass dies ausdrücklich mit Fußnoten angemerkt wird, aus dem Aufsatz »Analyse der Klassen in der chinesischen Gesellschaft« im genannten Bd. I, S. 9–19.

7 Fairbank, S. 231f.

8 KPdSU(B), Komintern ... Bd. 2, 1926–1927, Teil 1, S. 51

9 Vgl. ebenda, S. 52.

10 Vgl. ebenda, S. 510.

11 Fairbank, S. 219.

12 Vgl. ebenda.

13 Vgl. KPdSU(B), Komintern ... Bd. 2, 1926–1927, Teil 2, S. 729.

14 Ebenda, S. 728.

15 Mao Tse-tung, Ausgewählte Werke, Bd. 1, S. 28.

16 Ebenda, S. 23.

17 Ebenda, S. 21f.

18 Ebenda, S. 27.

19 Ebenda, S. 28.

20 Vgl. KPdSU(B), Komintern ... Bd. 2, 1926–1927, Teil 2, S. 910.

21 Vgl. KPdSUB), Komintern und die Sowjetbewegung in China, Dokumente, Bd. 3, 1927–1931, Teil 1, S. 612.

22 Snow, S. 202.

23 Ebenda, S. 206.

24 Mao Tse-tung, Ausgewählte Werke, Bd. I, S. 324.

25 Ebenda, S. 404f.

26 Vgl. ebenda, S. 21f.

27 Mao intern. Unveröffentlichte Schriften, Reden und Gespräche Mao Tse-tungs 1949–1971, hrsgg. v. Helmut Martin, München 1974, S. 32.

Rebell im Jinggang-Gebirge

1 KPdSU(B), Komintern ... Bd. 3, 1927–1931, Teil 1, S. 52.

2 Vgl. Ebenda, S. 53.

3 Snow, S. 208

4 Ebenda.

5 Mao Tse-tung, Ausgewählte Werke, Bd. 1, Beijing 1968, S. 131.

6 KPdSUB), Komintern ... Bd. 3, 1927–1931, Teil 1, S. 233–235.

7 Ebenda, S. 236.

8 Ebenda, S. 205.

9 Ebenda, S. 343.

10 Snow, S. 209.
11 Ebenda.
12 Ebenda.
13 Ebenda, S. 211.
14 KPdSU(B), Komintern … Bd. 3, 1927–1931, Teil 1, S. 57.
15 Mao Tse-tung, Ausgewählte Werke, Bd. 1, Beijing 1968, S. 79f.
16 Snow, S. 210.
17 KPdSU(B), Komintern … Bd. 3, 1927–1931, Teil 1, S. 346.
18 Ebenda, S. 519.
19 Ebenda, S. 423.
20 KPdSU(B), Komintern … Bd. 3, 1927–1931, Teil 1, S. 78.21 Snow, S. 212.

Chef im Sowjetgebiet

1 Vgl. KPdSU(B), Komintern … Bd. 3, 1927-1931, Teil 1, S. 64.
2 Ebenda, S. 65
3 Ebenda, S. 777.
4 Mao Tse-tung, Ausgewählte Werke, Bd. I, Beijing 1968, S. 88ff.
5 Ebenda, S. 80.
6 KPdSU(B), Komintern … Bd. 3, 1927–1931, Teil 2, S. 1053.
7 Ebenda, S. 1056.
8 Ebenda, S. 1036f. u. S. 1041f.
9 Mao Tse-tung, Ausgewählte Werke, Bd. I., S. 98.
10 Ebenda, S. 122.
11 Ebenda, S. 128.
12 Ebenda, S. 129f.
13 Ebenda, S. 293.
14 Ebenda, S. 99.
15 KPdSU(B), Komintern … Bd. 3, 1927–1931, Teil 2, S. 1065.
16 Ebenda, S. 1069f.

17 Ebenda, S. 1302.
18 Ebenda, S. 1420.
19 Vgl. Snow, S. 220; vgl. Kap. 3.
20 KPdSU(B), Komintern … Bd. 3, 1927–1931, Teil 2, S. 1307.
21 Ebenda, S. 1357.
22 Keiji Furuya: Chiang Kai-shek. His Life and Times. Abridged English Edition by Chun-ming Chang, New York 1981, S. 293
23 Snow, S. 223.
24 Ebenda, S. 218.
25 Furuya, S. 294
26 Mao Tse-tung, Ausgewählte Werke, Bd. I, S. 224.
27 Furuya, S. 295.
28 Mao Tse-tung, Ausgewählte Werke, Bd. I, S. 210.
29 Ebenda, S. 213f.
30 Ebenda, S. 224.
31 KPdSU(B), Komintern … Bd. 3, 1927–1931, Teil 2, S. 1541f.
32 Ebenda, S. 1558f.
33 Sun Shuyun: Maos Langer Marsch. Mythos und Wahrheit, Berlin 2008, S. 86.
34 Ebenda, S. 87.
35 KPdSU(B), Komintern … Bd. 3, 1927–1931, Teil 2, S. 1558.
36 Mao Tse-tung, Ausgewählte Werke, Bd. I, S. 259.
37 KPdSU(B), Komintern … Bd. 3, 1927–1931, Teil 2, S. 1654.
38 Snow, S. 225.
39 KPdSU(B), Komintern … Bd. 4, 1931–1937, Teil 1, S. 194f.
40 Ebenda, S. 249f.
41 Vgl. KPdSU(B), Komintern … Bd. 3, 1927–1931, Teil 1, S. 70.
42 Vgl. KPdSU(B), Komintern … Bd. 4, 1931-1937, Teil 1, S. 311.

Moskau oder Mao

1 KPdSU(B), Komintern ... Bd. 4,
   1931-1937, Teil I, S. 314ff.
2 Furuya, S. 377.
3 Ebenda, S. 375f
4 Ebenda, S. 384f.
5 Snow, S. 225.
6 Bernd Martin (Hrsg.), Susanne
   Kuss (Bearb.): Deutsch-chine-
   sische Beziehungen 1928–1937.
   »Gleiche« Partner unter
   »ungleichen« Bedingungen. Eine
   Quellensammlung, Berlin 2003,
   S.155.
7 Mao Tse-tung, Ausgewählte
   Werke, Bd. I, S. 232.
8 Snow, S. 227.
9 Mao Tse-tung. Ausgewählte
   Werke, Bd. I., S. 153f.
10 Yang Kuisong: Mao Zedong he
   Mosike de enen yuanyuan (Mao
   Zedong und seine Hassliebe zu
   Moskau), Nanchang 2005, S. 29;
   hier zitiert nach: Sun Shuyun,
   S. 78.
11 KPdSU(B), Komintern ... Bd. 4,
   1931–1937, Teil 1, S. 359.
12 Otto Braun: Chinesische
   Aufzeichnungen (1932–1939),
   Berlin (DDR) 1973; das Zitat
   entstammt der Vorbemerkung
   des Dietz Verlages, S. 6
13 Snow, S. 238.
14 KPdSU(B), Komintern ... Bd.
   4, 1931–1937, Teil 2, S. 1388 u.
   1395.
15 Braun, S. 78f.
16 Ebenda, S. 81.
17 KPdSU(B), Komintern ... Bd. 4,
   1931–1937, Teil 1, S. 723.
18 Gong Chu: Gong Chu jiangjun
   huiyilu (Die Memoiren des
   Generals Gong Chu), Hongkong
   1978, S. 395ff.; hier zitiert nach:
   Sun Shuyun, S. 76.
19 Sun Shuyun, S. 74.
20 Ebenda, S. 75.
21 KPdSU(B), Komintern ... Bd. 4,
   1931–1937, Teil 2, S. 1388.
22 Ebenda, S. 90.
23 Furuya, S. 432.
24 Braun, S. 116.
25 Ebenda, S. 200.
26 Snow, S. 267; Sun Shuyun, S. 13.
27 Sun Shuyun, S. 14.
28 Ebenda, S. 176f.
29 Braun, S. 200.
30 Furuya, S. 452.
31 Mao Tse-tung, Ausgewählte
   Werke, Bd. I, S. 186.
32 Sun Shuyun, S. 276f.

Triumph auf dem Langen Marsch

1 KPdSU(B), Komintern ... Bd. 4,
   1931–1937, Teil 2, S. 1106.
2 Vgl. Ebenda, S. 1065f.
3 Ebenda, S. 1097.
4 Sun Shuyun, 155f.
5 Ebenda, S. 151.
6 Vgl. Braun, S. 158-163
7 Asiaticus: Die Roten in Sze-
   chuan, in: Die neue Weltbühne,
   Prag-Zürich-Paris, Nr. 24/1935
   v. 13.6.1935, S. 753–758.
8 Braun, S. 177.
9 Vgl. Ebenda, S. 195.
10 Ebenda, S. 204.
11 Ebenda, S. 208.
12 KPdSU(B), Komintern ... Bd. 4,
   1931–1937, Teil 2, S. 1281.

13 Braun, S. 205.

14 Elegant, S. 237.

15 Mechthild Leutner (Hrsg.), Wolfram Adolphi und Peter Merker (Bearb.): Deutschland und China 1937-1949. Politik – Militär – Wirtschaft – Kultur. Eine Quellensammlung, Berlin 1998, S. 111.

16 Mao Tse-tung, Ausgewählte Werke, Bd. II, S. 321.

17 Mao intern, S. 153.

18 Vgl. Lew Besymenski: Stalin und Hitler. Das Pokerspiel der Diktatoren, Berlin 2004, S. 317.

19 Mao Tse-tung, Ausgewählte Werke, Bd. II, S. 407.

20 Martin (Hrsg.), Kuss (Bearb.), S. 166f.

21 Sun Shuyun, S. 342ff., mit Zitaten aus: Yuan Lishi: Xue se liming (Blutbefleckter Tagesanbruch), Hongkong 2002, S. 243–244 u. S. 367, sowie Liu Tong: Bei shang (Marsch nach Norden), Nanchang 2003, S. 345.

22 Mao Tse-tung, Ausgewählte Werke, Bd. I, S. 295.

23 Ebenda, Bd. II, S. 241.

24 KPdSU(B), Komintern ... Bd. 4, 1931-1937, Teil 2, S. 1282.

25 Ebenda, S. 1285.

26 Braun, S. 251f.

27 Ebenda, S. 254.

28 Vgl. ebenda, S. 256.

29 Furuya, S. 521.

30 Mao Tse-tung, Ausgewählte Werke, Bd. I, S. 299ff.

31 Furuya, S. 524.

32 Ebenda, S. 526.

33 Mao Tse-tung, Ausgewählte Werke, Bd. I, S. 317.

34 Furuya, S. 527.

Gegen Japan, gegen Tschiang

1 Helmuth Stoecker (Hrsg.), Adolf Rüger (Mitarb.): Handbuch der Verträge 1871–1964, Berlin (DDR) 1968, S. 282.

2 Vgl. Joachim Peck: Kolonialismus ohne Kolonien. Der deutsche Imperialismus und China 1937, Berlin DDR) 1961.

3 Vgl. Mechthild Leutner (Hrsg.), Wolfram Adolphi und Peter Merker (Bearb.): Deutschland und China 1937–1949. Politik – Militär – Wirtschaft – Kultur. Eine Quellensammlung, Berlin 1998, S. 225.

4 Die Deklaration ist zitiert in: Mao Tse-tung, Ausgewählte Werke, Bd. II, S. 7f.

5 Barbara Tuchman: Sand gegen den Wind. General Stilwell und die amerikanische Politik in China 1911–1945, Frankfurt a. M. 1988, S. 205.

6 Mao Tse-tung, Ausgewählte Werke, Bd. II, S. 11ff.

7 Ebenda, S. 33.

8 Vgl. Ebenda, S. 38f.

9 Fairbank, S. 243.

10 Tuchman, S. 227.

11 Zit. nach ebenda, S. 307.

12 Fairbank, S. 245.

13 Tuchman, S. 389.

14 Leutner (Hrsg.), Adolphi und Merker (Bearb.), S. 77ff.

15 Ebenda, S. 94.

16 Tuchman, S. 207.

17 Leutner (Hrsg.), Adolphi und Merker (Bearb.), S. 176f.

18 Vgl. Tuchman, S. 552; Fairbank, S. 247.
19 Tuchman, S. 552f.
20 Fairbank, S. 248.
21 Saburo Ienaga: Japan's Last War, Oxford 1979, S. 91.
22 Mao intern, S. 41.
23 Fairbank, S. 244.
24 Mao Tse-tung, Ausgewählte Werke, Bd. II, S. 395f.
25 Ebenda, S. 399f., S. 408, S. 421, S. 427.
26 Ebenda, S. 552.
27 Ebenda, Bd. III, S. 27f.
28 Ebenda, S. 122
29 Ienaga, S. 77.
30 Jürgen Osterhammel: China und die Weltgesellschaft. Vom 18. Jahrhundert bis in unsere Zeit, München 1989, S. 321.
31 Jonathan D. Spence: Chinas Weg in die Moderne, München – Wien 1995, S. 556.
32 Ienaga, S. 95.
33 Osterhammel, S. 321.
34 Ienaga, S. 95.
35 Tuchman, S. 552f.
36 Ebenda, S. 572f.
37 P. P. Wladimirow, Das Sondergebiet Chinas 1942-1945, Berlin (DDR) 1976, S. 373f.
38 Die Konferenz der Vereinten Nationen von San Francisco 25. April bis 26. Juni 1945). Dokumentensammlung, Moskau/Berlin (DDR) 1938, S. 99f.

Hoffnung Volksrepublik

1 Elegant, S. 229f.
2 Ebenda, S. 10.
3 Fairbank, S. 264.
4 Israel Epstein: China. Von Sun Jat-sen zu Mao Tse-tung. Aus dem Amerikanischen übersetzt von Hanna Köditz, Berlin (DDR) 1950, S. 556.
5 Fairbank, S. 262 u. 264f.
6 Ebenda, S. 266.
7 Vgl. Ebenda, S. 277.
8 Vgl. Stuart Schram: Mao Tse-tungs Gedanken, in: Wolfgang Franke (Hrsg.), Brunhild Staiger (Mitarb.): China. Gesellschaft, Politik, Staat, Wirtschaft. Handbuch, Reinbek bei Hamburg 1977, S. 214-224.
9 Mao Tse-tung: Ausgewählte Werke, Bd. IV, S. 161.
10 Zit. nach Epstein, S. 554.
11 Mao Tse-tung: Ausgewählte Werke, Bd. IV, S. 162.
12 Ebenda, S. 172 u. 175.
13 Ebenda, S. 180f.
14 Fairbank, S. 277f.
15 Henry L. Roberts: Russia and America. Dangers and Prospects, New York 1956, S. 224.
16 Mao Tse-tung: Ausgewählte Werke, Bd. IV, S. 444.
17 A. I. Cherepanov: As Military Adviser in China, Moscow 1982, S. 11.
18 Eva-Maria Stolberg: Stalin und die chinesischen Kommunisten 1945–1953. Eine Studie zur Entstehungsgeschichte der sowjetisch-chinesischen Allianz vor dem Hintergrund des Kalten Krieges, Stuttgart 1997, S. 62.
19 Vgl. Wladimirow, S. 768.
20 Vgl. Stolberg, S. 176.

21 Vgl. Ebenda, S. 186–190 u. 273.

22 Vgl. Ingeborg Göthel: Geschichte Südkoreas, Berlin
(DDR) 1988, S. 47–68.

23 Bruce Cumings: The Origins of
the Korean War, Princeton 1981,
S. XXI; hier zit. nach: Göthel,
S. 66.

24 Vgl. Stolberg, S. 235–237.

25 Mao Tse-tung, Ausgewählte
Werke, Bd. V, Beijing 1978,
S. 129.

26 Ebenda, S. 132.

Herrscher ohne Maß und Gesetz

1 Die Volksrepublik China
1949–1979. Eine kommentierte
Chronik, zusammengest. v.
Jürgen Hafemann, Bernd Jordan,
Rainar Mielke; bearb. v. Roland
Felber u. Bernd Kaufmann,
Berlin (DDR) 1980, S. 237.

2 Mao Tsetung, Ausgewählte
Werke, Bd. V, Beijing 1978,
S. 320f.

3 Ebenda, S. 342.

4 Ebenda, S. 343.

5 Ebenda, S. 344f.

6 Ebenda, S. 334f.

7 Oskar Weggel: Geschichte Chinas im 20. Jahrhundert, Stuttgart
1989, S. 112f.

8 Fairbank, S. 279.

9 Ebenda, S. 280.

10 Ebenda, S. 284.

11 Mao intern, S. 90.

12 Fairbank, S. 280.

13 Vgl. Ebenda, S. 285.

14 Weggel, S. 175.

15 Mao intern, S. 137.

16 Weggel, S. 193f.

17 Vgl. ebenda, S. 196.

18 Vgl. ebenda, S. 210f.

19 Ebenda, S. 210.

20 Mao intern, S. 141.

21 Ebenda.

22 Vgl. Weggel, S. 227–231.

23 Vgl. Fairbank, S. 315 u. 318.

24 Spence, S. 715.

25 Fairbank, S. 314f.

26 Ebenda, S. 316f.

27 Spence, S. 716.

28 Vgl. Ebenda.

29 Mao intern, S. 184.

30 Vgl. Spence, S. 725.

31 Vgl. Fairbank, S. 329.

32 Vgl. Weggel, S. 276.

33 Vgl. Spence, S. 740f.

34 Mao Tse-tung, Ausgewählte
Werke, Bd. V, S. 587.

35 Erwin Wickert: China von innen
gesehen, München 1989,
S. 87

Personenverzeichnis

Abramowitsch, A. E. (1888-?); 1926–1930 Vertreter des EKKI in China. 80

Asiaticus (eigtl. Heinz Grzyb; chin. Xi Bo) (1896-1941); deutscher Kommunist, Teilnehmer am Gründungsparteitag der KPD 1918/19, später als »Brandlerist« ausgeschlossen, 1925-1927 und ab 1932 in China, von dort Artikel u.a. für *Die Weltbühne* und *Die Neue Weltbühne*; Engagement für die kommunistische Bewegung und die antijapanische Einheitsfront; 1941 bei Kämpfen der Achten Armee gegen japanische Truppen ums Leben gekommen. 107

Bai Chongxi (1893–1966); General, Mitglied der militärischen und politischen Führung der Guomindang. 65

Barrett, David; amerikanischer Oberst, 1944 zu Sondierungsgesprächen in Yan'an. 129

Bersin, Jan K. (1889-1938); 1924–1935 und 1937–1938 Chef der sowjetischen Militäraufklärung; 1938 in Stalins Terror umgebracht. 88

Blücher, Wassilij K. (1890–1938); 1921–1922 Kriegsminister und Oberbefehlshaber der Revolutionären Volksarmee der Fernöstlichen Republik in Sowjetrussland, 1925–1927 Leiter der sowjetischen Militärberater in Südchina, 1929–1938 Kommandeur der Fernöstlichen Sonderarmee der Sowjetarmee; 1938 im Terror Stalins umgebracht. 56

Bo Gu (eigtl. Qin Bangxian) (1907–1946); 1926–1930 Studium in der Sowjetunion, ab 1931 Mitglied der Gongchandang-Führung, Gegenspieler von Mao Zedong; 1946 bei einem Flugzeugunglück ums Leben gekommen. 94, 97f., 101, 105, 115

Borodin, Michail M. (1884–1951); ab 1919 leitender Mitarbeiter des EKKI, 1923–1927 politischer Hauptberater bei der Guomindang-Führung; ab 1927 Arbeit in der sowjetischen Wirtschaft und Presse; in Stalins Terror verfolgt und gefangen gehalten. 52, 53, 55, 64, 66

Braun, Otto (auch: Li De) (1900–1974); deutscher Militärberater bei der Gongchandang-Führung; ab 1921 im Militärapparat der KPD und gleichzeitig in der Verwaltung Aufklärung des Stabes der Roten Armee der UdSSR, 1932–1935 Militärberater des Gongchandang–ZK, bis 1939 Lehrer an der Antijapanischen Akademie der Roten Armee Chinas in Yan'an, 1939 Rückkehr in die Sowjetunion, später in der DDR als Übersetzer tätig. 12, 98ff., 101, 105, 109, 113, 115

Bucharin, Nikolai I. (1888–1938); 1917–1934 Mitglied der KPR/KPdSU-Führung, 1919–1929 Mitglied des EKKI; 1938 im Terror Stalins umgebracht. 70

Cai Chang (1900–1990); Schwester von Cai Hesen, Mitstreiterin von Mao Zedong in den 1920er Jahren, 1919–1921 Studium in Frankreich, 1924 erste Direktorin der Frauenabteilung des Gong-chandang-ZK, Teilnehmerin am Langen Marsch, bis 1969 im Gongchandang-ZK. 36

Cai Hesen (1895–1931); Bruder von Cai Chang, Mitstreiter von Mao Zedong in den 1920er Jahren, 1919–1921 Studium in Frankreich, ab 1922 Mitglied der Gong-chandang-Führung, 1928–1930 Mitglied der Gongchandang-Delegation bei der Komintern, 1931 von der Konterrevolution umgebracht. 35, 37, 49

Cai Tingkai (1892–1968); 1930–1933 Kommandierender der 19. Armee, 1937 Oberfehlshaber der 6. Armeegruppe der unter Tschiang Kaischeks Oberbefehl stehenden National-revolutionären Armee, später staatliche Funktionen in der Republik China und in der VR China. 105f., 110

Cai Yuanpei (1868–1940); Reformer, unter Sun Yatsen Bildungsminister, 1916–1926 Präsident der Beijing Universität, Gründer der Academica Sinica. 32

Chen Duxiu (1880–1942); Mitbegründer der Gongchandang, 1922–1925 Vorsitzender, 1925–1927 Generalsekretär, 1929 unter dem Vorwurf des Trotzkismus ausgeschlossen. 44f., 48, 55, 60, 69ff., 75, 85f., 114

Chen Jitang (1890–1954); Guomindang-General, ab 1929 Mitglied der Guomindang-Führung, ab Anfang der 1930er Jahre Herrscher in der Provinz Guangdong. 86

Chen Lifu (1900–2001); 1929–1950 Mitglied der Guomindang-Führung, danach staatliche und Parteifunktionen auf Taiwan. 134

Chen Wangdao (1891–1977); Übersetzer des Manifests der Kommunistischen Partei ins Chinesische, 1949–1977 Präsident der Fudan-Universität in Shanghai. 38

Chen Yi (1901–1972); Gong-chandang-General, 1919–1921 Studium in Frankreich, 1925–1927 Politinstrukteur an der Huangpu-Militärakademie unter Zhou Enlai, 1927 Beteiligung am Nanchang-Aufstand, im antijapanischen Befreiungskrieg Kommandeur der Neuen Vierten Armee, in der VR China hohe Funktionen in Partei und Staat, u. a. Außenminister. 77, 125, 135

Chen Yun (1905–1996); 1927–1928 Führer der Bauernbewegung in der Provinz Jiangsu, Mitglied der Gongchandang-Führung ab 1930, in der VR China hohe Funktionen in Partei und Staat, 1969 aus dem Politbüro entfernt. 74, 94, 105

Chruschtschow, Nikita S. (1894–1971); 1934–1966 Mitglied der KPdSU-Führung, 1953–1964 Erster Sekretär des ZK der KPdSU. 146ff.

Cixi (1835–1908); Nebenfrau des Kaisers Wenzong, übernahm nach dessen Tod 1861 die Regentschaft und blieb bis zu ihrem Tod als Kaiserinwitwe die eigtl. Herrscherin Chinas. 16, 18

Deng Xiaoping (1904–1997); 1931–1945 Funktionen in der Gongchandang und der Politischen Hauptverwaltung der Roten Armee, in der VR China hohe Funktionen (1956–1966 Generalsekretär der Gongchandang), in der »Kulturrevolution« aus allen Ämtern entfernt und verfolgt, 1975 wieder in der Führung, 1976 erneut entfernt, 1977 zurückgekehrt, von 1978–1997 die herausragende Führungspersönlichkeit der VR China. 33, 125, 137, 148, 158

Darwin, Charles (1809–1882); britischer Naturforscher, Begründer der modernen Evolutionstheorie. 30

Ding Ling (1904–1986); Schriftstellerin, 1932 Eintritt in die Gongchandang, Verhaftung durch die Guomindang, 1936 nach Yan'an, dort Konflikte mit der Gongchandang-Führung wegen kritischer Arbeiten über die Methoden der Herrschaftsausübung, in der VR China hoch geachtet, dann in der »Kulturrevolution« Haft und Zwangsarbeit. 106

Dong Biwu (1885–?); Mitglied der von Sun Yatsen begründeten Tongmenghui, 1921 Teilnehmer der Gründungsversammlung der Gongchandang, 1927–1931 Studium in Moskau, 1945 einziges Gongchandang-Mitglied in der chin. Delegation zur UN-Gründung in San Franzisko, hohe Funktionen in der VR China. 49

Eisler, Gerhart (1897–1968); deutscher Kommunist, 1927–1928 Kandidat des ZK der KPD, 1929–1931 Vertreter des EKKI in China, 1931–1933 Tätigkeit in der Komintern in Moskau, 1933–1935 Vertreter des EKKI in den USA, 1941–1949 Emigration in die USA, ab 1949 staatliche Funktionen in der DDR, ab 1967 Mitglied des SED-ZK. 87

Engels, Friedrich (1820–1893); mit Karl Marx Begründer des Marxismus. 49

Ewert, Arthur (1890–1959); deutscher Kommunist, ab 1923 Mitglied des ZK der KPD, ab 1927 Mitarbeiter des EKKI, 1932–1934 Vertreter des EKKI in China, 1934–1935 Vertreter des EKKI in Brasilien, dort bis 1945 inhaftiert, 1947 Rückkehr nach Deutschland. 94

Feng Yuxiang (1882–1948); General und Politiker der Guomindang, 1924–1927 Kommandeur der 1. Nationalarmee, 1928–1929 Kriegsminister, 1928–1930 Kommandeur der 2. Armeegruppe der Nationalrevolutionären Armee, danach hohe Funktionen in Armee und Staat; 1948 Opfer einer Brandkatastrophe auf dem sowjetischen Dampfer »Pobeda«. 77, 86

Fischer, Martin (1882–1961);
1907–1918, 1925–1944 deutscher
Diplomat in China (1941–1944
Gesandter bei der japanischen
Marionettenregierung unter
Wang Jingwei in Nanjing). 96

Gao Gang (1902–1955); 1927 Führer
eines Bauernaufstandes, mit Liu
Zhidan Begründer des Sowjetgebietes in Nordwestchina, das
zum Ausgangspunkt des 1936
geschaffenen Zentralen Sowjetgebietes unter Mao Zedong
wurde, 1954 von Mao und Liu
Shaoqi zur Zielscheibe einer
»Säuberung« gemacht, daraufhin
Selbstmord. 108

Gajlis, A. J. (1895–1937); Mitarbeiter
der sowjetischen Militäraufk-
klärung, 1930–1931 Leiter einer
Gruppe von Militärberatern beim
Gongchandang-ZK und Mitglied
des Fernostbüros des EKKI; 1937
in Stalins Terror umgebracht. 87

Gong Chu; Gongchandang-General,
kehrt 1934 während des Langen
Marsches der Gongchandang und
der Roten Armee den Rücken.
100f.

Griswold, Whitney; amerikanischer
Wissenschaftler, Präsident der
Yale University. 122

Guan Xiangying (1902–1946);
ab 1928 Mitglied der Gongchandang-Führung. 88

Guangxu (1871–1908); chin. Kaiser,
wurde 1875 inthronisiert, blieb
aber immer von der Kaiserinwitwe Cixi beherrscht. 16, 18

Guo Liang; Mitstreiter von Mao
Zedong in den 1920er Jahren. 35

He Jian; Militärmachthaber in
Hunan. 88

He Long (1896–1969); 1927 der Gongchandang angehörender Kommandeur des 20. Korps der unter
Tschiang Kaischeks Oberbefehl
stehenden National-revolutionären
Armee, einer der Führer des von
der Gongchandang unternommenen Nanchanger Aufstands; ab
1928 bis zu seinem Tode Kommandeur in der Roten Armee/der
Volksbefreiungsarmee. 74, 102, 105

He Shuheng; Mitstreiter von Mao in
den 1920er Jahren. 35, 43

He Zichen (1910–1984); zweite
Ehefrau von Mao Zedong
(Heirat 1928), hatte mit Mao drei
Kinder, in Yan'an 1939 auf Maos
Verlangen Scheidung, 1937 in die
Sowjetunion, 1946 Rückkehr in
die VR China. 36, 101, 103

Hanwudi (156–87 v.u.Z.); chin. Kaiser,
berühmt für seine Gebietseroberungen im Norden (Unterwerfung
der nomadisierenden Stämme), im
Westen bis zum heutigen Tasch-
kent und im Süden bis ins heutige
Korea und heutige Vietnam,
machte den Konfuzianismus zur
Staatsreligion. 27

Hitler, Adolf (1889–1945); 1933-1945
»Führer« und Reichskanzler des
faschistischen Deutschland, das
unter der Herrschaft der von ihm
geschaffenen NSDAP Haupt-
aggressor im Zweiten Weltkrieg

(1939–1945) und Schauplatz der Ermordung von sechs Millionen Juden wurde. 111, 123f., 127, 139

Hong Xiuquan (1815–1864); Führer des Taiping-Aufstandes 1848–1865. 15

Hu Hanmin (1879–1936); ab 1924 Mitglied der Guomindang-Führung. 54

Hua Guofeng (1921–2008); 1976 Nachfolger von Mao Zedong als Gongchandang-Vorsitzender, zugleich von Zhou Enlai als Ministerpräsident, 1980 Rücktritt vom Ministerpräsidentenamt und 1981 vom Amt des Parteivorsitzenden; Mann des Übergangs zwischen Mao und Deng Xiaoping. 145

Huang Xing; Führer eines Aufstandes in Kanton 1911. 19

Hurley, Patrick J. (1883–1963); 1944–1945 US-Botschafter in China; besuchte in seinem Bestreben, zwischen Guomindang und Gongchandang zu vermitteln, auch Yan'an und traf dort mit Mao zusammen. 123

Jiang Qing (1914–1991); dritte Ehefrau von Mao Zedong, Heirat 1939 in Yan'an, Schauspielerin, als »stellvertretende Direktorin der Kulturrevolution« 1966–1976 verantwortlich für die Ermordung und Verschleppung in Zwangsarbeit von missliebigen Künstlerinnen und Künstlern sowie für die massenhafte Zerstörung von Kulturgut, 1976 als Mitglied der »Viererbande« verhaftet und zum Tode verurteilt, 1991 Entlassung aus der Haft, kurz darauf Selbstmord. 36, 116, 158, 161

Kang Youwei (1858–1927); Gelehrter und sozialpolitischer Reformer. 17, 19, 28, 48

Kant, Immanuel (1724–1804); deutscher Philosoph, entwickelte u. a. die Idee einer weltbürgerlichen Gesellschaft, die den »ewigen Frieden« sichern könne. 32

Kautsky, Karl (1854–1938); sozialistischer Theoretiker und Politiker. 38

Kim Ilsung (1912–1994); Partei- und Staatschef in Nordkorea. 142f.

Kirkup, Thomas (1844–1912); britischer Publizist, trat 1907 mit einer Studie über den Sozialismus international hervor. 38

Kissinger, Henry (geb. 1923); 1968–1972 Nationaler Sicherheitsberater, 1973–1977 Außenminister der USA. 162

Konfuzius, latinisierte Form von Kongfuzi (Meister Kong), eigtl. Name Kong Qiu (551–479 v.u.Z.); seit dem 2. Jahrhundert v.u.Z. mit seiner Lehre (Konfuzianismus) als »Geisteskönig« geehrt. 33, 44

Kong Xiangxi (auch: H. H. Kung) (1881–1967); Banker und Geschäftsmann, 1928–1945 eine der bedeutendsten Persönlichkeiten in der Guomindang und der Tschiang-Kaischek-Regierung. 123, 134

Kropotkin, Pjotr A. (1842–1921); russischer Revolutionär, einer der bedeutendsten Vertreter des sozialistischen Anarchismus. 48

Lao She (1899–1966); einer der bedeutendsten chinesischen Schriftsteller des 20. Jahrhunderts, in der VR China kulturpolitische Funktionen; 1966 durch »kulturrevolutionären« Terror zum Selbstmord getrieben. 59

Lenin, Wladimir I. (1870–1924); russischer Revolutionär, Führer der Bolschewiki und der Oktoberrevolution 1917, Begründer der Sowjetunion. 40, 48, 49, 52

Li Da; Mitbegründer der Gongchandang. 48

Li Dazhao (1888–1927); einer der ersten chinesischen Marxisten, Mitbegründer der Gongchandang, 1927 von Soldaten der Zhang-Zuolin-Armee umgebracht. 38ff., 44, 48, 60, 66

Li Fuchun (1900–?); gehörte zu den frühesten Mitstreitern von Mao Zedong, 1918-1924 in Frankreich, Teilnehmer am Langen Marsch, in der VR China u.a. 1954 Vorsitzender der Staatlichen Plankommission, Mitglied der Gongchandang-Führung. 36, 37

Li Hongzhang (1823–1901); Regierungspolitiker in der Endphase der Kaiserzeit. 16, 17

Li Jishen (1885–1959); 1926–1933 Mitglied der Guomindang-Führung, 1927–1929 Vorsitzender der Provinzregierung Guangdong, später Funktionen in der Republik China und in der VR China. 79, 86

Li Lisan (1899–1967); Mitstreiter von Mao Zedong beim Studium in Changsha; 1919–1921 Studium in Frankreich, 1927–1931 Mitglied der Gongchandang-Führung, 1930–1945 in der UdSSR, 1932–1935 Mitglied der Gongchandang-Delegation beim EKKI, 1938–1940 im Terror Stalins verhaftet, ab 1949 Partei- und staatliche Funktionen in der VR China, 1967 in der »Kulturrevolution« umgebracht. 33, 49, 75, 79, 85f., 87, 114

Li Syngman (1875–1965); 1948–1960 Präsident von Südkorea. 142

Li Weihan (1896–1984); ab 1925 Mitglied der Gongchandang-Führung, 1931–1933 Studium in Moskau. 80

Li Yuanhong; Führer eines Aufstandes in Wuhan 1911. 19, 21

Li Zongren (1891–1969); Guomindang-General, 1929-1931 Oberbefehlshaber der Streitkräfte der Provinz Guangxi, 1932–1937 Oberbefehlshaber der 4. Armeegruppe der National-revolutionären Armee, danach militärische und staatliche Funktionen in der Guomindang, 1965 Übertritt von Taiwan in die VR China. 79

Liang Qichao (1873–1929); Gelehrter, Politiker und Schriftsteller, sozialpolitischer Reformer. 17, 19, 21, 28, 31, 33, 34, 48

Lin Biao (1907–1971); Gongchandang-General, 1931–1936
Oberbefehlshaber der 1. Armeegruppe der Roten Armee, 1936–
1937 Rektor der Antijapanischen
Akademie der Roten Armee in
Yan'an, 1950 Oberbefehlshaber der
chinesischen »Freiweilligenver-
bände« im Korea-Krieg, in der VR
China hohe Funktionen in Partei
und Armee, 1969 offiziell zum
Mao-Nachfolger bestimmt, 1971
nach Gerüchten über einen von
ihm geplanten Putsch bei einem
Fluchtversuch mit dem Flugzeug
über der Mongolei abgestürzt und
ums Leben gekommen. 78, 89, 109,
129, 135, 157, 161

Liu Bang (256–195 v.u.Z.); als Kaiser
Gaozi (Kao Tsu) Begründer der
Han-Dynastie (206 v.u.Z. – 220
u.Z.) , in der das kaiserliche
System in China in Wesentlichen
jene Gestalt annahm, in der es bis
1911 existierte. 30

Liu Shaoqi (1898–1969); Mitstreiter
von Mao Zedong bereits in den
1920er Jahren, ab 1927 in der
Gongchandang-Führung, 1956–
1968 Präsident der VR China, ab
Mitte der 1950er Jahre Gegner
des Kurses von Mao Zedong,
1969 in der »Kulturrevolution«
umgebracht. 36, 74, 135, 155, 157ff.

Liu Zhidan; Organisator eines
Sowjetgebietes im chinesischen
Nordwesten, wo 1936 das von
Mao Zedong geführte Zentrale
Sowjetgebiet entstand. 108, 109

Luo Fu (1900–1976) (eigtl. Zhang
Wentian); 1925–1930 Studium in

der Sowjetunion, ab 1931 Mitglied
der Gongchandang-Führung,
Gegenspieler von Mao Zedong.
94, 97f., 115

Mamajew, I. K. (1894–?); 1924-1927
Militärberater in China, 1927-1931
Mitarbeiter der sowjetischen mi-
litärischen Aufklärung; in Stalins
Terror umgebracht. 82f.

Mao Anlong; Sohn von Mao Zedong und Yang Kaihui, jüngerer
Bruder von Mao Anqing und
Mao Anying, als Kind in den
1930er Jahren in Shanghai gestorben. 36

Mao Anqing (1923–2007); Sohn
von Mao Zedong und Yang
Kaihui, nach der Ermordung
von Yang Kaihui 1930 Flucht
nach Shanghai, dort von einem
Polizisten brutal misshandelt, was
zu lebenslanger mentaler Krank-
heit führte; 1936 über Paris nach
Moskau gebracht, im Zweiten
Weltkrieg Beteiligung auf sowjetischer Seite am Kampf gegen
das faschistische Deutschland,
1947 zurück nach China, in der
VR China zurückgezogen lebend,
vornehmlich als Übersetzer aus
dem Russischen. 36

Mao Anying (1920–1950); Sohn von
Mao Zedong und Yang Kaihui,
1930 Flucht nach Shanghai, 1936
bis 1947 siehe den Weg von Mao
Anqing, 1950 als Angehöriger der
chinesischen »Freiwilligenverbände« im Koreakrieg gefallen.
36, 46

Mao Rensheng; Vater von Mao Zedong. 13, 23, 24, 26, 28

Mao Zehong (? – 1930); Schwester von Mao Zedong, 1930 von konterrevolutionären Truppen umgebracht. 25, 35, 88

Mao Zemin (1896–1944); Bruder von Mao Zedong, 1932–1934 Vorsitzender der Nationalbank und Finanzminister im Sowjetgebiet, weitere Funktionen in der Roten Armee, 1937–1944 Finanzminister der Provinzregierung von Xinjiang, 1944 von konterrevolutionären Truppen umgebracht. 25, 35

Mao Zetan (1905–1938); Bruder von Mao Zedong, 1931–1933 Sekretär in der Gongchandang-Jugend in der Provinz Jiangxi, 1934–1935 Leiter der Partisanenbewegung im Grenzgebiet Fujian-Jiangxi, 1938 im Kampf gefallen. 25, 35, 102

Marx, Karl (1818–1883); mit Friedrich Engels Begründer des wissenschaftlichen Sozialismus. 39, 40, 48, 49

Mengzius, latinisierte Form von Mengzi (Meister Meng), Philosoph, lebte im 4. Jahrhundert v.u.Z., vertiefte konfuzianisches Denken, forderte eine Vorrangstellung des Gemeinwohls vor allem anderen. 44

Mitkewitsch, Olga A. (1889–1943); 1927–1928 Vertreterin der Roten Gewerkschaftsinternationale in China, später in der UdSSR Leiterin einer Flugzeugfabrik, 1943 in Stalins Terror umgebracht. 77, 80

Molotow, Wjatescheslaw M. (1890–1986); 1921-1957 Mitglied der KPR/KPdSU-Führung, 1930–1941 Ministerpräsident, 1939–1949 und 1953–1956 Außenminister der UdSSR. 112

Montesqieu, Baron de (1689-1755); herausragender französischer Philosoph des 18. Jahrhunderts. 30

Napoleon (1769–1821); Kaiser der Franzosen, Feldherr, unterwarf bis 1812 (Niederlage in Russland) große Teile Europas, verbreitete wichtige Errungenschaften der französischen Revolution (1789–1793) auf dem Kontinent. 27, 127

Neumann, Heinz (1902–1937); deutscher Kommunist, 1927–1932 Mitglied der KPD-Führung, 1927 Vertreter der Komintern in China, dort zur Spitze des Kantoner Aufstandes gehörig, 1937 in Stalins Terror umgebracht. 76

Nie Rongzhen (1899–1992); Gongchandang-General, 1931–1937 Chef der Politischen Hauptverwaltung, Politkommissar der 1. Frontarmee der Roten Armee, 1945–1987 Mitglied der Gongchandang-Führung. 135

Nixon, Richard (1913–1994); 1969–1974 Präsident der USA. 141, 162

Pan Hannian (1906–1977); Propagandafunktionär der Gongchandang, 1935–1936 Mitglied der Gongchandang-Delegation beim EKKI; in der VR China in der »Kulturrevolution« Verfolgungen ausgesetzt. 105f.

Paulsen, Friedrich (1846–1908); deutscher Philosoph und Erziehungstheoretiker. 32

Peng Bai (1896–1929); 1927–1929 Mitglied der Gongchandang-Führung, 1927 Leiter der Sowjetbewegung in Haifeng und Lufeng (Hailufeng), 1929 von Guomindang-Behörden umgebracht. 59, 79

Peng Dehuai (1898–1974); ab 1927 Gongchandang-General, ab 1934 Mitglied der Gongchandang-Führung, im antijapanischen Befreiungskrieg unter Stellvertretender Oberkommandierender der Achten Marscharmee, im Koreakrieg 1950–1953 Nachfolger von Lin Biao als Oberkommandierender der chinesischen »Freiwilligenverbände«, bis 1959 Verteidigungsminister, wegen seiner Gegnerschaft zum Mao-Kurs in der Kulturrevolution angegriffen, 1969 aus allen Parteigremien ausgestoßen, 1974 an Folgen des Terrors gestorben, 89, 109, 125, 135, 157ff.

Peter der Große (1672–1725); russischer Zar, reformierte Russland und öffnete es in Richtung Europa. 27

Pochwalinski, B. A.; 1927 Generalkonsul der UdSSR in Kanton. 77

Puyi (1906–1967); unter dem Herrschernamen Xuandong 1908–1912 letzter chinesischer Kaiser, 1934–1945 unter dem Herrschernamen Kangde von den Japanern eingesetzter Marionettenkaiser in der besetzten Mandschurei (Manz-houguo), 1945–1950 Kriegsgefangener in der Sowjetunion, 1950–1959 in der VR China, 1959 begnadigt, lebte bis zu seinem Tode 1967 als Mechaniker in einem Botanischen Garten in Beijing. 18

Ren Bishi (1904–1950); ab 1927 Mitglied der Gongchandang-Führung. 93

Rosen, Dr. Georg; 1933–1938 deutscher Diplomat in China, 1937/38 bedeutsame Berichte vom japanischen in Nanjing, wegen »nichtarischer Abstammung« entlassen, als Soldat im Zweiten Weltkrieg 1941 zu den Engländern übergelaufen. 124

Qinshihuang; 221–210 v.u.Z. chinesischer Kaiser, verwandelte China aus einem Feudalstaat in einen zentralistischen Einheitsstaat. 27

Qu Qiubai (1899–1935); ab 1925 Mitglied der Gongchandang-Führung, 1928–1935 Mitglied des Präsidiums des EKKI, 1931–1935 Mitglied der Führung des Sowjetgebietes, 1935 von Guomindang-Behörden umgebracht. 50, 70, 79

Roschtschin, Nikolai W. (1901–1960), 1948–1952 sowjetischer Botschafter in China (1948–1949 bei Tschiang Kaischek, 1949–1952 in der VR China). 140

Rousseau, Jean Jacques (1712–1778); französisch-schweizerischer Philosoph der Aufklärung. 30, 32

Seghers, Anna (eigtl. Netty Reiling, 1900–1983); deutsche Schriftstellerin, Studium der Geschichte, Kunstgeschichte und Sinologie, Mitbegründerin des Bundes proletarisch-revolutionärer Schriftsteller, 1933 Emigration nach Paris, 1941 nach Mexiko, 1947 Rückkehr nach Deutschland (Sowjetische Besatzungszone), 1952–1978 Präsidentin des Schriftstellerverbandes der DDR. 9

Service, John; amerikanischer Offizier, 1944 zu Sondierungsgesprächen in Yan'an. 129

Shun; legendärer chinesischer Kaiser im 23. Jahrhundert v.u.Z., dem »goldenen Zeitalter«, wurde von Konfuzius als ein Beispiel an Integrität und Tugendhaftigkeit herausgestellt. 27

Sinowjew, Grigorij J. (1883–1936); 1919–1926 Mitglied der KPR/ KPdSU-Führung, Vorsitzender des EKKI, 1927 Parteiausschluss, 1936 in Stalins Terror umgebracht. 55, 64, 70

Smith, Adam (1723-1790), britischer Moralphilosoph und Volkswirtschaftler. 30

Sneevliet (1883–1942); Holländer, 1921-1923 Vertreter des EKKI in China, 1928 aus dem EKKI ausgeschlossen, 1942 in Holland von deutschen Besatzern umgebracht. 47, 52

Song Jiaoren (1882-1913); Mitstreiter von Sun Yatsen, einer der Führer der Tongmenghui, Teilnehmer an der Revolution von 1911, Begründer der Guomindang, 1913 auf Befehl von Yuan Shikai umgebracht. 18, 20

Song Qingling (1893–1981); Ehefrau von Sun Yatsen, 1926–1945 Mitglied der Guomindang-Führung, Mittlerin der Zusammenarbeit mit der Gongchandang, in der VR China staatliche und gesellschaftliche Funktionen; Schwester von Song Ziwen (weitere Schwestern: Song Ailing, Ehefrau von Kong Xiangxi, und Song Meiling, Ehefrau von Tschiang Kaischek). 125

Song Ziwen (auch: T. V. Soong) (1894–1971); 1927–1949 Finanzier und Mitglied der Guomindang-Führung, galt zeitweilig als reichster Mann der Welt, ging 1949 in die USA; Bruder von Song Qingling (weitere Schwestern: Song Ailing, Ehefrau von Kong Xiangxi, und Song Meiling, Ehefrau von Tschiang Kaischek). 130, 134

Spencer, Herbert (1820-1903); britischer Philosoph, vertrat die Synthese von Kenntnissen aus der Erforschung biologischer und sozialer Entwicklungen. 30, 32

Stalin, Jossif Wissarionowitsch (1879-1953); sowjetischer Partei- und Staatsführer, 1922-1953 Generalsekretär des ZK der KPdSU, 1925-1943 Mitglied des EKKI, prägte mit seiner Form der Machtausübung und Gesellschaftsorganisation (Stalinismus), die massenhaften Terror einschloss, den befehlsadministrativen Sozialismus des 20. Jahrhunderts. 8, 52, 53, 64, 70f., 73, 78, 110ff., 113, 137, 139ff., 146f.

Stilwell, Joseph W. (1883–1946), amerikanischer General, ab 1920 in China lebend, Militärattaché, Militärberater, Stabschef bei Tschiang Kaischek, ab 1942 Chef der US-Truppen auf dem chinesisch-indisch-burmesischen Kriegsschauplatz. 122, 129

Strauß, Franz-Josef (1955–1988); deutscher Politiker (BRD), 1961–1988 Vorsitzender CSU, 1978–1988 Ministerpräsident des Freistaates Bayern, im Bund u.a. 1956–1962 Verteidigungsminister. 153

Sun Yatsen (auch: Sun Zhongshan) (1866–1925); Führer der Revolution von 1911, im gleichen Jahr Provisorischer Präsident der Republik China, 1917, 1920–1922 und 1923–1925 Regierungschef in Kanton, verheiratet mit Song Qingling. 13, 17. 18, 19, 20, 34, 48, 51ff., 57, 121, 138

Tan Zhenlin (1902–1983); 1928 Sekretär des Gongchandang-ZK in Hunan-Jiangxi, danach militärpolitische und Staatsfunktionen. 78

Tang Shengzhi (1889–1970); Guomindang-General, Mitglied der Guomindang-Führung. 79

Trotzki, Leo D. (1879–1940), 1917–1927 Mitglied der KPR/KPdSU-Führung, Organisator der Roten Armee; 1929 von Stalin aus der Sowjetunion ausgewiesen, 1940 im Exil in Mexiko auf Stalins Geheiß ermordet. 64, 70f.

Truman, Harry S. (1884–1972); 1945–1953 Präsident der USA. 137

Tschiang Kaischek (auch: Jiang Jieshi) (1887–1975); Führer der

Guomindang, Generalissimus, 1924 Leiter der Militärakademie in Huangpu, 1927–1949 Staatschef und Ministerpräsident der Republik China, 1949 Flucht nach Taiwan, dort bis zu seinem Tode 1975 Präsident der Republik China. 18, 46, 51, 54f., 56, 64ff., 86ff., 92, 95f., 97, 105f., 110, 112f., 115ff., 119ff., 123, 125, 128ff., 131f., 134, 137, 139, 141f.

Tschitscherin, Georgij W. (1872–1936); 1918-1930 Außenminister Sowjetrusslands/der Sowjetunion, 1925–1928 Mitglied der China-Kommission des Politbüros des ZK der KPdSU. 74

Waldersee, Alfred Graf von (1832–1904); deutscher Generalfeldmarschall, Oberbefehlshaber der europäischen imperialistischen Interventionstruppen gegen die chinesischen »Boxer« 1901. 17

Wang Hongwen (1935–1992); mit Jiang Qing u.a. Mitglied der »Viererbande«, 1976 verhaftet, 1981 zum Tode verurteilt. 161

Wang Jiaxiang (1906–1974); 1925–1930 Studium in der UdSSR, ab 1931 Mitglied der Gongchandang-Führung, 1931–1934 Chef der Politischen Hauptverwaltung der Roten Armee. 93

Wang Jingwei (1883–1944); ab 1924 in der Guomindang-Führung, 1925 Vorsitzender der Nationalregierung in Kanton, 1932-1935 Außenminister der Guomindang-Regierung; Ende 1938 Übertritt auf die Seite Japans, 1940–1944 Vorsitzender der von Japan im besetzten Gebiet Chinas gebildeten Marionettenregierung mit Sitz in Nanjing. 54, 57, 65, 120, 125, 131

Wang Ming (eigtl. Chen Shaoyu) (1904–1974); hochrangiger Gong-chandang-Funktionär, 1931–1969 Mitglied des ZK, 1931–1945 Mitglied des Politbüros, 1932–1935 Mitglied des Präsidiums des EKKI; Gegenspieler von Mao Zedong, ging 1967 in die Sowjetunion. 12, 94, 150

Washington, George (1732–1799); 1789–1796 erster Präsident der USA. 27

Wedemeyer, Albert C.; amerikanischer General. 134

Wellington, Herzog von (1769–1852); britischer Feldmarschall und Politiker, siegte 1813 mit den Preußen in der Schlacht von Waterloo über Napoleon. 27

Wen Jimei; Mutter von Mao Zedong. 13, 24, 26, 37

Wetzell, Georg; deutscher General, 1930–1934 Leiter der deutschen Militärberatergruppe bei Tschiang Kaischek. 96

Wickert, Erwin (1915–2008); deutscher Diplomat, 1940 Rundfunkattaché in Shanghai, Aufbau des Nazi-Propagandasenders XGRS, 1941 Tokio, 1947 Rückkehr nach Deutschland, ab 1955 im diplomatischen Dienst der BRD, 1976–1980 Botschafter der BRD in der VR China. 163

Wladimirow, Pjotr P. (1905–1953); 1938–1940 Korrespondent der sowjetischen Nachrichtenagentur TASS in China, 1942–1945 Verbindungsmann der (1943 von Stalin aufgelösten) Komintern bei der Gongchandang-Führung in Yan'an. 130

Wyschinski, Andrej Ja. (1883–1954), 1949–1953 Außenminister der UdSSR. 141

Xiang Ying (1898–1941); ab 1923 Mitglied der Gongchandang-Führung, 1941 im Kampf gefallen. 88, 95, 110

Xiao Ke (1908–); Gongchandang-General, in den 1930er Jahren Divisions-, Korps- und Armeegruppenkommandeur, in der VR China Mitglied der Gongchandang-Führung. 78, 102

Xiao San (auch: Emi Xiao) 1896–1983); Mitschüler von Mao Zedong in Changsha, 1920–1924 Studien in Frankreich und der UdSSR, dann Funktionär der Gongchandang. 27, 29, 33

Xiao Yu; Bruder von Xiao San; Freund von Mao Zedong in der Studentenzeit. 30, 37

Xu Xiangqian (1901–1990); Gongchandang-General, 1931–1935 Stabschef und Oberbefehlshaber der 4. Front der Roten Armee, 1936–1937 Oberbefehlshaber der West-Armee, ab 1945 Mitglied der Gongchandang-Führung, in der VR China militärische und Verwaltungsfunktionen. 102, 113

Yan Xishan (1883–1960); General

und Politiker der Guomindang, 1928–1929 Oberbefehlshaber der 3. Armeegruppe der National-revolutionären Armee und Innenminister, 1930 stellv. Oberbefehlshaber des Heeres, der Kriegsmarine und der Luftwaffe der Nanjing-Regierung. 77, 86

Yang Changji; Lehrer von Mao Zedong, Vater von Yang Kaihui. 31, 37, 38

Yang Hucheng (1893–1949); Guomindang-General, 1930–1937 Kommandierender der 17. Armee der National-revolutionären Armee, 1936 von Tschiang Kaischek gegen das Zentrale Sowjetgebiet befohlen, mit Zhang Xueliang Akteur im Xi'an-Zwischenfall, 1937–1949 von Tschiang Kaischek inhaftiert, 1949 auf Tschiangs Befehl hingerichtet. 115, 117

Yang Kaihui (1895–1930); erste Ehefrau von Mao Zedong, Tochter von Yang Changji, Mutter von Mao Anqing, Mao Anying und Mao Anlong, 1930 von konterrevolutionären Truppen umgebracht. 26, 35, 37, 38, 46, 88

Yao; legendärer chinesischer Kaiser aus dem 24. Jahrhundert v.u.Z., dem »goldenen Zeitalter«, von Konfuzius als Beispiel der Gerechtigkeit und selbstlosen Hingabe gepriesen. 26

Yao Wenyuan (1931–2005); mit Jiang Qing u.a. Mitglied der »Viererbande«, 1976 verhaftet, 1981 zu 20 Jahren Haft verurteilt, 1996 entlassen. 161

Ye Jianying (1896–1987); Gongchandang-General, 1931–1936 Chef des Generalstabs und Stabschef der 1. Front der Roten Armee, ab 1945 Mitglied der Gongchandang-Führung, 1973–1982 stellv. Vositzender des ZK. 131

Ye Ting (1890–1946); 1926–1927 der Gongchandang angehörender stellv. Divisionskommandeur in der unter Tschiang Kaischeks Oberbefehl stehenden National-revolutionären Armee, 1927 einer der Führer der von der Gongchandang unternommenen Aufstände von Nanchang und Kanton, 1928–1937 in der Emigration, 1937–1941 Kommandeur der von der Gongchandang geführten Neuen Vierten Armee, kam 1946 bei einem Flugzeugunglück ums Leben. 74, 125

Yuan der große Bart; Lehrer von Mao Zedong. 31

Yuan Shikai; 1912–1916 provisorischer Präsident der Republik China. 20

Zhang Chunqiao (1917–2005); mit Jiang Qing u.a. Mitglied der »Viererbande«, 1975 stellv. Ministerpräsident, 1976 verhaftet, 1981 zum Tode verurteilt, 2002 entlassen. 161

Zhang Fakui (1896–1980); 1927–1928 der Guomindang angehöriger Kommandeur der 2. Front der unter Tschiang Kaischeks Oberbefehl stehenden National-revolutionären Armee; unter Zhang Fakui dienten in dieser Zeit die Gongchandang-Kommandeure He Long, Ye Ting und Zhu De, die den Nanchanger Aufstand anführten; Zhang blieb weiter Kommandeur in der Guomindang-Armee. 74, 79

Zhang Guotao (1897–1979); 1921–1938 Mitglied der Gongchandang-Führung, 1928–1938 Kandidat und Mitglied des Präsidiums des EKKI, 1931–1937 Mitglied der Führung des Sowjetgebietes in China, 1938 Übertritt zur Guomindang. 48, 94, 95, 102, 107, 110, 113f.

Zhang Jingyao; Anfang der 1920er Jahre Provinzmachthaber in Changsha. 44

Zhang Xueliang (1901–); Guomindang-General, Sohn von Zhang Zuolin; 1928–1930 Kommandeursposten in Nordostchina, 1930–1931 Oberbefehlshaber der Land-, Luft- und Seestreitkräfte Chinas, bis 1936 erneut Kommandeursposten, 1936 von Tschiang Kaischek zum Kampf gegen das Zentrale Sowjetgebiet befohlen, dort mit Yang Hucheng Akteur des Xi'an-Zwischenfalls; 1936–1991 in der Republik China/auf Taiwan unter Hausarrest. 115, 117

Zhang Zuolin (1875–1928); Militärherrscher (Warlord) in Nordostchina, ließ 1927 unter vielen anderen Revolutionären auch den Gongchandang-Mitbegründer Li Dazhao umbringen, fiel 1928 einem Attentat zum Opfer. 38, 66

Zhong Guangying; Reformer. 27

Zhou Enlai (1898–1976); 1920–1924 in Frankreich, 1924 Politkommissar an der Militärakademie in Huangpu, ab 1927 Mitglied der Gongchandang-Führung, 1928–1943 Mitglied des EKKI, 1932 Politkommissar der Roten Armee, im Bürgerkrieg zwischen Gongchandang und Guomindang Unterhändler der Gongchandang (u.a. beim Xi'an-Zwischenfall), in der VR China 1949–1976 Ministerpräsident, 1949–1958 auch Außenminister. 49, 93, 94, 101, 115, 125, 129, 137, 141, 161f.

Zhou Fohai (1897–1948); 1920–1924 Gongchandang-Funktionär, 1926–1939 Guomindang-Funktionär, 1938 stellvertretender Propagandaminister der Tschiang-Kaischek-Regierung, 1940–1945 Finanzminister der japanischen Marionettenregierung unter Wang Jingwei in Nanjing. 50

Zhu De (1886–1976); 1922–1926 in Deutschland (Berlin und Göttingen), 1926 ausgewiesen, Mitstreiter von Mao Zedong seit der zweiten Hälfte der 1920er Jahre, 1927 einer der Führer des von der Gongchandang unternommenen Nanchanger Aufstandes, ab 1930 in der Gongchandang-Führung, mit Mao Zedong Gründer der Roten Armee, ab 1930 Oberbefehlshaber, in der VR China Chef der Volksbefreiungsarmee bis 1954, ab 1959 Vorsitzender des Ständigen Komitees des Nationalen Volkskongresses. 35, 50, 74, 78, 80, 87, 88f., 92, 93, 95, 107, 110, 125, 129, 135, 162

Daten im Leben von Mao Zedong

26. Dezember 1893 Mao Zedong wird im Dorf Shaoshan in der Provinz Hunan geboren.

1. August 1894 – 17. April 1895 Chinesisch-japanischer Krieg um die Vorherrschaft in Korea; Niederlage Chinas.

Mitte 1899 – 7. September 1901 Volksaufstand unter Führung der Yihetuan (»Boxer«) gegen die Fremdherrschaft; Niederlage der Aufständischen: weitere Einschränkungen der Souveränität Chinas.

Oktober 1911 Beginn der bürgerlichen Revolution; Mao schließt sich in der Stadt Changsha lokalen Aufstandsbewegungen an; Sun Yatsen wird Provisorischer Präsident, tritt im Februar 1912 zugunsten von Yuan Shikai zurück.

25. August 1912 Gründung der Guomindang (Volkspartei, Nationale Partei).

1914–1918 Erster Weltkrieg; Japan nutzt die Gebundenheit der imperialistischen Mächte in Europa, um seinen Einfluss in China auszudehnen.

5. Juni 1916 Yuan Shikai stirbt; ein Jahrzehnt von Kriegen der Militärmachthaber um die Zentralgewalt beginnt.

1918 Mao legt das Staatsexamen am Lehrerseminar in Changsha ab; als Student hat er mit der Gründung der Xinmin Xuehui (Studiengesellschaft des Neuen Volkes) Erfahrung in politischer Organisation und Studienarbeit gesammelt.

4. Mai 1919 Beginn der patriotischen, antiimperialistischen 4.-Mai-Bewegung.

1920 Erste Kontakte der Komintern mit den Marxisten Li Dazhao und Chen Duxiu; Mao heiratet Yang Kaihui.

1. Juli 1921 Gründungsparteitag der Gongchandang (Kommunistische Partei) in Shanghai; Mao gehört zu den zwölf (oder 13) Teilnehmern.

12. März 1925 Sun Yatsen stirbt.

1925–1927 Bürgerlich-demokratische Revolution mit Zusammenarbeit von Guomindang und Gongchandang; Tschiang Kaischek beendet diese Zusammenarbeit im Frühjahr/Sommer 1927 blutig; im Herbst gründet Mao im Jinggangshan (Jinggang-Gebirge) den ersten revolutionären Stützpunkt.

1928 Mao heiratet im Jinggangshan He Zichen.

Frühjahr 1930 Unter Maos Führung Gründung des Sowjetgebietes im Grenzgebiet der südöstlichen Provinzen Jiangxi und Fudian (Hauptstadt des Gebietes ist Ruijin); Yang Kaihui wird ermordet.

18. September 1931 Japan besetzt die Mandschurei (Nordostchina) und proklamiert den Marionettenstaat Manzhouguo; bis 1937 rücken japanische Truppen immer weiter Richtung Beijing vor, attackieren zudem im Frühjahr 1932 Shanghai.

Oktober 1934 – Oktober 1935 Chang Zheng (Langer Marsch) der Gongchandang aus dem Sowjetgebiet um Ruijin in die Provinz Shaanxi im nördlichen Zentralchina; Herauslösung aus der Umklammerung der Guomindang-Armeen.

Januar 1935 Konferenz der Gongchandang in Zunyi (Provinz Guizhou); Mao übernimmt die Parteiführung und die Führung des Militärrats.

25. Juli – 20. August 1935 4. Weltkongress der Komintern in Moskau; Mao wird als einziger der chinesischen Kommunisten namentlich genannt.

25. November 1936 Antikominternpakt zwischen Deutschland und Japan.

12. Dezember 1936 Xi'an-Zwischenfall; Tschiang Kaischek wird von meuternden Generalen verhaftet, willigt in der Folge in eine Zusammenarbeit mit der Gongchandang gegen Japan ein.

7. Juli 1937 Lugouqiao-Zwischenfall; Beginn der umfassenden japanischen Aggression gegen China (Beginn des Zweiten Weltkrieges in Asien).

21. August 1937 Sowjetisch-chinesischer Nichtangriffspakt.

23. September 1937 Tschiang Kaischek erklärt sich zur antijapanischen Einheitsfront mit der Gongchandang bereit.

23. August 1939 Deutsch-sowjetischer Nichtangriffspakt (Hitler-Stalin-Pakt).

1. September 1939 Überfall des faschistischen Deutschland auf Polen; Beginn des Zweiten Weltkrieges in Europa.

1939 Mao heiratet in Yanan (Hauptstadt des von der Gongchandang beherrschten Gebietes in den Provinzen Shaanxi, Shanxi und Ningxia) Jiang Qing.

22. Juni 1941 Überfall des faschistischen Deutschland auf die Sowjetunion.

8. Dezember 1941 Überfall Japans auf die USA (Pearl Harbor).

1942–1945 Mao organisiert in Yanan die Zhengfeng Yundong (Bewegung zur Ausrichtung des Arbeitsstils), mit der er seine Führungsmacht weiter festigt.

8. Mai 1945 Bedingungslose Kapitulation Deutschlands.

14. August 1945 Bedingungslose Kapitulation Japans; am gleichen Tag Abschluss eines Freundschafts- und Beistandsvertrages zwischen der Sowjetunion und der Guomindang-Regierung.

September 1945 – September 1949
Bürgerkrieg in China, aus dem
die Gongchandang als Sieger
hervorgeht.

1. Oktober 1949 Gründung der
Volksrepublik China, Mao steht
an der Spitze von Partei und Staat;
Tschiang Kaischek flieht in der
Folge auf die Insel Taiwan, die
seither unter dem Schutz der USA
als Republik China unter eigener
politischer Verwaltung steht.

14. Februar 1950 Nach langen Verhandlungen in Moskau (Mao war
bereits am 16. Dezember 1949 eingetroffen) Unterzeichnung eines
Freundschafts- und Beistandsvertrag zwischen der Sowjetunion
und der VR China.

25. Juni 1950 – 27. Juli 1953 Koreakrieg; vom 25./26. Oktober 1950 an
sind chinesische »Freiwilligenverbände« beteiligt.

1951–1952 Mao setzt mit der Sanfan
Yundong (Drei-Anti-Kam-
pagne) und der Wufan Yundong
(Fünf-Anti-Kampagne) die in
Yan'an begründete Tradition der
Kampagnen zur »Säuberung« von
Partei und Gesellschaft und zur
Festigung seiner Machtpositionen
fort.

15.–18. September 1956 8. Gongchandang-Parteitag; Beschlüsse
über die Fortführung des wirtschaftlichen Aufbaus nach dem
Vorbild des ersten Fünfjahrplans
(1953-1957); Stärkung der Positionen von Liu Shaoqi.

1956–1957 Im Kampf gegen Liu
Shaoqi inszeniert Mao die Bai
Hua Yundong (Bewegung »Lasst
hundert Blumen blühen«), in der
die Intellektuellen zunächst mobilisiert, dann aber in einen Strudel
von Verfolgung und Demütigung
gerissen werden.

Mai 1958 – Januar 1961 Der von Mao
geforderte Große Sprung nach
vorn unterbricht die planmäßige
Entwicklung der Volkswirtschaft
mit katastrophalen Auswirkungen
für das ganze Volk; in der nachfolgenden Regulierungsperiode gerät
Mao in zunehmende Kritik.

1963 Beginn der Eiszeit in den chinesisch-sowjetischen Beziehungen.

1965 Verschärfung des Vietnamkrieges
durch Beginn des Luftkrieges der
USA gegen die Demokratische
Republik Vietnam; der Krieg, der
von großer Bedeutung für das
Kräftedreieck USA-Sowjetunion-
China ist, endet im Mai 1975 mit
einer Niederlage der USA.

1966–1976 Große proletarische Kulturrevolution zur Durchsetzung
der Mao-Zedong-Ideen; in der
Hauptphase 1966-1969 versinkt
China im Chaos; erst nach Maos
Tod am 9. September 1976 und der
kurz darauf erfolgenden Ausschaltung der »Viererbande« um Maos
Ehefrau Jiang Qing ist die Kulturrevolution endgültig beendet.

März 1969 Bewaffnete Auseinandersetzung zwischen chinesischen
und sowjetischen Truppen am
Ussuri.

1.–24. April 1969 9. Gongchandang-
Parteitag. Mao versucht, das von
ihm ausgelöste kulturrevolutionäre Chaos wieder unter seine
Kontrolle zu bringen. Er lässt
Lin Biao zu seinem Nachfolger
erklären.

Sommer 1971 Lin Biao versucht,
gegen Mao zu putschen, und
bezahlt diesen Versuch mit dem
Leben.

25. Oktober 1971 Die UNO beschließt, dass künftig die VR
China den Sitz Chinas, den bisher
Taiwan innegehabt hat, einnehmen wird.

21. Februar 1972 Mao trifft in Beijing
mit US-Präsident Richard Nixon
zusammen; Nixon hofft, durch
verbesserte Beziehungen mit der
VR China die sich abzeichnende
Niederlage im Vietnamkrieg
weltpolitisch ausgleichen zu
können.

1973–1976 Scharfe Kämpfe um das
politische Erbe des kaum noch
handlungsfähigen Mao zwischen
der »Viererbande« um Jiang Qing
auf der einen und Zhou Enlai und
Deng Xiaoping auf der anderen
Seite.

16. Januar 1975 Bei einem seiner
letzten internationalen Auftritte
empfängt Mao den bayerischen
Ministerpräsidenten Franz-Josef
Strauß.

9. September 1976 Mao stirbt im
Alter von 82 Jahren in Beijing.

Anmerkungen zur Aussprache
chinesischer Namen und Bezeichnungen

Die Schreibung chinesischer Namen und Begriffe folgt der offiziellen Pinyin-Umschrift. Ausnahmen bilden die Namen Sun Yatsen und Tschiang Kaischek sowie die Stadt Kanton. Hier wird auf früher in die deutsche Sprache eingeführte Schreibungen zurückgegriffen.

Einige wenige Hilfen für die Aussprache der Pinyin-Umschrift:

• Das o in den Silben dong, hong, long, song, zhong usw. wird wie u gesprochen. Mao Zedong spricht sich also: Mao Dsedung.
• Das x in den Silben xi, xiao, xu usw. wird wie ch in »ich« gesprochen, aber etwas schärfer.
• Das h in den Silben han, he, hong usw. wird wie ch in »ach« gesprochen.
• Das ei in den Silben bei, fei usw. wird wie ein langgezogenes eh gesprochen.
• Das j in den Silben ji, jia, jing, jiang usw. wird wie ein stimmhaftes dj gesprochen.
• Das q in den Silben qi, qu usw. wird wie ein stimmloses tch (mit ch wie in »ich«) gesprochen.
• Das ch in den Silben chan, chen usw. wird wie ein stimmloses tsch gesprochen.
• Das zh in den Silben zhan, zhen usw. wird wie ein stimmhaftes dsch gesprochen.
• Das c in den Silben cai, cao usw. wird wie ein stimmloses ts gesprochen.
• Das z in den Silben zai, zao usw. wird wie ein stimmhaftes ds gesprochen.
• Das r in den Silben ren, rui usw. wird gesprochen, indem die Zunge nach hinten an den Gaumen gelegt wird; am nächsten kommt diesem Laut ein französisches j wie in Jean.
• Das a in der Silbe yan wird wie ä gesprochen.
• Das u in den Silben yu, yun wird wie ü gesprochen.

In der Schreibung der Namen wird die traditionelle chinesische Reihenfolge verwendet: Der Familienname steht am Beginn. Mao ist der Familienname, Zedong der Vorname.

Bei den Literaturangaben wird diejenige Umschrift der chinesischen Namen verwendet, die im Original verwandt worden ist. Darum taucht dort auch die alte deutsche Schreibweise Mao Tse-tung auf.

Bildnachweis

dpa (Seiten 6, 20, 61, 114, 123, 136, 140, 147, 149, 151, 153, 158)
Weitere Fotos stammen aus dem Archiv Adolphi. Nicht in allen Fällen
konnten die Rechtsinhaber ermittelt werden. Berechtige Honoraransprüche
bleiben gewahrt.

ISBN 978-3-355-01763-3

© 2009 Verlag Neues Leben, Berlin
Umschlaggestaltung: Buchgut, Berlin
unter Verwendung eines Fotos von picture-alliance/dpa
Druck und Bindung: CPI Moravia Books GmbH

Ein Verlagsverzeichnis schicken wir Ihnen gern:
Neues Leben Verlagsgesellschaft mbH & Co. KG
Neue Grünstr. 18, 10179 Berlin
Tel. 01805/30 99 99
(0,14 €/min. aus dem deutschen Festnetz,
abweichende Preise für Mobilfunkteilnehmer)

Die Bücher des Verlags Neues Leben
erscheinen in der Eulenspiegel Verlagsgruppe.

www.verlag-neues-leben.de